한국의 놀이

한국의 놀이

유사한 중국·일본의 놀이와 비교하여

스튜어트 컬린 / 윤광봉 역

열화당

해제
스튜어트 컬린의 놀이의식
윤광봉

1. 들어가며

19세기말은 동아시아 삼국이 자본주의 물결을 타고, 근대문화로 변화하려는 시기이다. 이 시기는 구미 열강이 또다시 식민지 확대 정책에 힘을 쏟게 되고, 경제 발달에 따른 생산을 집중시키고 자본을 투자할 지역을 확보하려는, 이른바 제국주의자들의 식민지 쟁탈전이 전개되는 제국주의 시대의 여명기라 할 수 있다. 바로 이러한 시기에 일본은 군비를 증강하고 한국으로 진출하기 위한 정책을 일관되게 추진했다. 1894년 동학란에 골머리를 앓던 조선 정부가 청국에게 출병할 것을 요청하자, 일본은 즉각 반발하여 이를 구실로 출병하게 된다.

이렇듯 국내적으로 복잡한 시기인 1893년에 미국 시카고에서는 컬럼비아 박람회가 열렸는데, 당시 펜실베이니아 대학에 재직 중이던 스튜어트 컬린(Stewart Culin, 1858–1929)도 자신의 수집품들을 전시했다. 그 수집품은 바로 동아시아의 놀이도구들이었다. 이것을 계기로 당시 중국과 일본을 포함해 한국의 놀이를 소개하는 책을 꾸미게 되었으니, 그것이 바로 『한국의 놀이—유사한 중국, 일본 놀이와 관련해(*Korean Games—With Notes on the Corresponding Games of China and Japan*)』(1895)이다. 이 책은 제목이 한국의 놀이지만, 일본과 중국 놀이를 함께 소개하고 있어 당시의 동아시아 놀이를 비교해 볼 수 있는 소중한 자료라 할 수 있다.

그동안 놀이 연구의 바이블처럼 여겼던 요한 호이징가(Johan

1. 요한 호이징가, 김윤수 역, 『호모 루덴스』, 까치, 1984.
2. 로제 카이와, 이상률 역, 『놀이와 인간』, 문예출판사, 1994.
3. 자크 앙리오, 佐藤申夫 역, 『遊び』, 白水社, 2000.

Huizinga)의 『호모 루덴스(*Homo Rudensu*)』(1938)[1]와 로제 카이와
(Roger Caillois)의 『놀이와 인간(*Les Jeux et les Hommes*)』(1958)[2] 그리
고 자크 앙리오(Jacques Henriot)의 『놀이(*Jeu*)』(1973)[3] 정도를 접해 왔
던 우리에게, 이 책은 신선한 충격일 수도 있다. 19세기 들어 한국을 방문
한 외국인이 꽤 있지만 그들이 남겨 놓은 기록은 손에 꼽힐 정도이다. 그
러나 한국을 한 번도 와 본 적이 없는 사람으로서 한국의 놀이에 대한 관
심을 집중시켜 이렇듯 완벽한 놀이 책을 꾸민 이로는 스튜어트 컬린이 처
음일 것이다. 그는 당시 세계에서 유행되는 놀이 연구의 전문가였는데,
한국 놀이에 대한 심오한 연구로 그의 지식과 전문성을 보다 세련시킬 수
있었다. 그의 관심사는 무엇보다 '놀이 속에 주술적 요소가 존재한다'는
것이다. 특히 장황한 주석을 달아 그의 이론을 전개한 서론은 호이징가보
다 사십여 년이나 앞서 쓴 글이기에 더 가치가 있다. 이 글에서는 이러한 서
론을 중심으로 컬린의 놀이의식을 일부 소개할 것이다. 또한 호이징가, 카이
와 등의 이론을 살펴보면서, 특히 컬린이 주시했던 놀이의 우주성과 주술
성을 화살을 사용해서 하는 놀이를 비롯한 여러 놀이에서 알아보고자 한다.
　먼저 놀이의 본질과 의미를 음미하기 전에 『한국의 놀이』에 대한 개략
적 설명이 필요할 것 같다. 1895년에 필라델피아의 펜실베이니아 대학에
서 오백 부 한정본으로 출간된 이 책은, 가로 19.5cm, 세로 26cm 판형의
양장본으로, 겉표지엔 태극기가 세로로 그려져 있다. 책을 펼치면 기산
(箕山)[4] 김준근(金俊根)의 그림이 나오는데, 오른쪽 위에 '융복 입은 조신'
이라는 제목이 선명하다. 목차를 보면 머리말과 자신의 이론을 담은 서론
이 있고, 한국 놀이들의 이름이 아흔일곱 개(이 책에서는 '모두먹기'와
'뺨내기'를 '62. 돈치기'에 포함시켜 아흔다섯 개로 정리해 소개했다)가
있다. 그리고 기산의 그림 스물두 점이 컬러로 소개되어 있으며, 이 외에
일본과 중국 놀이들에 대한 삽화가 백쉰한 점이 들어 있어 그야말로 놀이
의 보고(寶庫)라 할 수 있다. 한편, 이 책에 소개된 놀이들은 모두 한국 발
음 그대로를 19세기 영어로 표기한 것이어서, 그 명칭과 내용을 정확히

---

4. 원본에선 낙관(落款)이 '箕山'이 아닌 '其山'으로 되어 있다.

알 수 없는 놀이도 꽤 있다.

2. 놀이의 본질과 의미

컬린의 놀이의식을 살펴보기 전에, 먼저 놀이 연구의 대가인 호이징가를 포함한 여러 연구가들의 견해를 살펴본다. 놀이 연구는 그 동안 장난감의 역사에 불과했으며, 놀이의 본질보다는 놀이의 도구나 소도구에 더 주의를 기울인 것이 사실이다. 이에 반기를 든 이가 호이징가였다.

호이징가는 그의 유명한 저서『호모 루덴스』에서, 풍부한 원전 자료에 근거를 두고 모든 문화가 놀이에서 발생했다는 사실에 대해 세세한 증거를 제시했다. 그는 이를 위해「문화현상으로서 놀이의 본질과 의미」「놀이에 내리는 여러 가지 개념에 대한 평가」「문화를 창조하는 기능으로서의 놀이와 경기」라는 소제목으로 다양하게 접근해 놀이의 개념을 살폈다.[5]

그는 문화가 얼마나 놀이적 성격을 지니고 있는가를 이야기하려는 것이 목적이었는데, 처음엔 놀이를 생리현상이 아닌 문화현상으로서 이해하려고 했다. 이것은 과학적 방식이 아닌 역사적인 접근방식이다. 그리고 지금까지 놀이 연구 방식에 있어 주술성에 대한 언급이 전혀 없었다는 점을 지적하면서, 인류학과 그 관련 학문에서 놀이가 갖는 중요성을 강조했다.

그러나 이보다 사십여 년 앞서 스튜어트 컬린은 놀이의 주술성을 언급했다. 그는 놀이 연구에서 중요한 의문점인 놀이의 기원과 분포에 대해 서술하면서 기원 문제가 분포 문제에 우선한다고 하며, 놀이가 주술적 의식에서 시작된 원시사회의 잔존물임을 피력했다. 그는, 놀이의 근원이 바로 인간이 불안 심리를 해소하기 위해 행하는 주술적 의식이라고 했다. 그러면서 그 동안 대부분 학자들의 연구가 놀이를 여가선용 정도로 치부해 왔기 때문에 원시문화에 나타나는 놀이의 중요한 요소들을 결여하고 있다고 한다. 특히 놀이 속에 나타나는 우주성의 공통적 특징, 이것은 '언어'에서 확실하게 드러나야 한다는 것이다. 이것은 호이징가가 언급한 인간 언

---

5. 호이징가, 앞의 책, pp.11-105 참조.

어의 중요성과 상통된다.

호이징가는, 인간 사회의 중요한 원형적(原形的) 행위에는 처음부터 전부 놀이가 스며들어 있다고 했다. 말과 글 같은 인간의 언어가 그러한 예라는 것이다. 그래서 추상적인 표현 이면에는 항시 은유가 있으며, 신화 역시 외부 세계를 변형하거나 혹은 형상화한 것이라 했다.

또한 그는, 원시사회에서 신성한 의례, 봉헌, 희생의식, 신비한 의식이 베풀어지는데, 이 모든 의식들은 놀이에 깃들어 있는 순수한 본질에 입각해 세상의 안녕을 위해서 치러진다고 했다.[6] 결국 그에겐 두 가지 결정적 요소가 놀이의 본질을 이룬다.

첫째, 놀이란 간접적이면서 실제적인 목적을 추구하지 않으며, 움직임의 유일한 동기가 놀이 자체의 기쁨에 있는 정신적 또는 육체적 활동이라는 것이다. 둘째, 놀이란 모든 참여자가 인정한 어떤 일정한 원칙과 규칙, 즉 놀이 규칙에 따라 진행되는 활동이며, 거기에는 성취와 실패, 이기는 것과 지는 것이 있는데, 이는 곧 종교와도 관계가 있다는 것이다. 이에 대해선 로제 카이와도 그대로 따르고 있다. 이를테면, 모든 놀이는 규칙의 체계이다. 규칙은 무엇이 놀이이며 무엇이 놀이가 아닌가를 규정한다. 이 규칙은 자의적인 동시에 강제적이며 결정적이다. 그래서 카이와는, 놀이라는 말이 제약, 자유, 창의라는 관념들을 결합시킨다는 견해를 피력했다.[7]

그러나 카이와는, 호이징가의 놀이 정의가 일단은 놀이 연구에 매우 생산적인 길을 열어 주었다고 수긍하면서도, 다음의 호이징가의 말을 들어 비판하고 있다.

"놀이는 허구적인 것으로 일상생활 밖에 있음에도 불구하고, 놀이하는 자를 완전히 사로잡을 수 있는 자유로운 행위이다. 그것은 어떤 물질적 이익도 효용도 없는 행위로서, 명확하게 한정된 시간과 공간 속에서 행해지며, 주어진 규칙에 따라 질서정연하게 진행된다. 그런데 놀이는 기꺼이 자신을 신비로 둘러싸거나 아니면 가장을 통해 집단생활 속에 들어와 평

---

6. 위의 책, p.16, p.275.
7. 카이와, 앞의 책, p.57.

상시 세계에서 떨어진 느낌을 준다."

카이와는 위에서 호이징가가 내린 놀이의 정의가 중요하며 의미하는 바가 많지만, 이러한 정의는 너무 폭넓은 동시에 너무 협소하다고 한다. 즉 놀이와 비밀 또는 놀이와 신비 사이에 존재하는 친근성을 파악한 것은 칭송할 만하며 시사하는 바가 많지만, 그것들을 은밀히 결합시켜 놀이의 정의 속에 넣는 것은 적당하지 않다는 것이다. 그러면서 놀이가 자유롭고 자발적인 활동이며, 즐거움과 재미의 원천이라는 정의에는 의문의 여지가 없다고 한다.[8]

어쨌든 놀이에 열중하는 것은 자발적이고 자신의 의지에 따른 것이며, 즐거움을 위한 것이다. 이러다 보니 놀이가 현실생활의 진지함과 반대되는 경박한 것으로 간주되기도 한다. 카이와는 놀이의 성격을 아무 대가나 보상이 없는 무상성(無償性)으로 보고, 이것이야말로 놀이의 가치를 가장 많이 떨어뜨리는 요인이라 했다.[9] 이 무상성에 대한 반발이야말로 놀이의 가치를 높이는 관건이 될 수 있다. 스튜어트 컬린은 바로 이 점을 일찍이 간파했다.

3. 스튜어트 컬린의 놀이의식

놀이의 존재와 그 본성에 대한 조사 연구는 반드시 두 종류의 유혹에 빠지게 한다고 한다. 첫째는 대상에 매혹된 나머지 모든 것에서 놀이를 발견해 버리는 것, 또 하나는 어느 한 방법론적인 태도를 취한 결과 어디에서도 놀이를 발견할 수 없게 되는 것이다. 전자의 대표적인 예가 호이징가이며, 후자의 예가 무의식의 심리학자 프로이트이다.[10]

이를 생각해 볼 때 컬린은 전자에 속할 것이다. 전언한 바와 같이 스튜어트 컬린은 놀이를 연구할 때 기원과 분포에 관한 두 가지 문제가 있다

---

8. 위의 책, pp.26–29.
9. 위의 책, p.10.
10. 앙리오, 앞의 책, pp.13–29.

고 했다. 기원 문제에서 그는, 당시 19세기말까지의 놀이 연구에서는 놀이들의 동기가 막연히 즐기는 것 그 자체를 선호하는 인간의 타고난 취향에서 비롯된 것이라고 여겼다고 한다. 그리고 분포 문제는 두 가지로 설명이 된다고 했는데, 하나는 한 나라에서 다른 나라로 직접 전달되는 것이고, 또 하나는 비슷한 사회적·문화적 환경 속에서 자연스럽고 자발적으로 만들어진다는 것이다. 여기서 컬린은 기원 문제에 대한 고찰이 분포 문제에 대한 고찰에 우선한다고 했다.

그는 현대의 놀이들이 그 본래의 의미를 거의 잃어버려서, 역사적으로 밝혀진 범위에서조차도 그 기원을 추적하는 것이 실질적으로 불가능하다고 한다. 또한 현재 행해지고 있는 놀이들이, 놀이가 처음 시작되었을 때와 그 방법과 내용에 상당한 차이가 있다고 한다. 이러한 점을 보충하기 위해 그는 동아시아, 특히 그 중에서도 증거물이 가장 풍부한 한국으로 눈길을 돌렸다. 이러한 의미에서 한국의 여러 놀이들이 그에게 던져 준 시사성은 매우 크다고 할 것이다.

이탈리아 바로크 시대의 건축가이자 조각가인 레오 푸로베니우스 (1598-1680)에 의하면, 고대인들은 맨 처음엔 동물 세계와 식물 세계의 현상을 의식 속에 받아들였고, 그 다음엔 시·공간의 질서에 대한 관념, 태양과 달의 운행에 대한 관념을 갖게 되었다. 그들은 성스러운 의식 속에서 이러한 우주의 운행을 놀이화하고, 이 놀이를 통해 재현된 사건들을 새로이 현실화하거나 재창조함으로써 우주 질서의 유지를 돕는다는 것이다.[11] 컬린은 이와 비슷한 논리로, 놀이는 원시적 주술의식에서 시작된 점술수단이며, 이것은 우주의 근본에 근거해서 세계 어느 나라에도 비슷하게 나타나는 특징이라 했다.

그 예로서 그는 먼저 서울의 모습부터 살폈다. 서울은 중요한 네 지점들과 중앙 지점에 따라서 사람들을 구분하고 분류해 놓았다. 그리고 이 방위에 따라 서울은 다섯 개 행정구역으로 나뉘어 있고, 전 국토는 다시 팔도로 나뉜다고 한다. 이는, 중국 철학체계에서 자연현상들 사이의 관계

---

11. 호이징가, 앞의 책, p.29.

를 다섯 개 방위에 따라 설명하고, 이를 확장시켜 동·서·남·북 네 방위와 그 중간 지점들 그리고 중앙점을 아홉 개 행성들의 영역으로 나눠진 태양계와 일치시킨 것과 유사하다고 한다. 로제티는 이와 같은 맥락에서 "서울은 당시 '방(坊)'이라고 부르는 마흔아홉 개의 구역으로 나누어져 있었으며, 각 방은 다시 여러 개의 '통(統)' 또는 '동(洞)'이라는 마을로 나뉘어 있었다"[12]라고 했다. 사실 조선조는 고려조의 오부관제를 그대로 계승했는데, 태조 때에 한성부를 오 부(중·동·서·남·북) 오십이 방으로 했다가 세종 때부터 사십구 방으로 했다.

이러한 것들은 음양(陰陽)의 원리로써 이뤄지는 역(易)의 구성과 일치한다. 음(陰)과 양(陽)을 짝지우면 네 가지 형(型) 즉 사상(四象)이 생긴다. 이는 사계(四季)처럼 음양의 성쇠(盛衰)를 나타내는 것으로, 이를 바탕으로 해 팔괘(八卦) 또는 육십사괘(六十四卦)가 이루어진다.

컬린은 한국의 계절을 비롯한 원소, 색깔, 행성(行星)과 음계의 음표들까지 우주의 원리로 분류되어 있음을 지적했다. 그 예로 그는 메이어(W. F. Mayers)의 『차이니즈 리더스 매뉴얼(*The Chinese Reader's Manual*)』을 인용했다. 서론의 주 3번(p.26)에 있는 표를 보면, 우리에겐 그다지 낯설지 않은 오행의 속성이지만, 서양인인 컬린의 관점으로선 이러한 모습이 신기롭기조차 했을 것이다. 자연현상 가운데는 사계절이 순환하고 비가 내리고 천둥이 치며, 곡식과 열매가 맺는 등 이루 헤아릴 수 없는 현상을 포함하고 있다. 이러한 자연현상들은 모두 음양의 변화에 의해 이루어진다. 그리고 음양의 성격에 따라 여러 가지 상호관계를 맺으면서 자연의 변화를 가져오는데, 그 변화의 여러 양상을 다섯 가지 유형으로 표현한 것이 오행(五行)이다. 오행은 우주 공간에서 쉬지 않고 운행하는 다섯 가지 기운으로서 수(水)·목(木)·화(火)·금(金)·토(土)로 표현된다. 동양의 모든 체계가 결국 이 음양오행에서 출발하고 있음을 컬린은 자신의 동아시아 놀이 연구의 출발점으로 신중히 착안한 것이다.

그가 극찬한 우리의 윷놀이는 그 가운데 하나임은 물론이다. 윷놀이는

---

12. 카를로 로제티, 서울학연구소 역, 『꼬레아 꼬레아니』, 숲과 나무, 1996, p.63.

같은 종류의 비슷한 많은 게임들에서처럼, 세계와 그 방위들을 나타낸다고 여겨지는 말판 위에서 수를 세어, 돌 방향이나 말이 갈 장소를 정한다. 이러한 것은 곧 우주의 원리와 통한다는 것이다. 또한 컬린은 한국의 바둑판과 장기판에도 우주의 원리가 나타나 있다고 했다. 한국의 바둑판은 그 어떤 것보다 우수하다면서, 바둑판의 방위들은 우주적 상징들로 설명된다고 한다. 그러나 바둑판이 우주의 원리와 상통하는 바가 있는지도 모르지만, 우리 문헌 어디에도 이와 같은 설명은 눈에 띄지 않는다.

이 외에 컬린은 숫자세기, 전쟁 깃발이나 전진(戰陣)에도 우주의 원리가 담겨 있다고 했다. 어린이들의 숫자세기 노래들('46. 숫자세기' 참조)은, 점술에서 수를 세어 세상을 한 바퀴 순회하는 관습을 염두에 둔다면, 세계 방위들을 나타내는 수공식(數公式)의 잔존물이라는 것이다. 또한, 전쟁에서 전진은 팔괘에 맞춰서 배열되고, 전쟁 깃발은 세계 방위의 색깔과 네 개의 사분원(四分圓)을 상징하거나 스물네 절기의 구분으로 이뤄진다고 한다.

또한 컬린은 어린이와 게이샤(藝者)의 연행(演行)은 단지 놀이이며, 게임과 별도로 보아야 한다는 견해를 피력했다. 특히 한국 어린이들의 장난감들 중 많은 것들이 오뚝이, 부처, 인형처럼 버려진 종교의식용 도구들이거나 원시문화의 유물임을 환기시켰다. 이러한 컬린의 논리를 보면, 한국 놀이의 기원이 결국 옛 종교의식과 관계됨을 알 수 있다. 그런데 그 과정들이 처음에는 진지하고 점술적이었지만, 나중에는 아이들이 하는 것처럼 하나의 오락 수단으로 변했다고 한다.

특히 스튜어트 컬린은 19세기 후반의 놀이 중에서 활을 주시했다.

"그리하여 예로부터 천자(天子)는 봉건영주, 고관, 관리들을 그들의 궁술(弓術) 솜씨로 선발했다. 궁술은 남성들만의 특수한 일이었고, 거기에는 의식(儀式)과 음악이라는 장식이 곁들여졌다. 의식과 음악을 가장 완벽하게 보여줄 수 있는 것들과 미덕 및 선행을 확립하는 역할을 할 수 있는 빈번한 연행들 중에서, 궁술에 필적하는 것은 아무것도 없다. 그래서 고대 왕들은 궁술에 관심을 보였다."

이것은 서론 첫 부분을 재인용한 것인데, 옛날에 궁술이라는 것이 얼마나 중요한 역할을 했는가를 알 수 있는 예증이다. 컬린은 한국 놀이에 관심을 가지면서, 놀이가 발생했던 동아시아에 두 가지 중요한 점술체제가 있었고, 둘 다 화살이나 다른 대응물을 점술도구로 썼다는 사실을 알게 되었다. 그 예로서 그는 화살을 조사했다.

그리하여 컬린은 한국의 놀이 카드들에 그려져 있는 다양한 상징물과, 심지어는 나무로 된 동아시아의 도장들도 화살에서 유래되었음을 주장했다. 그리고 재미있는 것은 팔괘(卦)와 육십사괘, 그리고 이를 사용하는 점술을 가리키는 한자 '괘(掛)'에는 모두 '규(圭)'라는 글자가 들어 있는데, 규는 고대 귀족층이 가지고 다녔던 홀(笏)을 의미한다고 한다. 이 홀은 점술에도 사용되었을 것이라고 하며, 홀들이 원래 화살이었을 것이라고 추정한다. 그리고 앞서 언급한 윷놀이에 쓰이는 윷의 유래도 화살에서 비롯되었을 것이라고 한다. 투전(鬪牋)의 경우도 카드 뒷면에 있는 하트 모양의 소용돌이 무늬가, 카드들이 화살 깃털에서 유래되었음을 보여준다고 한다. 더구나 투전의 '전(牋)'이 화살의 한자 '전(箭)'과 음이 같다는 데서 더욱 그렇다고 한다. 이렇듯 많은 예를 열거하며 컬린은 한국의 놀이가 주술성 내지는 화살과 깊이 연계되어 있음을 고찰하고 있다. 그러나 이 사실들에 대해서 확실한 근거를 제시하지 않고 있다.

4. 남은 과제

지금까지 컬린이 쓴 서론을 중심으로 그의 놀이의식을 간단히 살펴보았다. 컬린은 당시까지 아무도 주시하지 않았던 한국의 놀이에 관심을 갖고, 그 동안 미처 생각지 못했던 놀이의식을 확장시켜 주었다. 그는 한국의 놀이가 특히 고대의 우주원리와 주술성이 포함된 의미있는 심오한 놀이였으며, 윷놀이와 바둑의 경우는 세계적인 놀이라고 추켜 올리기까지 했다.

---

13. 위의 책.

그에 의하면, 놀이란 그저 단순히 재미로 즐기는 것이 아니라 그 속에 심오한 철학의 세계가 있는 것이다. 우리 자신 누구든 윷놀이를 하거나 바둑을 두면서 그런 생각을 해 본 적은 많지 않을 것이다. 단순한 도박으로 생각했던 화투의 경우도 그러하기는 마찬가지이다. 어느 민족이라도 그렇겠지만, 특히 우리 민족은 예로부터 놀이를 즐기는 민족이었다.

1902년에서 1903년 사이에 이탈리아 영사로 머물렀던 카를로 로제티는 당시 한국인의 놀이 성향에 대해 '한국인은 선천적인 도박사'라는 말로 대신했다.[13] 그는 도박에 대한 열정은 아마도 모든 한국인이 천부적으로 간직하고 있는 유일한 것일 듯하다고 하면서, 심지어 생활필수품조차도 직접 구입하기보다는 종종 내기로 구할 정도라고 했다. 그런데 당시 이 내기의 모습을 보면 그 방식이 매우 다양한데, 가장 많이 사용되는 것은 대나무 통에서 한두 개의 가는 막대를 꺼내는 것이다. 그 대나무 막대 끝에는 특별한 한자가 새겨져 있고, 그 조합에 따라 승부를 결정한다는 것이다. 여기서 우리는 다시 한번 놀이가 주술성과 연계되어 있음을 확인할 수 있다.

끝으로 우리가 유념할 것은, 어떤 한 이론이 외곬으로 빠질 때 그것은 자칫 엉뚱한 결과를 초래할 수 있다는 것이다. 컬린이 역설한 주술성과 화살의 연계성도 그런 것 가운데 하나임은 물론이다. 따라서 앞으로 이 점을 유의하며 그의 이론을 되짚어, 우리 전통놀이 구명(究明)에 힘써야 할 책임감을 느낀다.

머리말

이 책은 한국의 놀이를 개괄할 뿐 아니라 세계 놀이 연구에 대해 실질적으로 소개하고자 쓴 것이다. 이 책은 내가 수집한 놀이 도구들에 바탕을 두고 있으며, 이 수집품들은 1893년 미국 시카고에서 열린 컬럼비아 박람회에서 전시되었고, 지금은 펜실베이니아 대학 고고학 박물관에 소장되어 있다. 또한 미국에 거주하는 동아시아인들에게서 얻은 정보들에도 설명의 근거를 두고 있다. 하지만 나는 동양을 방문한 적이 한 번도 없다.

한국의 놀이들에 대한 설명은, 컬럼비아 박람회에 파견되었고 한국위원회의 유능한 비서관이자 현재는 워싱턴에서 한국 정부의 공사(公使)로 있는 박영규 씨가 구두로 제공해 주었다.

그림은 거의 다 한국의 화가들이 그린 것이다. 한국어로 된 삽화들은, 기산(基山)이라는 화가가 그린 일련의 채색화 중 일부를 충실하게 옮긴 것이다. 그는 부산 뒤편의 초량(草梁)이라는 작은 마을에 살았는데, 그 삽화들에 있는 사람들은 그 지방 사람들을 나타낸다. 이 삽화들은 미 해군 소장 슈펠트(R. W. Shufeldt)의 딸인 슈펠트 양의 주문에 의해 그려졌다. 그녀는 한·미간에 조약을 협의했던 이후, 한국 왕의 거듭된 초청으로 사년 동안 한국을 방문했다. 책 속의 스케치 일부는 도쿄의 모리모토 데오디쿠가 그렸고, 일부는 펜실베이니아 대학 고고학 박물관의 놀이 전시관에 있는 전시품들을 참고했다.

이 책을 준비하고 출판하게 된 동기는 워싱턴의 미국 민족학 사무국에 근무하는 나의 친구이자 협력자인 프랭크 해밀턴 쿠싱(Frank Hamilton Cushing)의 제언들에서 떠오른 영감 때문이다. 그의 제언들은 원시 미대륙 부족들의 관습과 놀이들에 관한 자신의 연구에 바탕을 두고 있었다. 나는 미국 놀이들의 목적과 기원에 관한 그의 제언으로, 놀이나 그와 같은 종류의 관습에 대한 연구를 소위 '민속학'이라 불리는 불확실한 영역에서 진정한 과학적 연구 분야로 옮기는 방법을 깨달았다. 나는 두 대륙의 놀이를 직접 비교하는 일은 쿠싱의 몫으로 남겨 두고, 대신 아시아의 놀이들 자체에서 발견되는 본질적 증거들에 근거해 이들 놀이들에 대한 연구를 진척시켜 왔다.

　나는 한국 서울의 전 영국 총영사 대리였던 윌킨슨(W. H. Wilkinson)에게 감사를 표하고 싶다. 그는 이 책에 실린 한국 장기와 놀이 카드들에 대한 자료들을 마련해 주었고, 게다가 전시와 연구를 위해 자신의 아주 완벽하고 독특한 중국 카드 수집품들을 내게 보내 주었다. 또한, 이 책의 예술적이고 기술적인 세부 사항들을 완벽히 묘사해낼 수 있게 했을 뿐 아니라 비판적인 제안들과 여러 가지 정보나 자료들로 직접적인 도움을 주었던 사람들에게 경의를 표하고 싶다.

　특히 아래 분들께 감사드린다.

Mr. Saburo Arai, Toyama, Ichigo, Japan.
Dr. Daniel G. Brinton, Philadelphia.
Hon. Sir Charles Todd Crosthwaite, K. S. I., Calcutta, India.
Mr. C. Hachiro Kajiwara, Aidzu, Japan.
Lieut. Tatsuzo Kosugi, I. J. N., Tokyo, Japan.
Li Ch'un Shan, Sinshang, Hoh Shan, Kwangtung, China.
Mr. Benjamin Smith Lyman, Philadelphia.
Mr. Kumpei Matsumoto, Shidzuoka, Japan.
Mr. Jumatsu Matsuo, Nagasaki, Japan.
Syed Mohammed Hadi, Sultanpur, India.
Swamee Bhaskara Nand Saraswatee, Jodpur, India.
Lieut. H. L. Scott, Third Calvary, U.S.A., Fort Sill, O. T.
Count Seyichiro Terashima, Kagoshima, Japan.
Mr. Yasujiro Yamagi, Bingo, Japan.

화가(Artists)
Robert G. Leinroth, Philadelphia.
Teotiku Morimoto, Tokyo, Japan.

William S. Rice, Philadelphia.
Wells M. Sawyer, Washington, D.C.

제작자(Manufacturers)
Franklin Printing Company, Philadelphia.(Printers)
Ketterlinus & Company, Philadelphia.(Lithographers)
Levytype Company, Philadelphia.(Photo-engravers)

이 밖에 한국어의 정서법과 음역은 『한불사전』(요코하마, 1880)을 따랐다. 중국어는 광동어로 음역했으며, 윌리엄스(S. W. Williams)의 『토닉사전』(광동, 1856)을 따랐다. 일본어는 헵번(J. C. Hepburn)의 『일영사전』(도쿄, 1888)을 기준으로 택했다.

1895년 8월, 펜실베이니아 대학에서
스튜어트 컬린

차례

신조은넙북융

1. 융복(戎服) 입은 조신(朝臣).

서론
Introduction

"그리하여 예로부터 천자(天子)는 봉건영주, 고관, 관리들을 궁술(弓術) 솜씨로 선발했다. 궁술은 남성들만의 특수한 일이었고, 거기에는 의식(儀式)과 음악이라는 장식이 곁들여졌다. 의식과 음악을 가장 완벽하게 보여줄 수 있는 것들과 미덕 및 선행을 확립하는 역할을 할 수 있는 빈번한 연행들 중에서, 궁술에 필적하는 것은 아무것도 없다. 그래서 고대 왕들은 궁술에 관심을 보였다."[1]

놀이 연구에는 두 가지 중요한 의문점이 있다. 하나는 그 기원에 관한 것이고, 다른 하나는 그 분포에 관한 것이다. 지금까지 놀이의 기원은 일반적으로 막연히 즐기는 것 그 자체를 선호하는 인간의 타고난 취향이라고 여겨져 왔다. 양들이 초원 위에서 뛰어 놀듯, 인간의 축제 기질은 놀이로 표현된다고 생각한다. 놀이의 광범위한 지리학적 분포는 두 가지로 설명된다. 예를 들어 체스(chess)가 유럽에 소개된 경로를 추론해 볼 때와 같이, 하나는 한 민족 또는 한 나라에서 다른 나라로 직접 전달되었다는 설이고, 다른 하나는 비슷한 영향과 조건하에서 자연스럽고 자발적으로 생겨났다는 설이다. 당연히 기원 문제에 대한 고찰이 분포 문제에 우선한다.

문명인들의 놀이와 원시사회인들의 놀이를 비교할 때 많은 유사점들이 존재하는 것을 알 수 있으며, 아울러 문명인들은 놀이를 오락이나 여가선용 정도로 여기는 반면, 원시사회인들에게 놀이는 대개 종교적이고 점술적(占術的)인 의미를 지닌다는 중요한 차이점도 발견할 수 있다. 이것은 당연히 현대 놀이의 종교적이고 점술적인 기원을 제시하는 것으로, 점을 친다고 하면 카드를 떠올리는 것처럼, 관습적으로 혹은 전통적으로 연상

---

1. J. Legge, trans., *Li ki*, Book XLIII, Shê I, 4, p.448.(『禮記』 제46권, 「射儀」 부분이다—역자)

되는 것에서 확증을 찾는 이론이다. 미국 인디언들의 토착 놀이들을 조사해 보면 이 주제의 양상이 더 명백해진다. 그러나 종래의 연구 결과들은 비교적 비생산적이었다. 왜냐하면, 첫째로 대부분의 학자들이 놀이를 여가선용 정도로 여겨서 원시문화에서 놀이의 진정한 중요성을 인식하지 못했기 때문이다. 두번째로 두 반구(半球, 남북)의 놀이들 사이에 존재하는 유사성들로 인해 학자들이 놀이들의 접촉과 이동 문제에 대해 토론해 왔지만, 그 문제는 결실이 없고 결론이 나지 않았기 때문이다.

현대의 놀이들은 그 본래의 의미를 거의 잃어버려서, 역사가 허용하는 범위에서조차도 그 기원을 추적하는 것은 실질적으로 불가능하다. 미국에 한 가지 실마리가 있기는 하다. 그러나 놀이가 오락으로 존재했고 오늘날과 같은 방법과 목적으로 놀이를 했던 유럽의 가장 초기 역사시대와, 원시시대의 상황 사이에는 굉장한 차이가 존재한다. 원시생활에서 밝혀진 내용들을 우리 관습에 직접 적용하는 데 있어 부딪치는 어려움들에 자극을 받아서, 나는 현재와 먼 과거를 연결시킬 증거를 찾기 위해 동아시아, 특히 그 중에서도 내 이론을 확인시켜 줄 유물이 가장 풍부한 곳인 한국으로 눈길을 돌렸다.

나는, 놀이가 의식적인 발명품으로서가 아니라 주술적(呪術的) 의식(儀式)에서 시작된 원시 상황의 잔존물로, 그리고 주로 점술수단으로 여겨져야만 한다고 생각한다. 놀이는 우주의 어떤 근본적인 개념에 근거해서, 서로 똑같지는 않더라도 전 세계적으로 나타나는 어떤 유사한 특징이 있다. 확실한 언어적 증거가 없다면, 그 놀이들은 인종들간의 연결성 또는 문화의 전이(轉移)를 입증하는 데 불충분하다. 그러나 놀이는 신화적 개념의 근본에 관해 현존하는 가장 완벽한 근거를 제공해 준다. 우리 문화구조의 많은 부분은 이 신화적 개념에 근거해 세워졌으며, 놀이들은, 그것이 예시하는 원리들로 구성되어 있을지 모르는 넓은 응용범위에서 볼 때 가장 높은 가치를 지닌다.

놀이의 기원을 토론해 나가기 전에, 한국에 존재하는 원시사회 상황—원래 모습 그대로는 존재하지 않더라도 민족적 놀이들이 아직 그 형태를 유지하고 있는 상황—의 주목할 만한 잔존물에 관심을 불러일으키고 싶

다. 그것들 가운데서도 가장 첫번째로 꼽을 수 있는 것이, 서울의 중요한
네 지점과 중앙 지점에 따라서 사람들을 구분하고 분류해 놓은 것이다.
미국 인디언 부족들 사이에서 일반적인 이 구분이 현재 한국에 존재한다.
평민으로 태어난 모든 한국 소년들은 열다섯 살이 되면 나라에서 명부에
이름을 올려, 서울의 네 방향이나 중앙 지점 중 하나에 속하도록 지명한
다. 수도 그 자체는 이 방위에 따라 다섯 개 행정구역으로 나뉘어 있고,
전 국토는 팔도(八道, 여덟 지방)[2]로 나뉘어 있다. 옛 중국 학자들의 수
(數) 개념과 그들이 가정한 자연현상들 사이의 관계를 설명하는 데 사용되
었던 철학체계들을 살펴보면, 우리는 지역뿐 아니라 계절, 원소, 색깔,
행성과 음계의 음표들까지 이 다섯 개 방위에 따라 분류되어 있음을 발견
하게 된다.[3] 또한 그 체계를 확장시켜, 네 방위점과 네 개의 중간 지점들
그리고 중앙점을, 아홉 개 행성들의 영역으로 나눠진 태양계와 일치시켰
다. 또한 그 분류는 또한 모든 육체적이고 정신적인 영역까지 거의 무한
하게 뻗어 있음을 알 수 있다. 수의 상관관계는 하위 범주를 가지고 있는
상위의 지배적인 원리들 사이에 존재한다고 간주되었고, 이 관계를 발견
하면 가장 심오한 존재 문제들을 해결하는 데 실마리를 제공해 줄 것이라
믿었다.

　　원시사회인들 사이에서는 실제로 보편적인 그 방향들에 따라 분류해 놓
은 체계에서 이러한 관계를 발견하고자 할 때, 적절히 해석할 수 없는 어
떤 상황들과 부딪치게 된다. 그 분류가 효과를 얻기 위해서는 마술에 의
존해야만 했다. 그 과정들은 처음에는 진지하고 점술적이었지만, 나중에

---

2. 삼백육십 개의 행정구역이 있다.
3. 메이어(W. F. Mayers)의 『차이니즈 리더스 매뉴얼(*The Chinese Reader's Manual*)』 2장에서 초록
한 다음의 표는, 그것이 동아시아에 존재했을 때처럼 그 분류체계에 대한 약간의 개념을 제공할 것이
다.

방위	계절	색	성분요소	행성	금속	곡식류
동	춘	녹	목	목성	납과 주석	옥수수
남	하	적	화	화성	구리	기장
서	추	백	금	금성	은	삼(대마)
북	동	흑	수	수성	철	콩류
중		황	토	토성	금	쌀

2. 연습용 화살 a, b, c.
한국. 미국 국립박물관.

는 아이들이 하는 것처럼 하나의 오락 수단으로 행해져서 놀이가 되었다. 그렇게 시작된 놀이들은 세계의 오락들 가운데서 특별한 위치를 차지하고, 뛰어난 놀이로 여겨지게 된다. 그 놀이들은 그 원래 특징들을 어느 정도 지니면서, 점술의식과 단순한 오락이라는 다소 구분이 되는 두 가지 형태로 남아 있다.

한국의 놀이에 관한 연구는, 놀이가 발생했던 동아시아에 두 가지 중요한 점술체제가 있었고, 둘 다 화살이나 다른 대응물을 점술도구로 썼다는 사실을 보여준다. 쿠싱(F. H. Cushing)은 원시문화에서 화살이 사용되었던 그 장소(동아시아)의 중요성을 밝혔다. 그것은 미국에서 못지 않게 아시아에서도 중요했고, 현재도 중요하다. 오늘날 한국에서 사용되는 화살을 조사해 보면 다섯 개들이 한 세트로 되어 있고, 각 궁수(弓手)는 보통 세 세트를 갖는다고 알려져 있다. 다섯 개의 화살에는 일(一)에서 오(五)까지 한자로 숫자가 매겨져 있다. 또한 각각의 화살들에는 한자로 이름이 씌어 있고, 화살대에 빨강, 초록 또는 검정색으로 원을 그려 넣어 구별한다. 궁수들은 이 표시로 더 빨리 자신의 화살을 식별할 수 있었다.[4] 문명 초기엔 소유주의 호칭을 새긴 화살로 그의 힘 앞에 쓰러진 사냥감이나 적수를 식별했으며, 그것은 그 궁수의 상징이자 표지(標識)가 되었다.

한국의 놀이 카드에서 얻은 증거를 보면, 개인 이름에 앞서 소유주가 속해 있는 세계 방위의 상징을 먼저 화살 위에 썼다는 것이 드러난다. 이러한 상황에서, 화살통에 들어 있는 방위 표시가 있는 화살들은 사람과 세계를 통틀어 상징했다. 한국의 놀이 카드들은, 아시아에서 점술에 화살을 의례적으로 사용했다는 가장 직접적인 증거를 다시금 제공해 준다. 이러한 점술은 하나의 오락이 되었다. 그 카드들에는 그것이 유래되었던 화살의 깃털 표시가 아직도 남아 있고, 그

카드의 한자 이름은 화살〔箭〕이라는 이름과 오직 뜻만 다르다.〔투전(鬪
牋)의 '牋' 이 화살을 이르는 '箭' 과 음이 같음을 말한다―역자〕 완전한 한
묶음은 일에서 십까지 숫자가 매겨진 열 장의 카드 여덟 묶음, 즉 여든 장
으로 구성되어 있다. 그 카드들은, 여전히 세계 방위에 해당하는 것들과
어느 정도 밀접하게 상응하는 상징들이 표시되어 있다.

---

4. 여기에 언급된 화살들은 궁술에 사용된 것들이다. '버드나무 잎 화살' 이라는 뜻의 '유엽전(柳葉
箭)' 이라 불리는 이 연습용 화살들은 약 삼십사 인치 길이의 대나무로 만들어진다. 화살촉은 못 모양
의 철로 되어 있는데, 화살대 앞부분에 딱 맞는 고정장치와 함께 붙어 있다. 화살 앞부분은 보통 나
무껍질이 붙어 있거나 혹은 껍질을 벗겨낸 벚나무로 만들어지고, 길이는 1.25인치이다. 같은 벚나무
로 만들어지는 끝부분에는 U자 모양을 한 원주 모양의 오늬(화살을 시위에 끼도록 에어낸 부분―역
자)가 있다. 도판 2에서처럼 세 개 화살의 깃털들은 정성스럽고 균일하게 손질되어 있는데, 화살대에
몇 개는 일직선으로 곧게, 나머지는 약간 비스듬히 풀로 고정되어 있다. 펜실베이니아 대학 박물관
과 미국 국립박물관에 있는 이 일부 화살들에는 양 깃털들 사이에 한자(漢字)로 소유자의 이름이 씌
어 있다. 같은 컬렉션에 있는 다른 화살들에는 어떤 이유로 인해 이름이 삭제되어 버렸다. 미국 국립
박물관에 있는 이 화살들 중 하나(도판 2의 a)에는 이름 위에 '한량(閑良)' 이라는 소유자의 호칭이 명
기되어 있다.(p.127, p.130 참고) 반면, 대학 박물관에 있는 다른 화살들에는 군대에서의 첫번째 계
급인 '출신' 이 새겨져 있다. 많은 견본품들은 화살대의 오늬 부근에 도판 2의 b처럼 원 모양이 있거나
검은 점, 또는 그 두 개를 함께 결합해서 표기되어 있다. 이 표시들은 무슨 이유인지 모르지만, 화살
에 개인의 이름이 씌어 있지 않을 때, 경기에서 개인의 화살을 구별해내는 데 사용된다고 한다. 미국
국립박물관에 있는 두 개의 화살(도판 2의 c)엔 화살대에 초록색 종이로 된 띠가 둘러져 있다. 다른
색깔의 비슷한 띠들이 둘러져 있는 이 화살들은, 경기 참가자들이 즉시 자신의 화살을 구별하도록 하
는 데 사용되었다고 한다. 마지막에 언급했던 화살들은 원이나 점 대신에 오늬 근처 화살대 위에 도
판 2의 c에서 볼 수 있는 것처럼 하나에는 '土' 라는 글자가 씌어 있고, 다른 것에는 '水' 라고 씌어 있
는데, 용도는 똑같다.
이 모든 화살들은 화살대 앞부분 밑에 일(一)에서부터 오(五)까지 한자로 숫자가 씌어 있다. 한 세트
는 다섯 개의 화살로 이루어져 있으며, 궁술 경기에선 보통 세 세트가 사용된다. 도판 159와 같은 한
국 카드의 숫자들이 화살에 달린 다듬은 수탉 깃털에서 유래한다는 쿠싱의 제언은, 그렇게 표시되어
있지 않은 연습용 화살의 깃털을 볼 때는 증명되지 못한다. 화살들은 다섯 개들이 한 세트로 되어 있
는데, 한 벌당 열 장씩인 카드들로는 그것들의 숫자를 세는 데 적합하지 못하다는 것을 또한 발견할
것이다. 점이 없는 다섯 개의 화살이 들어 있는 소형 화살통은 '통가이(箭蓋)' 라고 하는데, 도판 1에
서 보듯이 한국에선 고위 관료들이 군대 계급의 한 상징으로 가지고 다닌다. 그러나 미국 국립박물관
에 있는 견본은 화살이 다섯 개가 아니라 열 개이며, 그 화살의 깃털들은 놀이 카드들 뒷면에 있는 깃
털 모양과 일치하며 끝부분이 검다. 이것은 카드에 검은색 표시로 남겨져 있다. 이에 상응하는 일본
의 의식용 야즈츠(矢筒)에는 열 개의 화살이 들어 있다.
위에서 기술한 연습용 화살과 아울러 한국에선 많은 다른 종류의 화살들이 사용된다. 가장 무서운 화
살은 전쟁에서 사용되는 것으로 '편전(片箭)' 이라 불린다. 길이는 보통 화살보다 훨씬 짧지만, 조준
장치의 도움으로 보통의 활로 쏜다. 화살을 쏘면 조준장치는 떨어졌다가, 사수의 손가락에 매어 놓
은 줄에 의해 원상태로 돌아온다. 미국 국립박물관에 있는 견본들은 길이가 십팔 인치이고, 무거운
원뿔 모양의 철제(鐵製) 촉(鏃)이 붙어 있다. 세 개의 깃털이 있는 화살대는 검은색으로 칠해져 있다.
이 화살들에는 어떠한 표시도 없고, 커다란 뭉치로 묶어 필요할 때 사용하기 위해 준비해 둔다.
궁술은 한국의 군대 시험에서 실시하는 군인들의 자질 테스트이다. 지원자는 표적에 다섯 개의 화살
을 쏜다. 대학 박물관에 있는 화살들 위에 씌어져 있다고 언급했던 '출신' 의 자격을 얻기 위해선 세
개를 명중시켜야 한다.

3. 첨통(簽筒).
광동(廣東), 중국.
펜실베이니아 대학
고고학 박물관.
4. 필라델피아에 있는
전쟁신의 감실(龕室).[5]

도판3   도판4

숫자가 표시된 화살을 사용하는 간단한 방법이 제비뽑기 형태로 남아 있다. 한국에선 숫자가 표시된 공을 화살 대신 사용하지만, '산통(算筒)'이라는 놀이 이름은 그 기원을 나타낸다. 중국의 제비뽑기에선 글씨가 씌어진 종이 제비를 사용하지만, 마찬가지로 그 수는 여든 개이다. 그리고 놀이를

---

5. Stewart Culin, *Religious Ceremonies of the Chinese in the Eastern Cities of the United States*, Philadelphia, 1887 참조.

6. 예를 들면, 아랍인들의 메이저(Meisir) 게임에서는 화살통을 흔들어 화살 일곱 개를 떨어뜨린다. 이 화살들은 아마도 북·남·동·서·상·하·중, 이 일곱 개의 방향을 뜻하는 것으로 여겨질 수 있다. 아랍 작가들과 시인들이 한결같이 쓴 참고문헌들을 보면, 메이저 게임은 마호메트 시대 이전에 아랍인들의 주요 오락 중의 하나였음에 틀림없다. 이 놀이는 항상 겨울에 한다. 반드시 낙타를 상으로 걸었고, 이것을 잡아먹었다. 표시가 되어 있는 화살들을 사용하는데, 게임과 관계없는 제삼자가 한 번에 하나씩 통에서 흔들어 떨어뜨려, 각자가 내기를 건 화살이 나오는지 통 속에 남아 있는지에 따라 승패가 갈렸다. 나는 다음의 세부사항에 대해 안톤 후버(Anton Huber)의 전공 논문 「이교도 아랍인의 메이저 게임(Über das Meisir genannte Spiel der heidnischen Araber)」(Leipzig, 1883)에서 도움을 받았는데, 이 게임 설명은 가지각색이고 혼란스럽다.

이 놀이는 마호메트에 의해 금지되었다. 히게라(Higera)의 두번째 해에 그는 술과 메이저 게임에 대해 경고를 했고, 이 년 뒤 그는 그 게임을 금지시키며 악마의 소행이라고 칭했다.

하기 전에 노름꾼들은 전쟁의 신이 있는 사당(도판 4)으로 가서 여든 개의 숫자가 씌어진 화살 제비(도판 3)를 던져서 행운의 숫자들을 점친다.

제비뽑기의 이론적 해석과 제비뽑기 통에 있는 화살을 마구 흔들어 떨어뜨리는 그 비슷한 점술 과정들은 매우 명백하지만,[6] 나는 화살이나 그 대응물들을 섞어서 놀이꾼들에게 무작위로 나눠주는 카드 놀이에 대해 설명할 준비가 되어 있지 않다.

그러나 화살 한 다발 전체로 점을 치는, 매우 알기 쉬운 한 방법이 현재 한국, 중국, 일본에 존재한다. 일본에서 '에키(易)'라 불리는 이 방법에선 주로 숫자, 장소 또는 방향을 확인하기 위한 주술도구로서 화살들을 사용하는데, 숫자를 세어서 알아낸다. 그 과정은 『역경(易經)』[7]에 상세하게 기

후버는 겨울에 행해지는 이 게임에 대해 수많은 언급을 하고 있다. 이 계절엔 메이저 게임을 할 시간이 더 많을 뿐만 아니라, 가난한 사람들에게 상금을 분배하는 관습이 있었기 때문에 그들이 더 많은 도움을 받을 수 있도록 이 시기에 더 이 놀이를 했다. 마호메트 시대 이전의 시인들은 항상 메이저 게임에 참가하는 걸 자랑스러워 했다. 왜냐하면 그들은 그 게임에 참가함으로써 자애롭다는 평판을 얻었기 때문이다. 불참은 부끄럽게 여겨졌고, 그 게임에 참가하기를 거부했던 사람들이 감수했을 모욕을 보여주는 예가 많이 있다. 그런 사람들은 탐욕 때문에 게임을 거부했던 사람들이라고 하며, 모욕적인 단어인 '바람(baram)'이라 지칭되었다. 참가한 사람은 겁쟁이가 아닌 사람으로 칭송되었는데, 그는 시대가 어려울 때도 메이저 게임에 빠지지 않았다. 또한 다른 사람들보다 더 관대하기를 원했던 한 시인은, 말(馬)을 걸고 도박을 할 준비가 되어 있다고 손님들에게 말했다고 한다. 아랍인들은 고질적인 도박꾼들이라서 모든 재산을 잃고 마침내는 그들의 인격까지 잃곤 했다. 놀이 참가자들은 그들끼리 도살될 낙타를 샀고, 그것은 그들의 공동 소유가 된다. 누가 패자고 누가 값을 지불해야 하는지 미리 말하는 것이 불가능하기 때문에 그 낙타는 외상으로 샀다고 한다. 그 낙타를 나누는 것은 도축업자가 했고, 그는 수고의 대가로 낙타의 머리와 다리를 받았다. 낙타의 나머지는 열 부분으로 나뉘었다. 열 개 또는 열한 개의 화살이 사용되었고, 그 중 일곱 개에 표시가 되어 있었으며, 이 표시된 것을 뽑게 되면 낙타의 일부를 얻었다. 나머지 표시가 없는 세 개 또는 네 개의 화살들은 이기거나 지는 데 사용되는 게 아니라, 그저 화살들의 무게와 수를 늘리기 위해 첨가된 것이었다. 화살의 재료는 나바(nab'a) 나무이고, 활 또한 이것으로 만들어진다. 화살의 색깔이 노란색이었다는 것은 모든 권위있는 책에서 일치한다. 그 화살들에는 특별한 동그라미 표시가 있어서, 화살들을 흔들 때 다른 종류의 나무로 된 화살이 그 사이에 섞여 있어도 쉽게 구별해낼 수 있다.

당첨되는 화살 중 맨 첫번째를 '파드(Fadd)'라고 한다. 그것은 아랫부분에 오늬 한 개가 있고, 그것을 뽑으면 낙타고기 한 덩어리를 가지고 간다. 뽑지 못하면 파드의 소유자는 낙타고기 나눈 것의 한 덩어리 분의 돈을 지불해야만 한다. 두번째 화살은 '타우암(Tau'am)'이라 하고 두 덩어리를 가져가거나 잃는다. 세번째 화살은 '라킵(Rakib)'이라 하고 세 덩어리를 따거나 잃는다. 네번째는 '힐스(Hils)', 네 덩어리를 따거나 잃는다. 다섯번째 '나피즈(Nafiz)'는 다섯 덩어리를, 여섯번째는 '무스빌(Musbil)' 또는 '무스파(Musfah)'라 하고 여섯 덩어리를, 그리고 일곱번째는 '무알라(Mu'alla)'라 하고 일곱 덩어리를 따거나 잃는다.

무게만 늘리는 데 쓰이는 나머지 화살 네 개는 '사피(Safih)' '마니(Manih)' '무다프(Muda'af)' '와그드(Wagd)'라 한다. 당첨되는 화살의 수는 어디에서나 일곱 개라 한다. 그러나 나머지 화살들의 수는 항상 네 개가 아니라고 믿는 것이 합리적이다. 오히려 또 다른 권위있는 책에 따르면 넷이 아닌 셋이었다.

술되어 있는 고대의 점술방법 그대로이다. 그 책에서는 중국의 기록으로부터 그 과정에 대해 어떤 명확한 지식도 얻을 수 없다는 주석을 발견할 수 있다.

현재 일본에서는 가느다랗고 둥그런 얇은 대나무 오리 쉰 개를 사용한

놀이꾼의 수는 일곱을 넘지 않는다. 만약 한 명이나 두 명이 빠졌다면, 어떤 놀이꾼이나 남은 화살들을 가져갈 수 있다. 놀이꾼들은 상황에 따라서 일곱 개의 표시된 화살들로 게임을 했다. 따라서 한 사람이 파드를 가져갔다면 그는 낙타의 한 부분을 얻거나 잃는다. 타우암은 두 부분을 잃거나 얻고, 그런 식으로 계속된다. 놀이꾼의 수가 맞으면, 화살들을 '리바바(ribâba)' 라 불리는 가죽 조각에 놓는다. 화살을 다루는 사람을 '후르다(Hurda)' 라 하는데, 그는 화살에 정통한 사람이며 자신의 보수로 결코 고기를 먹지 않았다. 또한 라킵이 그의 뒤에 가깝게 서 있었다. 라킵이라는 이름이 나타내듯이, 이 사람은 감시인 역할을 맡았다. 하얀 천 조각이 후르다 앞에 깔렸다. 게임 감독관인 라킵은 후르다에게 화살이 들어 있는 리바바를 건네주었다. 후르다는 왼손으로 그것들을 쥐고 리바바와 함께 하얀 천 아래 놓고 그것들을 흔든다. 그 화살들 중 하나가 다른 화살들보다 삐죽이 튀어나오면 그는 천으로 덮인 오른손으로 그것을 쥐고 보지 않은 채 라킵에게 넘긴다. 라킵은 그것을 검사하고 그것이 당첨된 화살인지 '구프(guff)' 라 부르는 아무 표시 없는 화살 중 하나인지 스스로 확인한 후에, 당첨된 화살인 경우 그것이 속하는 사람에게 그 화살로 인해 받을 몫을 크게 외친다. 반면에 화살이 구프였다면 즉시 리바바에 놓는다. 첫번째 화살로 파드가 나왔다면 그 소유주는 한 덩어리를 받았고, 다른 사람들은 남은 낙타고기 아홉 덩어리를 놓고 나머지 화살들을 가지고 계속한다. 그 다음에 타우암이 나왔다면 그 소유주는 두 덩어리를 받고, 다른 사람들은 남은 일곱 덩어리를 놓고 나머지 화살들을 가지고 놀이를 계속한다. 그 다음에 무알라가 나오면 그 소유주는 나머지 일곱 덩어리를 받는다. 이것으로 게임은 끝나고, 표시된 화살이 나오지 않은 사람들은 낙타 값을 지불해야만 했다. 앞서 언급했던 경우에 나오지 않은 화살들은 라킵, 힐스, 나피즈, 무스빌이다. 이 화살들은 모두 합해 열여덟 덩어리로 계산되므로 값은 십팔로 나누어지고, 각자 자신이 이겼을 때 받는 양만큼 빚을 짊어지게 된다. 게임에 진 네 사람이 3/18, 4/18, 5/18, 6/18의 비율로 값을 지불한다. 만약 무알라가 첫번째로 나오면 그 소유주는 낙타고기 일곱 덩어리를 받고, 화살이 나오지 않은 모든 사람들은 1/21, 2/21, 3/21, 4/21, 5/21, 6/21의 비율로 값을 지불해야만 했다. 남은 화살 중 하나가 무스빌일 때 그들은 또 다른 낙타를 잡아야만 했다. 첫번째 낙타고기가 세 덩어리밖에 남아 있지 않아도 이 경우엔 무스빌이 여섯 덩어리를 가져갈 수 있다. 첫번째 게임에서 진 사람들은 첫번째 낙타고기를 먹지 못했다. 두번째 낙타를 잡았을 때 무스빌이 처음에 나오면 소유주는 여섯 덩어리를 받았다. 즉 첫번째 낙타고기 세 덩어리와 두번째 낙타고기 세 덩어리가 그것이다. 그 소유주는 첫번째 낙타에 대해 6/21을 지불해야 했지만, 두번째 경우엔 그럴 필요가 없다. 이 경우에 두번째 낙타고기가 일곱 덩어리가 남았으므로 놀이꾼들은 나머지 화살을 가지고 놀이를 계속한다. 나피즈가 나오면 다섯 덩어리를 가져가고, 소유주는 첫번째 낙타에 대해 5/21를 지불하지만 두번째 낙타에 대해선 아무것도 지불할 필요가 없다. 이제 고기 두 덩어리만이 남았는데, 남은 화살들 중 하나가 힐스라면 네 덩어리를 얻을 수 있다. 그러므로 또 다른 낙타가 필요하다. 두번째 낙타 고기도 얻지 못한 사람들은, 만약 아무도 게임에 다시 참가하지 않는다면, 파드, 타우암, 라킵, 힐스의 소유주들이 되었다. 그리고 그들은 첫번째 낙타의 지불 비율은 배제하고, 1/10, 2/10, 3/10, 4/10의 비율로 두번째 낙타 값을 지불한다. 만약 그들이 세번째 낙타를 죽이고 힐스가 나오면 그 소유주는 두번째 낙타고기 두 덩어리, 세번째 낙타 두 덩어리 해서 네 덩어리를 받는다. 이제 남은 건 세번째 낙타고기 여덟 덩어리이다. 놀이꾼들은 나머지 화살들을 가지고, 화살을 뽑아서 나온 각 획득액이 고기의 나머지 부분과 일치할 때까지 놀이를 계속한다. 만약 아무도 그 게임에 다시 들어오지 않는다면 누가 세번째 낙타 값을 지불해야만 하는지 확실하지 않다. 그러나 후버 박사 의견에 의하면, 새로운 낙타는 게임에 져서 낙타 값을 지불할 화살이 남아 있을 경우가 확실할 때만 잡는다. 만약, 끝내 화살을 모두 뽑고도 고기 덩어리가 남았다면, 그 고기들은 그 부족의 가난한 사람들에게 돌아간다.

다. 이것을 '제이치쿠(筮竹)'[8](도판 5)라 하는데, 길이는 이 인치에서 십사
인치까지 다양하다. 점술가는 오른손에 나무 오리 뭉치를 쥐고 그것을 경
건하게 이마 쪽으로 들어 올린다. 그런 다음 왼손바닥에 그 나무 오리 뭉
치의 끝을 얹고 오른손으로 돌려 그것들을 섞는다.(도판 6) 그리고 나서
오른손으로 그 다발을 잡고 오른손의 새끼손가락과 약손가락 사이에 나무
오리 하나를 끼워 넣는다.(도판 7) 그런 다음 나머지 마흔아홉 개를 대충
두 뭉치로 나누고 첫번째 뭉치는 중지와 검지 사이에, 나머지는 검지와
엄지 사이에 놓는다. 그런 다음 두번째 뭉치를 한 번에 두 개씩, 건(乾)이
라 하고 북서(北西)에 해당하는, 끊어지지 않은 선으로 구성된 괘(卦)에서

---

7. 『역경(易經)』「繫辭傳」 상편 제9장.
"숫자 일(一)은 하늘, 이(二)는 땅, 삼(三)은 하늘, 사(四)는 땅, 오(五)는 하늘, 육(六)은 땅, 칠(七)
은 하늘, 팔(八)은 땅, 구(九)는 하늘, 십(十)은 땅에 속한다. 하늘에 해당하는 수가 다섯(1, 3, 5, 7, 9
의 홀수)이고, 그리고 땅에 속하는 수가 또한 다섯(2, 4, 6, 8, 10의 짝수)이다. 이 두 일련의 숫자들은
각자 고정된 위치에서 서로 상응하고, 각각 짝(1·6, 2·7, 3·8, 4·9, 5·10)이라고 생각하는 숫자가
있다. 하늘의 숫자들은 합쳐서 25(다섯 홀수를 합친 것)이고, 땅의 숫자는 30(다섯 짝수를 합친 것)이
다. 하늘과 땅의 숫자들은 모두 합쳐 55이다. 이 사항들에 따라 이동과 변경이 영향을 받고, 영적인
힘이 계속 발휘되는 것이다. 크게 넓혀진 수(大衍數, 하늘의 수 5와 땅의 수 10을 곱한 것)는 50이
다. 그 중 49만이 점술에 사용된다. 이것들을 나타내는 가느다란 막대들은 두 더미로 나누어져 두 가
지(兩儀, 두 상징적 線들 혹은 하늘과 땅)를 나타낸다. 오른쪽에 있는 더미에서 하나(시초)를 뽑아 왼
손 새끼손가락과 약지 사이에 놓는다. 이렇게 하면 하늘[天], 땅[地], 사람[人]의 삼재(三才)를 형상
(形象)한다. 그리고 양쪽에 있는 그 더미들은 사계절을 나타내는 네 개의 막대들에 의해 조작된다.
그런 다음 나머지들을 되돌려 왼손 두 중간 손가락 사이에 놓아 윤달을 나타낸다. 오 년마다 두 번의
윤달이 있으므로 이것을 두 번 한다. 나중에 전 과정을 반복한다. 건(乾, 즉 끊어지지 않은 선)을 위
해 요구되는 숫자들은 216에 이르고, 곤(坤, 즉 끊어진 선)은 144이다. 합쳐서 360개이며 일 년의 날
수에 해당된다. 역(易)의 두 부분에서 선들에 의해 만들어지는 숫자는 11,520이며, 만물의 수에 해당
된다. 이렇기 때문에 네 가지 기능을 이용(둘로 나누고 하나를 걸며, 넷씩 세고 나머지를 끼는 것)해
서 역이 완성된다. 여섯 줄짜리 괘(六爻)를 만드는 데는 열여덟 번의 변형(세 번 변해 효 하나를 이루
고 열여덟 번 변해서 육효를 이룬다)이 필요하다. 팔괘(의 구성)는 작게나마 역을 이룬다. 만약 우리
가 그 괘를 확장시키고 또한 우리가 적절한 선들을 덧붙여 각 괘를 늘린다면, 아마도 하늘 아래 일어
나는 모든 일들이 표현될지도 모른다.(육효의 변화에 의해 길흉을 점친다는 뜻) (天一 地二 天三 地
四 天五 地六 天七 地八 天九 地十 天數五地數五 五位相得 而各有合 天數二十有五 地數三十 凡
天地之數五十有五 此所以成變化 而行鬼神也 大衍之數五十 其用四十有九 分而爲二 以象兩 掛一
以象三 揲之以四 以象四時 歸奇於扐 以象閏 五歲再閏 故再扐而後掛 乾之策 二百一十有六 坤之
策 百四十有四 凡三百有六十 當期之日 二篇之策 萬有一千五百二十 當萬物之數也 是故 四營而成
易 十有八變而成卦 八卦而小成 引而伸之 觸類而長之 天下之能事 畢矣)"〔저자는 James Legge가
번역한 The Sacred Books of China: The Texts of Confucianism(Part II, The Yî King, Oxford,
1882)에서 인용했다. 여기서는 이해를 돕기 위해 원문을 보충하고, 金碩鎭이 펴낸 『周易傳義大全
解譯』(大有學堂, 1996)을 참조해 설명을 덧붙였다―역자〕
8. 윌리엄스의 『토닉 사전』에는 '筮'는 "서양 톱풀 줄기로 점치는 것으로, 가장 효험있는 것은 공자
(孔子) 무덤에서 나온 것이다"라고, 그리고 '竹'은 '대나무'라고 설명되어 있다.

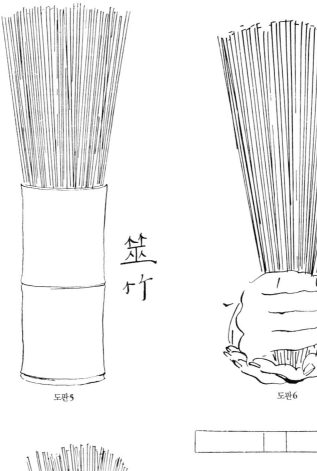

筮竹

算木

도판5

도판6

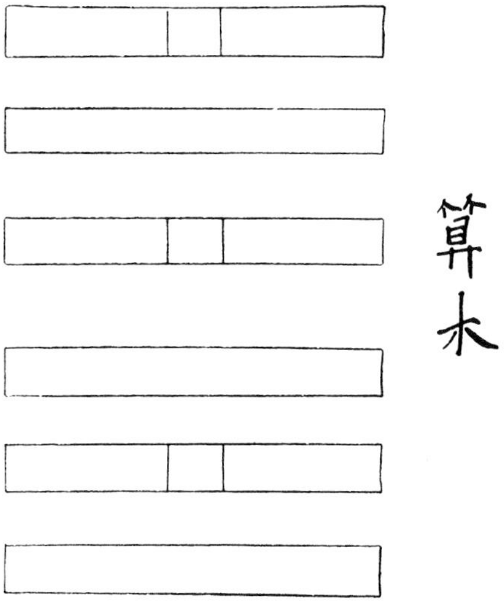

5. 제이치쿠(筮竹,
점술용 나무 오리). 일본.
6. 제이치쿠 섞기. 일본.
7. 나무 오리 하나가
새끼 손가락에 끼여 있다.
8. 에키(易)에 사용되는
산목(算木). 일본.

도판7

도판8

시작해 팔괘(八卦)를 빙 돌아가며 센다.(도판 112 참조) 그리고 숫자 세기가 끝났을 때 거기에 걸린 세 줄로 된 괘를 적어 둔다.(만약 짝수로 딱 맞아떨어지지 않으면 그 홀수는 세지 않는다) 이것을 '산목(算木, 도판 8)'[9]이라 불리는, 나무로 된 여섯 개의 직사각형 막대들을 이용해 기록한다.

이것들은 대략 길이가 4.5인치에 두께 0.75인치이다. 그리고 양면 중 한 면은 아무 무늬가 없고, 다른 면에는 중간에 정사각형이 새겨져 있다. 그 정사각형은 폭이 약 0.75인치이며 빨간색으로 칠해져 있다. 점술가들은 무늬 없는 면이 위로 오게 하여 연속적으로 여섯 개의 산목을 앞에다 놓는다. 만약 숫자 세기가 끝났을 때 거기에 해당하는 세 줄로 된 괘의 맨 아랫줄이 끊어져 있으면, 여섯 개 중 가장 아래 것, 즉 점쟁이에게 가장 가까이 있는 것을 뒤집어서 정사각형 무늬가 표시된 면이 위로 오게 한다. 만약 그 괘의 맨 밑의 줄이 끊어지지 않은 것이면, 산목은 그대로 두어도 된다. 이런 식으로 그 괘의 나머지 줄에 부합하는 두번째와 세번째 산목을 가지고 반복하여 배열한다. 그런 다음 그 전체 과정을 반복하여, 여섯 개 중 남은 다른 세 개의 산목들도 앞서 한 것처럼 수를 세어 나온 괘에 따라 배열한다. 이 산목들에 해당하는 여섯 줄로 된 괘가 실려 있는

---

9. 비슷한 이름의 막대들이 중국, 한국, 일본에서 수를 계산하는 데 사용된다.

10. 밋퍼드(A. B. Mitford)는 일본 점쟁이들에 대해 다음과 같이 말한다. "그들은 앞에다 관상술(觀相術)에 관한 책자를 놓는다. 만약 손님이 그를 찾아오면, 그는 눈을 감고 점술용 막대들을 경건하게 자신의 이마까지 들어 올리고 이 사이로 주문을 외운다. 그런 다음 갑자기 점술용 막대들을 두 뭉치로 나누고 각각의 숫자들에 따라서 좋은 일과 나쁜 일을 예언한다." Mitford, *Tales of old Japan*, Vol.I, London, 1871, p.148.

매력적인 책인 *Our Neighborhood; or, Sketches in the Suburbs of Yedo*(Yokohama, 1874)에서 푸르셀(T. A. Purcell) 박사는 일본 점쟁이에 대해 다음과 같이 설명하고 있다. "그는 손바닥 사이에서 달가닥 소리를 내며 막대들을 함께 굴린 다음, 경건한 자세로 그 막대들을 잠시 동안 이마까지 들어 올린다. 그런 후 그 막대 뭉치에서 하나를 뽑아 그의 오른손 옆에 있는 작은 탁자 위에 놓는다. 그런 다음 계속해서 그것들을 두 뭉치로 나누고 한 뭉치를 산통(算筒)에 꽂아 놓고, 그의 손에 있는 뭉치를 네 개씩 센다. 세고 남은 막대들의 숫자에 맞춰서 산목(算木)을 움직인다. 세 개씩 세서 두 번 이 과정을 반복하고 산목을 앞에서처럼 움직인다. 산목의 결과들을 조합해 보면, 거기에 씌어진 숫자들은 신탁(神託) 같은 대답들이 있는 어떤 책에 나온 한 단락의 숫자들과 일치한다. 그것들은 질문에 대해 만족스러운 대답으로 받아들여진다. 그러나 그는 그 책에 너무 의존하지 않고 자신의 영감을 아주 신뢰한다. 그는, 자신이 매일 아침 종교적 황홀감 속에서 한 시간을 보내며, 그 속에서 그날 가장 적합할 어떤 일반적인 형태의 산목 조합이 드러난다고 말한다. 그는, 어떤 질문들을 받게 될 것인지 또 거기에 어떻게 대답을 해야 하는지, 숙고할 필요도 없이 미리 안다고 말한다. 기쁨 또는 슬픔, 분노 또는 낙심 등 점술의 정신을 방해하는 감정들을 느끼기도 한다. 그는 그러한 감정들을 느낀 후엔 자신의 예언에 의존할 수 없다."

9. 제이치쿠를 들고 있는
점쟁이. 일본.

『역경』은, 이 괘에 대한 전통적인 해석이 함께 들어 있는 일종의 설명서이다. 이것을 이용하여 점괘를 낸다. 앞서 한 대로 이렇게 현재에 관한 일들을 알게 되고, 만약 미래를 알고 싶다면 여섯 개의 산목을 뒤집고 마찬가지로 하여, 거기서 나온 결과를 첫번째 나왔던 결과에 보충해 풀이한다.

나는 최근에 일본을 여행하고 돌아온 이들에게서, 가느다란 나무 막대 다발과 팔괘가 있는 도표를 가진 점술가들을 아직도 거리 구석에서 볼 수 있다는 정보를 들었다.[10] 그 기술을 연마하는 사람들을 '바이보쿠샤(賣卜者)'라 부른다.(도판 9)

제이치쿠가 본래 화살 또는 화살대였다는 것은 별 논의 없이 인정되어 왔다. 쿠싱(F. H. Cushing)은 미국에서 그와 비슷한 물건들이 화살에서 기원함을 명확히 증명해 왔고, 문왕괘(文王卦)라고 하는 점술에서 중국인들이 썼던 것과 비슷한 도구들의 이름과 형태에서 관련 증거를 더 찾아냈다. 문왕괘는 중국의 유명한 문왕(文王)[11]의 이름을 따서 지은 대중적으로 알려진 점술 이름이다.

이 과정에는 괘첨(卦簽, 도판 10)이라 불리는 길이 약 사 인치의 대나무 막대 예순네 개가 사용된다. 끝이 빨간색 물감으로 장식되어 있는 이 나무 막대들은 네 가지 방식으로 표시가 되어 있다. 점 하나가 표시된 열여섯 개는 '단(單)'이라 하고, 점이 두 개 있는 열여섯 개는 '절(折)', 동그라미가 그려져 있는 열여섯 개는 '중(重)', 엑스가 그려져 있는 열여섯 개는

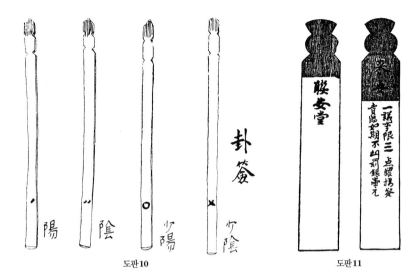

10. 괘첨(卦簽). 중국.
11. 패첨(牌簽).
부신(符信). 중국.

도판10   도판11

'구(構)'라 한다. 그것들은 각각 양(陽), 음(陰), 소양(少陽), 소음(少陰)으로 간주된다. 이 나무 막대들을 가지고 점술을 행할 때, 의뢰자가 병에서 나무 막대 여섯 개를 뽑으면, 점술가가 그 위에 표시된 마크를 종이 위에 적는다. 맨 처음 뽑은 나무 막대를 맨 아래에 놓고, 다른 것들은 연속적으로 그 위에다 늘어놓는다. 그 여섯 개의 마크는 그것과 일치된다고 여기는 여섯 줄로 된 괘로 간주한다. 괘첨에는 화살의 무늬가 새겨져 있고, 그 이름 '찜'이 화살이라는 이름 '전(箭, 중국어로 '찐'이다―역자)'에 가깝다는 것을 알 수 있다.

놀이들이 발생했던 아시아에서 다른 중요한 점술방법을 생각해 보기 전에, 나는 화살이 개인을 상징하고 나타내는 데 사용되었던 '놀이'들과는 별도로 개인을 나타내는 '상징적인 물건'으로서, 가장 돋보이는 화살의 몇 가지 잔존물들에 대해 지적하고 싶다. 예로부터 전장(戰場)에서 전사자의 무덤을 그의 화살로 표시했다는 일본의 이야기는 내 의견과 관련이 있다. 이 관습은 한국의 모든 성인 남성들이 차고 다녔던 호패(號牌)와도 매우 밀접한 관계를 지닌다.

아시아에는 내가 제시한 기원을 증명하기 위한 직접적 증거가 부족하다. 그러나 그와 비슷하고 똑같이 중요한 물건인 패첨(牌簽, 도판 11)의 경우에는 그러한 증거들이 보인다. 미국의 중국인 상인조합에서는 조합원들이 모일 일이 생길 때, 한 면에는 조합 이름이 있고 반대 면에는 개인 이름이 씌어 있는, 나무로 된 작은 명패(符信)를 자주 사용한다. 빨갛게 칠해진 명패 끝에는 화살임을 암시하는 무늬가 새겨져 있고, 앞서 나온 나무 막대들의 이름과 똑같은 첨(簽)이란 명패의 이름도 전(箭)이란 화살 이름에 가깝다.

도판 12는 기원전 밴쿠버 섬 하이다(Haida) 인디언들의 도박용 조각 막대를 나타낸다. 이것은 미국 국립박물관에 있는 서른두 개가 한 세트인 막대들 중 하나이다. 그 막대들에는 네 방위를 상징하는 토템 동물들이 새겨져 있다.(도판 13) 또 다른 하이다 인디언의 도박용 막대 세트들을 조사해 보면, 그것들은 색깔 있는 띠로 표시된 훌륭하고 정교한 막대로서, 의심할 여지 없이 동일한 중요성을 지닌다. 그 막대들과 북서해안 인디언들의 화살들, 특히 캘리포니아의 맥클라우드(McCloud) 강 인디언들의 화살들을 비교해 보면, 그 휘어진 막대들은 화살대를 그대로 모방한 것이고, 완전한 한 세트는 그 부족의 모든 사람들의 화살들을 나타낸다고 생각된다. 그러므로 하이다 인디언의 도박용 막대들은 한국 놀이 카드의 미국판 사본으로 여겨질 수 있다. 한국의 놀이 카드는, '첨(簽)'이라는 대나무 제비와 닮은 그 생김새로 볼 때, 의심할 여지 없이 원래 그 재료로 만들어졌다. 윌킨슨(W. H. Wilkinson)은 '한국 카드의 도안들은 옛날에 대체로 세심하게 그려진 다양한 상징물들의 그림이었고, 현재는 이 그림들이 훼손되어 휘갈겨 그린 듯한 그림으로 남아 있다'는 설에 대해 언급해 왔다.

그 조각된 도박용 막대에, 고대 바빌로니아에서 사용되었던 것과 같은 원통형 도장의 기원이 있을 것 같은 암시를 받는다. 유약을 바르지 않은 자기로 된 원통형 도장들

12. 하이다 인디언들의 도박용 막대. 미국 국립박물관.
13. 하이다 인디언들의 도박용 막대에 새겨진 비버(beaver) 문장(紋章).

도판12

도판13

도판14

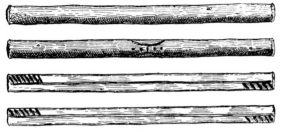

도판15

14. 원통형 도장. 에콰도르.
펜실베이니아 대학
고고학 박물관.
15. 존 알(Zohn ahl)에
사용되는 막대기들.
카이오와 인디언족.

은 아시아의 원통형 도장처럼 구멍이 뚫려 있고, 미국의 여러 지역에서 발견된다. 고도로 양식화한 새 문양이 새겨져 있는 에콰도르산 도장(도판 14)은 조각된 화살대에서 유래되었을 수 있다. 조각된 도박용 막대처럼 개인의 상징물 및 표상물과 종종 동물 모양이 새겨져 있는 바빌로니아의 도장들은, 비슷한 기원을 가졌다고 믿는 것이 합리적이다. 만약 우리가 이 원통형 도장의 기원 이론을 받아들인다면, 평범하게 조각된, 나무로 된 동아시아의 도장은 그 원통형 도장의 기원을 설명해 주는 것이 아니라, 화살로부터 유래된 것일 수도 있다.

화살의 흔적을 찾다 보면, 접는 부채처럼 평범하고 일반적으로 사용되는 물건들로 두툼한 리스트 하나를 만들 수 있을지 모른다. 그 중에는 원시문화의 흔적이 남아 있어서 화살의 기원을 어느 정도 확신을 갖고 추적해 볼 수 있는, 중국에서 현재 사용되는 동전을 언급해 볼 수 있다.

게임들을 발생시켰던 두번째 점술방법은, 면이 두 개 있는 막대기를 몇 개 던져서 떨어지는 다양한 모양에 수셈을 부여한 것이다. 이에 대해 주목할 만한 전형적인 예가 윷놀이이다.

같은 종류의 많은 비슷한 놀이들에서처럼, 윷놀이에선 세계와 그 방위들을 나타낸다고 생각될 수 있는 말판 위에서 수를 세어, 도는 방향 또는 말이 갈 장소를 정한다. 이러한 놀이들은 세계적으로 널리 분포되어 있다고 알려져 있다. 북미에서는 동부와 서부의 거의 모든 종족들에게서 한 가지 형태 또는 다른 형태로 그런 놀이들이 유래한다. 그리고 미국 남서부 인디언들 사이에서 그 놀이들은 실제로 똑같이 말판 위에서 막대 네 개로 하며, 윷놀이 규칙과 동일한 규칙들을 갖고 있다.

이러한 놀이들 중 하나인 카이오와(Kiowas)족의 '존 알(Zohn Ahl)'이라는 놀이에서 사용되는 막대들(도판 15) 위에 새겨져 있는 화살 마크를 볼 때, 미국에서 사용된 그 막대들의 기원이 화살이라고 추정해 볼 수 있다.

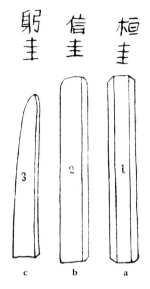

16. 규(圭). 귀족들이
사용하던 의식용(儀式用) 홀.
고대 중국.

나는 '68. 윷놀이' (특히 pp.141-143)에서 두 면을 가진 막대들이 떨어진 모습을 기록하거나 점수를 매길 때 육십사괘(六十四卦)와 함께 팔괘의 개연성있는 기원을 지적했다. 미국의 놀이들을 볼 때 이 막대들이 화살에서 유래되었을 가능성이 있다. 그러나 괘(卦)라는 한자와 괘를 사용하는 점술을 가리키는 한자 '괘(掛)'의 조합으로는 그것을 확실히 밝히지 못한다. 두 글자는 모두 고대에 귀족층이 가지고 다녔던 홀(笏, 도판 16)[12]을 의미하는 '圭'라는 글자가 섞여 있다. '괘(掛)'라는 글자는 오른쪽에 '卜'이라는 글자가 있고, 왼쪽에 '手'라는 글자가 있다. 복(卜)은 점술의 기록, 즉 괘(卦) 또는 그 결과를 가리키고, 수(手)는 점치는 행위를 가리킨다.

나는 이 고대의 홀들이 원래 화살이었다고 확신할 수는 없다. 그러나 윷의 유래는 화살일 것이라는 믿음을 가지고 있다.[13]

내가 언급했던 과정들은 화살이 사용된 점술과 놀이의 두 가지 체제를 보여준다. 첫번째 방법에선 화살이 다 갖추어진 화살통(한국의 카드들, 도박용 제비들) 또는 어떤 대표적인 화살(메이저 게임)이 사용된다. 우연히 하나 또는 그 이상이 떨어지도록 그것들을 흔들거나, 제비뽑기 숫자를 확인하기 위해 아무렇게 나누거나(에키), 놀이꾼들에게 배분하거나 한다. 두번째는 양면을 가진 막대들을 화살 대신 사용하고, 막대가 떨어진 모양에 따라 수적(數的) 가치를 부여한다. 두 체제에서는 숫자를 정하는 데 화살을 사용하고, 도표에서 그 숫자대로 움직인다. 그런 식으로 놀이의 결

---

12. 이 홀(笏)에는 다섯 종류가 있다. 대체로 귀한 돌(玉)로 만들어지며, 권위의 표시로 고대 군주들이 손에 들고 다녔다. 공작의 홀은 환규(桓圭)였다. 그것은 구 인치 길이의 평평한 장방형의 돌로 윗부분은 둥글고 테두리가 둘러쳐져 있다.(도판 16의 a) 후작은 신규(信圭)를 갖고 있었다. 그것은 칠 인치 길이에 윗부분 테두리의 반 정도가 둥글게 되어 있으며, 앞의 것과 비슷하다.(도판 16의 b) 백작의 홀은 궁규(躬圭)였다. 이것은 칠 인치 길이에 약간 휘어져 있지만, 앞의 것과 비슷하다.(도판 16의 c) *The Shoo King or the Historical Classic*, trans. W. H. Medhurst and Sen, Shanghai, 1846, p.18.
13. 규(圭), 즉 고대 중국의 의식용 홀이 점술에 사용되었다는 가정에 대한 흥미로운 언급은 일본 에조(蝦夷)의 아이누족의 소위 '수염 막대'에 그 근거를 둘 수 있다. 이 막대들은 술을 마실 때 수염을 들어 올리는 데 사용되었는데, 약 십사 인치 길이에 한 면은 편평하고 다른 한 면은 약간 둥그스름하며, 한쪽 끝이 뾰족하게 깎여 있다. 둥그런 면은 어느 정도 정교한 디자인이 새겨져 있는데, 이는 그것의 반대 면에 있는 휘갈겨 쓴 글자들과 관련이 있다. 미국 국립박물관에 있는 견본에서 볼 수 있듯이 때로는 두 면 중 한 면이 빨간색으로, 다른 면은 검은색으로 칠해져 있다. 이는, 북아메리카 부족들의 놀이에 사용되는 비슷한 막대들의 도안에서 발견할 수 있듯이, 범우주적 중요성을 품고 있는 것 같다. 따라서 그 수염 막대는 의례용 홀과 점술 막대를 연관 짓는 일종의 연결고리를 형성하는 것 같다.

과에 따라 도표에서 움직이는 장소가 결정되고 말이 갈 장소를 확인한다. 윷판이든, 팔괘 또는 육십사괘이든, 파치시(Pachisi, 인도의 주사위 또는 주사위놀이—역자)의 십자모양 판 또는 서양 장기판이든 간에, 그 도표는 세계를 나타낸다. 놀이판들의 우주적 의미는 종종 매우 분명하다. 그러나 한국의 바둑판보다 더 명확한 것은 없다. 바둑판의 방위들은 우주적 상징에 따라 표시된다. 그 수셈이 궁극적으로 사람들을 가리키고, 그 산목들이 사실상 인간을 상징한다는 것은 점술 놀이에서 분명히 드러난다. 파치시 게임에서 산목들은 세계의 네 방위들을 나타내는 색깔에 따라 다르다.

다음 장에 기술해 놓은 아흔다섯 개의 한국 놀이들 중 스물세 개가 점술에 쓰이는 화살들에 대해 언급하고 있는데, 그 놀이들 속에 나는 중국의 도미노 게임을 포함시켰다. 그 놀이에 사용되는 쌍둥이 도미노 열한 쌍이 아직까지 설명되지 않은 채 남아 있다. 현재 나는 세계 방위의 속성을 부여한 주사위 던지기에서 도미노가 유래되었다고 생각한다. 쌍둥이 도미노들이 더해져 서른두 개의 도미노가 완성되고, 각 도미노들은 각자의 짝이나 보완물이 있다.

그러므로 '여섯 줄로 된 괘(Hexagram, 육괘)'의 용어들과 유사한 우주적 용어들이 그 도미노들에게 주어진다. 이 놀이들을 숙고해 볼 때, 세계적으로 널리 퍼져 있는 어린이들 사이의 숫자세기에 대해 우연히 어떤 설명이 연상된다. 한국의 숫자세기 노래는 수 공식으로 보일 것이다. 점술에서 숫자를 세어 세상을 한 바퀴 순회하는 관습을 염두에 둔다면, 숫자세기 놀이의 노래들은 세계 방위들을 대표하는 것에 적용된 수 공식의 흔적일 수 있지 않을까. 한국의 점술에서 사용된 용어들은 내가 관찰해 왔던 한 주로 중국에서 기원했던 것이었고, 그 용어들의 정확한 의미는 학자들만이 안다. 중국의 점술책 연구에 일생을 보냈던 학식있는 한국의 한 신사가 나에게 밝힌, 왼쪽과 오른쪽으로 순회하는 것에 대한 설명을 언급하지 않고 이 숫자세기 놀이라는 주제에서 떠날 수 없다. 왼쪽과 오른쪽의 순회는 하늘과 땅의 순환을 나타내고, 하나는 당연히 다른 하나의 역(逆)이라는 것이다.

한국과 중국의 학자들 사이에서 또는 심지어 사물의 전통적 질서를 고

17. 영조(靈鳥).
고대 이집트.

수하는 일본의 몇몇 학자들 사이에서도, 의례적 점술은 옛날 유럽에서 행해졌던 것의 어떤 점도 빠뜨리지 않고 있다. 그것은 중국의 전쟁술에 중요한 것으로, 전투 진영은 팔괘에 맞춰서 배열되었다.[14] 세계 방위의 색깔을 나타내고 네 개의 사분원(四分圓)을 상징하거나 이십팔수(二十八宿)의 구분으로 이뤄진 한국의 전쟁 깃발[15]은 힘의 상징들과 건국 설화의 근간이 되는 신화적 개념 사이의 조화를 시사해 준다.

내가 고찰해 왔던 놀이들과는 별도로, 스포츠로 생각될 수 있으나 아이들의 놀이 속에 존재하는 놀이가 많이 남아 있다. 그것에 대한 적절한 설명이 축제 이론에서 발견된다. 이러한 게임들 중 몇몇은, 점술적인 의미로 행해졌던 줄다리기와 사방의 특설 링에서 의식적으로 행해지는 일본의 스모(相撲)와 가라테(唐手)처럼, 여전히 원시 점술적인 특성의 자취를 보존하고 있다. 일본의 전문가와 가라테에 대해 토론했을 때, 그는 게임(game)과 놀이(play)의 차이를 알아두어야 한다고 지적했다. 특설 링에서 열리는 가라테는 진정한 게임이다. 반면, 어린이와 게이샤(藝者, 일본의 妓女—역자)의 연행은 단지 놀이이다. 그들은 가라테 전문가가 진지하게 여기는 게임을 하거나 모방한다. 비록 어린이들이 다른 사람들의 인생사를 흉내내듯이 게임을 모방하고, 그래서 그것들이 먼 고대 의식들의 유풍(遺風)을 종종 보존하고 있더라도, 나는 어린이들의 놀이가 극적이고 모방적인 성격의 게임과는 별도로 간주되어야 한다고 생각한다. 아이들의 게임에는 장난감이 포함될 수 있다. 그 장난감들 중 많은 것들이 오뚝이, 부처, 인형처럼 버려진 종교들의 의식용 도구들이거나, 옛날에 거의 보편

---

14. 제갈량(諸葛亮, 181~234). 유비의 자문역. 팔진도(八陣圖), 즉 전쟁에서의 팔선(八線) 전략이라고 자신이 명명한 군사 대형을 고안했다. 이는 많은 논문들의 주제가 되어 왔다. W. F. Mayers, *The Chinese Reader's Manual*, No.88.

15. ① 동(東)—청룡, ② 북(北)—현무, ③ 남(南)—주작, ④ 서(西)—백호. W. F. Mayers, *The Chinese Reader's Manual*, Part II, 91.

적이었던 것 같은 원시문화의 유물이다.

우리에게 단순한 장난감에 불과한 연(鳶)은, 아시아에서는 '큰 영혼〔大靈〕'으로서 연이 본래부터 중요했음을 제시하는 것으로 보인다. '큰 영혼(神, Emerson이 생각하는 우주의 근원―역자)'은 고대 이집트에서 영혼의 상징으로 새〔鳥〕연을 사용한 것과 유사한 개념이다.(도판 17)

한국의 놀이
Korean Games

家 一 海 四

나는, 놀이가 의식적인 발명품으로서가 아니라,

주술적 의식에서 시작된 원시 상황의 잔존물로,

그리고 주로 점술수단으로 여겨져야만 한다고 생각한다.

놀이는 우주의 어떤 근본적인 개념에 근거해서,

서로 똑같지 않더라도 전 세계적으로 나타나는

어떤 유사한 특징이 있다.

1. 탈등: 장난감과 등
Toys and Lanterns

한국의 소년, 소녀 들은 어릴 때 보통 함께 놀지만, 상류층에서는 어린 소녀들이 밖에 나가 소년들과 노는 것을 허락하지 않는다. 성(性)이 다른 아이들은 일곱 살이 되면 자리를 함께 하지 않아야 한다는 공자의 말씀이 지켜지고 있다.[1] 상류층에서는 어머니가 젖이 나오지 않을 때 유모(乳母)를 거느리고, 한편 아기의 옷은 침모(針母)를 시켜 만든다. 일반적으로 어머니들은 아기가 태어나기 전에 옷감을 구해다가 솔기가 없는 자신만의 아기 옷을 짓는다.

태어나서 일 년이 되는 날(이것은 양력이 아닌 음력으로 따져 첫번째 맞는 생일임—역자)에 첫 돌을 축하하며, 이후 아기는 두 살이 된다. 부모는 모든 일가 친척들을 초대하고 특별한 떡을 만들어 잔치를 벌인다. 이때에는 크고 둥근 상에 껍질을 깐 쌀을 깔고, 긴 실타래, 필기도구, 종이, 붓, 먹 그리고 돈 등 여러 가지 물건을 놓는다. 그리고 아기를 이 상으로 데리고 와서 아기가 어떤 물건을 집을지, 모든 이들이 매우 주의깊게 지켜 본다. 만약 아기가 실타래를 집으면 장수할 것이라고 여기고, 돈을 집는다면 부자가 될 것이라고 생각한다. 또는 필기도구를 집는다면 저명한 학자가 될 것이라고 생각한다. 쌀은 돈과 같은 의미를 갖는다. 때때로 어머니나 가족 중 여자아이들이 아기에게 실타래를 대신 주어, 아기가 쌀이나 돈을 첫번째로 집지 못하게 한다. 아기의 생일은 이후 매년 치러지지만 이런 식은 아니다. 이 무렵, 때로는 그 전에 아기는 이름을 받게 되는데, 이를 어린 시절 이름이라 하여 아명(兒名)이라 한다. 남자아이들은 열다섯 살이 될 때까지 이 이름으로 불리게 되며, 여자아이들은 결혼할 때까지 아명을 갖게 된다.

아기들은 때때로 말린 갑각류를 장난감으로 받는다. 아기들에겐 거의 장난감이 없다. 어머니들은 반짇고리에서 실타래와 실패를 갖고 놀게 하

---

1. 중국에서는 같은 나이의 남성과 여성을 분리시킨다. 일본에는 그런 관습이 존재하지 않는다.

지만, 일 년에 한 번을 제외하고는 미국 어린이들처럼 장난감을 많이 받지 못한다. 네 살 또는 다섯 살이 되는 사내아이들은 서당에 다니기 시작하고, 붓, 종이, 먹물 들이 장난감을 대신하게 된다. 바느질은 소녀들에게 매우 중요한 것이다. 상류층의 어린이들조차도 그들이 결혼했을 때 가사를 돌보는 방법을 익히기 위해서 침모를 도와 배워야만 한다.

일 년에 한 번인 4월 초파일, 즉 음력 4월 8일에 어린이들의 축제가 오며, 보편적으로 이날 장난감을 살 수 있다. 그 장남감들은 '탈등'이라고 불리며, 형태가 매우 다양하다. 새와 야수 모양의 등(燈)은 모든 장터에서 팔린다. 어떤 등은 산신(山神)을 태운 호랑이 모습을 하고 있으며, 기생을 등에 태운 말 그림도 있다. 여기서 기생들은 항상 우산을 들고 있는 모습으로 표현된다. 왜냐하면 그들은 밖에 나갈 때 덮개가 있는 가마에 타는 것이 허용되지 않아서 항상 우산을 가지고 다니곤 했기 때문이다. 등에 토끼를 태운 거북이 또한 일반적인 장난감이다. 이것에 대한 이야기는 알렌(H. N. Allen) 박사가 그의 저서 『한국 이야기(*Korean Tales*)』에서 언급했다. 또 다른 장난감은 '고양이 쥐'이다. 그것은 뚜껑이 달린 작은 상자인데, 그 뚜껑은 쥐를 감시하는 고양이를 나타낸다. 그 뚜껑이 쥐를 향해 밀려오면 쥐는 구멍으로 달아난다. '뻐꾸기' 즉 산비둘기라 부르는 장난감도 팔린다. 이것은 등에 구멍이 있는 새 모양을 하고 있는데, 꼬리에 있는 튜브를 통해 바람을 넣으면 '뻐꾹' 하고 새 울음소리를 낸다.

모든 장난감들 중에서 가장 보편적이고 인기있는 것은 오뚝이, 즉 '오뚝 서는 인형'이다. 이것은 종이로 만든 형상물로 항상 오뚝 서도록 둥그런 밑바닥에 진흙을 채워 넣었다. 그 모습은 여성을 나타내는데, 때때로 그 여성은 호랑이를 타고 있기도 하다.

일본에서 4월 초파일은 부처의 탄생일로 경축하는 날이며, '관불회(灌佛會)'라고 부른다. 이것으로 보아 한국의 축제는 본래 불교적이었다는 것을 알 수 있고, 일찍이 오뚝이가 부처의 초상이었다는 것은 있을 법한 일이다. 그러나 오뚝이들은 훨씬 더 오래 되었을지 모르며, 춘분(春分)과 연관된 몇몇 초기의 종교적 제전(祭典)을 연상시킨다. 이 장난감과 함께 폭죽도 팔려서, 저녁이 되면 온 나라에 불꽃놀이가 행해졌다. 사람들은

18. 이등춤 추는 모양. (舞童)

19. 다루마(達磨) 혹은 오키아가리코보시(不倒翁). 일본. 펜실베이니아 대학 고고학 박물관.
20. 나이소얀(泥塑人). 일본.『화한삼재도회(和漢三才圖會)』중에서.

도판19   도판20

등을 마련해 기름을 부어 밤새 등불을 켜 놓는다. 불꽃이 꺼지지 않고 활활 타오르는 것은 행복하고 긴 삶을 예견하는 것이라 믿는다. 전 세계적으로 많은 유사물이 있는 오뚝이라고 하는 장난감은, 그 옛날 이 계절에 한국에서 숭배되었던 신의 이미지와 관련성이 있는 유물로 여겨질 수 있다.

일본에서 '오뚝이'는 신상인 다루마(達磨)를 본떠 만들어지고 그의 이름이 붙여진다. 또한 '일어나는 동자승'이라는 의미의 '오키아가리코보시(不倒翁)'라고 불린다.(도판 19) 이 장난감을 살 때 일본 소년들은 재빨리 일어나도록 하기 위해 무게가 있는 것을 꼼꼼히 고른다. 불완전한 것은 재수가 없다고 여겨진다.

『화한삼재도회(和漢三才圖會)』에는 승려를 표현한 장난감 그림이 실려 있는데(도판 20), 그것은 마치 오뚝이처럼 기울어져 있다.[2] 이것은 장난감 개의 그림과 함께, '쓰지닝교(土人形)' 즉 '진흙 인형'이라는 제목 아래 나이소얀(泥塑人), 말 그대로 '진흙으로 형상화한 인간' 그리고 또 다른 이름인 토양잉(土人形) 즉 '진흙 형상'이라는 중국의 똑같은 장난감과 함께 묘사되고 있다.『잠부론(潛夫論)』에 "요즘 사람들은 진흙 마차와 도자기 개들을 만든다"라고 되어 있다. 그 책에 따르면, 이것들은 인간이나 개, 사자, 원숭이의 모형에 진흙을 부어서 만든 진흙 형상들이다. 이것들은

---

2. 그러나 이것은, 제작자가 장난감이 누워 있는 것처럼 보여주려고 시도했기 때문일지 모른다.

아이들의 장난감으로 사용된다.

쓰지닝교는 일본에서 고대에 산 제물을 대신하기 위해 죽은 사람과 함께 묻은 것으로, 현재 고대 무덤에서 발굴되는 말과 인간의 토우(土偶)를 일컫는다.

쓰지닝교가 사실상 이러한 목적으로 만들어졌다면, 이것은 특히 고대 일본에서 오뚝이를 의식적(儀式的)으로 사용했음을 보여주는 것 같다. 그러나 고대 무덤에서 나오는 제물의 형상은, 펜실베이니아 대학 고고학 박물관에 있는 진짜 일본 그림³에서 알 수 있듯이, 둥그런 밑바닥을 가졌다고는 생각되지 않는다. 일본에서 장난감은 전적으로 불교와 관련이 있다.

『미술세계(美術世界)』⁴라는 책에는 '고대 인형(ancient doll)'이라는 영문 제목과 함께, '오뚝이(tilting toy)'라고 밝혀진 인형의 그림이 실려 있다.(도판 21) 그 일본 책에는, 그 인형이 고제 쇼세키에 의해 만들어졌고, 불사(佛師, 불상 제작자, 일본어로 부시)인 도사쿠 쿠라츠쿠리에 의해 만들어졌다고 추정되는, 흙으로 만든 고대의 신상 토우를 나타낸다고 씌어 있다.

중국의 남쪽 광동(廣東)에서 오뚝이는 '맞아도 넘어지지 않는다'라는 의미의 '타푸토(打不倒)'라고 불린다.(도판 22) 그것은 빨간색을 칠한 딱딱한 종이 또는 마분지로 만들며, 부채를 든 노인의 모습을 나타낸다. 러크나우(Lucknow)의 주립박물관이 시카고에서 열린 미국 세계 박람회에 보낸 전시품에서 볼 수 있듯이, 인도에서 이 장난감들은 종이로 만들어지며 '아편에 중독된 사람'이라는 의미의 '포스티(posti)'라 명명된다.

프랑스에서 이 장난감은 중국 관리를 나타내도록 만들어졌으며, '푸사(Le poussah)'라고 부른다.(도판 23) 이 이름은 중국에서 불상에 적용되는 용어인 '포사트(菩薩)'라는 중국어로부터 차명되었다. 그것은 산스크리트어인 '보디사트바(Bodhisattva, 보살)'의 중국식 이름이다.

스페인의 마드리드에서는, 가을에 열리는 연례 축제 때 이 오뚝이가 다른 장난감과 함께 팔린다. 1892년에 내가 산 것들은 수도승과 수녀상을

---

3. 일본 제국박물관 기증.
4. 『미술세계(美術世界)』 6권, 도쿄, 1891. 5.

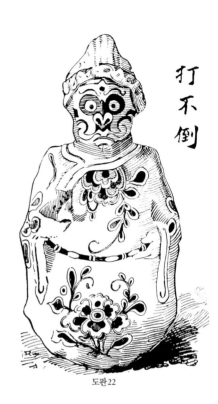

21. 토우(土偶) 혹은
흙으로 만든
고대 신상(神像). 일본.
『미술세계』 중에서.
22. 타푸토(打不倒). 광동.
스튜어트 컬린 소장.

도판21

도판22

나타낸다.(도판 24)

　독일에서 오뚝이는 평범한 장난감이며, 수출을 위해 대개 다른 장난감과 함께 제조된다. 그것은 기괴한 인간의 얼굴 형태로 만들어지며, 영어의 '요괴인간(bogeyman)' 과 같은 의미로 여겨지는 이름인 '푸첼만(Putzelmann, 남부 독일에서 사용)' 또는 '부첸만(Butzenmann, 북부와 중부 독일)' 이라 불린다.(도판 25)

　'푸르첼(purzel, 공중제비)' 이라는 독일어에서 더 직접적인 어원 연구가 행해져 왔다. 그 어원 연구는, 그 언어에 이미 존재하는 차용된 단어와 소리가 닮은 것과, 그 차용된 원래의 외국어 단어를 연결시키는 것이다. '부첸(butzen)' 이라는 형태는 이 대중적인 어원 연구의 한 견본일 수 있다. 그 장난감의 이름을 만족스럽게 설명하는 데 있어 독일 학자들이 부딪쳤던 어려움들을 고려해 볼 때, 프랑스 이름에서 직접적으로 드러나듯이 그 이름이 '붓다(Buddha)' 라는 단어의 변형되고 와전된 형태인지 아닌지 하는 문제가 제기된다.

　스웨덴에서 이 장난감은 '트롤구베(Trollgubbe)' 즉 '늙은 도깨비' 라고

도판23

도판24

도판25

도판26

도판27

23. 푸사(Le poussah).
프랑스. *Le Livre des Écoliers*
중에서.
24. 오뚝이(Tilting Toy).
마드리드, 스페인.
펜실베이니아 대학
고고학 박물관.
25. 푸첼만(Putzelmann).
독일(프랑스 파리에서
만들어짐). 펜실베이니아
대학 고고학 박물관.
26. 트롤구베(Trollgubbe).
스웨덴. *Ungdomens Bok*
(스톡홀름, 1878) 중에서.
27. 틸트 업(Tilt-up). 미국.
28. 의식용 항아리. 미국.
미주리 남동쪽에 있는
무덤에서 출토.
펜실베이니아 대학
고고학 박물관.

도판28

불린다.(도판 26)

현재 미국에서는 다양한 형태의 오뚝이들이 팔리고 있다. 그 장난감들은 값싸게 외국에서 제조되며, 여러 가지 이름으로 알려져 있다. 메릴랜드에서는 공식적으로 '바운싱 베티(Bouncing Betty)'라고 불렸고, 필라델피아에서는 약 삼십 년 전에 '바운싱 빌리(Bouncing Billy)'라고 불렸다. 소형 오뚝이는 거의 동시에 미국 여러 지방에서 보편화했고, 지방에 따라 '틸트 업(tilt-up)'으로도 알려져 있다.(도판 27)

오뚝이처럼 인간의 얼굴을 본떠 만든, 밑바닥이 둥그런 돌이나 도기 제품들은 미국의 인디언 부족들 사이에 널리 분포되어 있다. 그것들은 숭배와 관련된 물건으로서 의식에서 사용되었다. 그러한 형상의 주목할 만한 예가 도판 28로, 러스트(H. N. Rust) 소장이 수집하고, 미주리 남동쪽에 있는 인디언 무덤에서 출토된, 그림이 그려진 도자기 화병이다. 그것은 같은 박물관에 있는 비슷한 물건들의 시리즈 중 하나이다. 같은 소장품의 물건들을 조사해 보면, 도기 제품에서 본뜬 호리병 모양의 그릇에서 오뚝이의 그 둥근 모양이 유래되었다는 것을 확실하게 추적해 볼 수 있다.

2. 눈미륵: 눈사람
Snowman

스케이트와 썰매는 비록 한국의 북쪽에서 사냥꾼들이 사용하긴 해도, 놀이도구로 알려져 있지는 않다. 남자아이들은 얼음 위에서 썰매를 탄다. 아이들이 가장 좋아하는 겨울철 놀이는 눈사람을 만드는 것이다. 이 눈사람을 '눈미륵'이라 부른다. 미륵(彌勒)은 『한불사전』에 '시크얀(石人)'이라는 중국어로 실려 있다. 미륵은 한국의 여러 지방에 있는 입석(立石)을 가리키는 이름이다. 가장 큰 것은 서울 근교 과천이라는 작은 마을에 있는 것으로, '은진미륵'이라 알려져 있다.(동양 최대의 석조 미륵보살 입상인 은진미륵의 소재지는 과천이 아니라 충남 논산군 은진의 관촉사이다 — 역자)

일본에서 남자아이들은 보통 신상(神像)인 다루마의 모습으로 눈사람을

29. 썰매 탄 사냥꾼.

만드는데, 종종 그 눈사람의 내부를 파내 눈집(snow-house)을 만든다.

'설말'[5] 즉 눈말이라 불리는 눈신발은 도판 29에서처럼 사냥할 때 사용되었다. 나의 자료제공자에 따르면 그것은 한국에서 매우 오래 된 것이지만, 아이들은 잘 사용하지 않는다고 한다. 죽마(竹馬)는 지난 십 년 전에 일본으로부터 한국에 소개되었으나, 현재는 많이 쓰이지 않는다. 그것은 일본에서 '다케우마(竹馬)'라고 한다.(도판 30)

3. 각시놀음: 인형놀이
Doll Play

여자아이들은 자신의 인형을 만든다. 그들은 대나무를 약 오 인치 길이로 자르고, 여자들의 머리처럼 맨 위에 소금에 절여 부드럽게 만든 긴 풀로 고정시킨다. 얼굴은 만들지 않고, 다만 가끔 얼굴이 있을 자리에 약간의 하얀 가루를 칠한다. 여자아이들은 그 대나무에 여자들처럼 옷을 입히고, 때때로 그 머리에 아이들이 스스로 만든 머리핀을 꽂는다.

4. 그림자놀이
Shadows

그림자 영상은 벽에다 손으로 만든다. 그 영상들은 항상 승려를 나타낸다. 일정한 방식으로 접은 한 장의 종이를 구부린 손등에 놓고, 그림자의 머리와 모자를 표현한다. 새끼손가락과 엄지손가락으로는 팔을 표현한다. 그림자 영상은 어떤 의식에서 승려들이 춤추는 방식으로 움직인다.

일본에서도 손으로 벽에 그림자 영상을 만드는데, 그것을 '가케에(影繪)', 문자 그대로 '그림자 영상'이라 부른다. 가장 일반적인 것은 '끈끈이를 바른 막대기로 새를 잡는 사람'인 도리사시(鳥刺)[6] 그림자이다.(도판

30. 다케우마(竹馬). 일본.

---

5. 설마(雪馬).

6. 헵번(James Curtis Hepburn, 1815–1911. 미국인 의사, 선교사, 언어학자로서 헵번식 로마자 철자를 창시했다―역자)의 사전 참고.

31. 도리사시(鳥刺,
새 사냥꾼). 일본.
32. 스키에(透繪).7 일본.
펜실베이니아 대학
고고학 박물관.

도판31   도판32

31) 한국에서처럼 모자를 표현하기 위해 삼각형으로 접은 종이 한 장을 손
등에 놓는다. 그림자 영상은 새를 잡으려고 손에 든 막대기를 휘두른다.
일본에서는 검은 종이를 자른 작은 조각들로 형태를 만들어서 막대에 붙
여 그림자 영상을 표현하기도 한다. (도판 32) 이러한 그림자 영상은 '빛이
그림을 통과한다' 는 뜻의 '스키에(透繪)' 라 불리기도 한다.

5. 연
Kites

한국인들은 연의 발명을 사백 년 전 일본과의 전쟁에 참가했던 한 장군의
공으로 돌린다. 그의 병사들은 패전으로 전력을 상실하고, 끝내 하늘에서
유성까지 나타나 낙담해 있던 상태였다. 그래서 그 장군은 연을 만들어서
작은 등을 달아 밤하늘에 그것을 올려 보냈다. 병사들은 새로운 별처럼
보이는 그 빛의 출현을 상서로운 조짐으로 받아들였고, 이에 힘을 얻어

---

7. 왼쪽에 있는 그림은 유령을 나타낸 것으로, 산발한 머리가 얼굴을 덮고 있는 여자 유령이다.

전투를 재개했다. 연의 발명에 관한 또 다른 이야기는, 나무에 걸린 연을 날려서 보통의 경우라면 건널 수 없는 냇물에 다리를 놓은 한국의 장군에 관한 것이다. 그는 튼튼한 연줄을 이용해 그것을 건너편으로 던지고 잡아당기는 과정을 반복하여 그와 그의 군대가 안전하게 건널 하나의 다리를 완성했다.

한국의 연들은 직사각형이고, 대나무살에 질긴 종이를 씌워 만들어지며, 가운데에 둥근 구멍이 있다. 연은 그 색깔과 꼭지에 따라 구별된다. 꼭지는 연의 앞면 중간 지점 위에 붙어 있는 원반 모양의 채색된 종이이다. 또한 연은 아래 각 모서리에 '갈까발', 즉 '까마귀발' 이라 부르는 삼각형의 하얀 종이가 있다. 이것들은 원칙적으론 훨씬 길다고 하는데, 연싸움에 편리한 크기로 축소되어 현재 아주 짧게 만들어진다.

꼭지는 색깔이 다르다. 연의 몸통은 때때로 하나의 색깔이거나 여러 색깔의 띠들로 되어 있다. 삼색의 띠를 가지고 있는 것을 '삼동치마(三同裙)' 라 하는데, 말 그대로 '세 가지 색깔의 치마' (삼동은 '세 가지가 결합된', 치마는 '여성용 스커트')이다. 서로 다른 색깔의 여러 개 띠들이 가로로 장식된 연을 '팔괘연(八卦鳶)' 이라고 부른다.

연들은 크기가 다르다. 그것들은 전문 연 제작자에 의해 만들어지며, 가장 좋은 연일 경우 미화(美貨)로 약 십 센트 정도이다. 연줄은 순견사(純絹絲)로 만들어지며, 때때로 색이 있는 것도 있는데 왕궁에서는 하늘색이 사용된다. 줄은 가장 비싼 부분으로, 많은 사람들이 적절한 시기에 연과

33. 연. 한국.
펜실베이니아 대학 고고학
박물관.
34. 연. 한국.
펜실베이니아 대학 고고학
박물관.

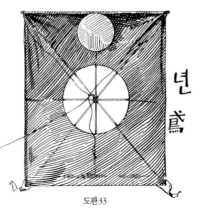

도판33

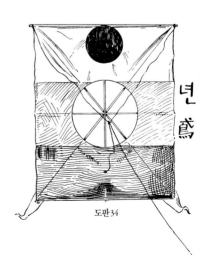

도판34

35. 연 날리는 아이. (연날리기)

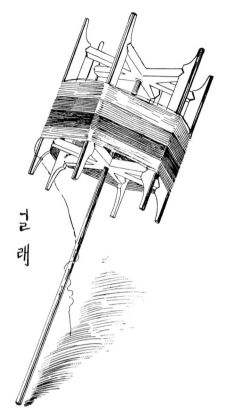

길
래

36. 얼레. 한국.
펜실베이니아 대학 고고학
박물관.

줄을 사기 위해 그 해 내내 돈을 모은다. 줄은 얼레라는 색칠하지 않은 나무 실패에 감는다.

펜실베이니아 대학 고고학 박물관에 있는 한국의 연들은 미국 세계 박람회에서 한국 왕의 대사(大使)의 승낙으로 얻은 것이다. 이 연은 크기가 가로 십칠 인치, 세로 이십 인치로 일정하고, 가운데에 지름 팔 인치의 구멍이 있다. 첫번째 것은 진홍색 꼭지가 있는 파란색 연(도판 33), 두번째 것은 검은색 꼭지가 있는 노랑, 빨강, 초록의 삼동치마(도판 34), 세번째는 검은색 꼭지가 있고, 분홍, 파랑, 노랑, 빨강, 밝은 초록, 담갈색, 어두운 녹색의 팔괘연이다.

같은 박물관에 있는 한국 얼레는 길이가 약 삼십일 인치이고 하얀색, 초록색, 빨간색, 노란색, 이렇게 네 가지 색깔의 견사가 감겨 있다.(도판 36)

한국에서는 왕을 비롯한 모든 계층이 관습적으로 연을 날렸다. 여인들은 때때로 마당에서 연을 날리는데, 보이지 않아도 여자들이 날리는 연은 누구나 구별할 수 있다고 한다. 연의 주인이 종종 연을 잘 날리지 못해서 자리를 비키면, 연날리기를 잘하는 사람이 그 얼레를 맡아 연을 날린다.

한국인들은, 중국인들이 연 날리는 방법을 모르며, 무거운 줄로 연을 날리다 지치면 그것을 나무에 묶고 누워서 바라본다고 말한다.

연을 날리는 시기는 정월 대보름이다. 이때가 지나서 누군가가 연을 날린다면 웃음거리가 될 것이다. 그리고 누군가가 잃어버린 연은 아무도 건드리지 않을 것이다. 1월 14일에는 그 해의 불행이 자신들에게서 떠나가라는 뜻에서, 연에 소원을 써서 날리는 것이 관례다. 어머니들은 자식들을 위해 아이들의 이름, 생일과 함께 소원을 쓴다. 소원을 적은 편지는 연의 대나무살을 따라 붙인다. 그래서 연을 집어가려는 사람에게 보이지 않게 한다. 남자아이들은 연줄에 황록색 종이를 묶어 날리기 전에 불을 붙인다. 연이 공중으로 올라갈 때 줄이 타서 연이 떨어지기도 한다.

연이라는 한국의 이름은 분명히 솔개 또는 물수리를 나타내는 한자(漢字) '鳶'에서 비롯된 것이다. 한국의 '연(鳶)'을 나타내는 중국의 이 한자는 『한불사전』에 실려 있다.

한국에서는 희생양으로 연을 사용하는 것을 보아, 연이 매우 중요시됨을 알 수 있다. 그 희생양은 새 연으로 표현되는 '날아가는 어떤 것'으로 여겨질 수 있다. 『화한삼재도회』에서는 이카노보리(紙鴟, 도판 37)와 가미토비(紙鳶, 紙鴟) 즉 '종이 매' 라는 이름하에 연을 기술하고 있다. 또한 후쇼(風箏) 즉 '윈드 하프(노래하는 연을 뜻함)' 와 세로세(紙鴟) 즉 '종이 부엉이' 라는 이름도 실려 있다. 1712년, 즉 그 책의 출판 시기에 연은 '이카(烏賊, 오징어)' 라고 불렸으며, 일본의 동부 지방에서는 '다코(章魚, 문어)' 라 불린다고 기술하고 있다. 그 책은 『사물기원(事物紀原)』에서 연의 기원에 관한 다음과 같은 이야기를 인용하고 있다.

37. 이카노보리(紙鴟, 오징어 연). 일본. 『화한삼재도회』중에서.
38. 하타(旗, 깃발 연). 나가사키, 일본.

"한(漢) 고조(高祖)[8]가 진희(陳豨)를 정벌할 때 한신(韓信)[9]은 미앙궁으로 들어가기 위한 터널을 파고자 그 거리를 재려고 연을 만들어 올려 보냈

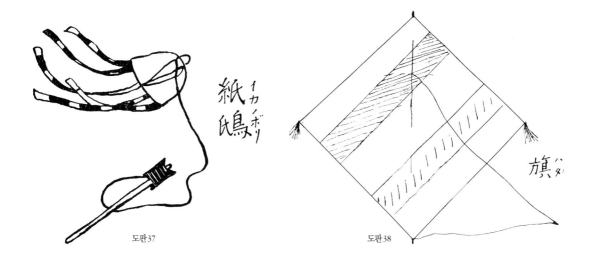

도판37   도판38

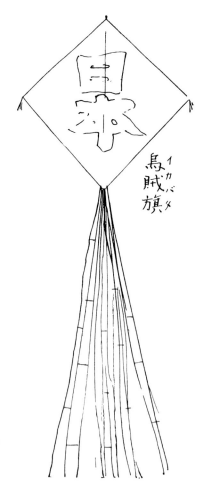

39. 이카바타(烏賊旗,
오징어 연).
나가사키, 일본.

다. 이것은 옛날부터 내려오는 이야기이
다."

연은 현재 일본에서 다코(문어) 또는 이
카(오징어)라고 대중적으로 알려져 있다.
매우 다양한 형태의 연들이 있고, 각각 특
별한 이름을 가지고 있다.

나가사키(長崎)에서는 일반적으로 연싸움
에 사용되는 연을 '하타(깃발)'라 부른
다.(도판 38) 그것은 거의 정사각형이고 두
가닥의 실이 붙어 있는데, 그림에서 보이듯
이 하나는 가운데 위 중간쯤에, 그리고 다
른 하나는 맨 아래 모서리에 붙어 있다. 그것
은 일반적으로 빨간색, 하얀색, 파란색 줄무
늬로 장식되어 있는데, 마치 네덜란드 국기
같다는 데서 하타라는 이름이 유래되었다.

나가사키에서 아이들이 사용하는 '이카바
타(烏賊旗)'라 불리는 연은 도판 39와 같다.
그것은 앞서 말한 하타와는 달리 약 십이 인
치 길이의 하얀 종이로 만든 시포[10], 즉 꼬리가 있다. 이 꼬리들 중 서너 개
정도는 끝과 끝을 풀로 붙이고, 오징어처럼 보이게 그 꼬리들을 모두 연 밑
에 매단다. 연줄은 하타와 똑같은 방법으로 고정시킨다. 이 두 연의 뼈대
는 직각 모양의 대나무 줄기 두 개로 만들어진다. 하타는 모서리에 실이 연
결되어 있지만 이카바타에는 없다.

스루가(駿河)와 돗토리(鳥取) 지방에는 연싸움에 사용되는 연들을 '부

---

8. B.C. 247–B.C. 195. 한(漢) 왕조의 시조로 기원전 195년에 죽었다. W. F. Mayers, *The Chinese Reader's Manual*, No.414.

9. ?–B.C. 196. 유방(劉邦)의 군대를 지휘했던 장군. 유방은 후에 한(漢) 고조(高祖)로서 권세를 잡았다. 위의 책, No.156.

10. 새나 짐승의 꼬리를 가리키는 이름.

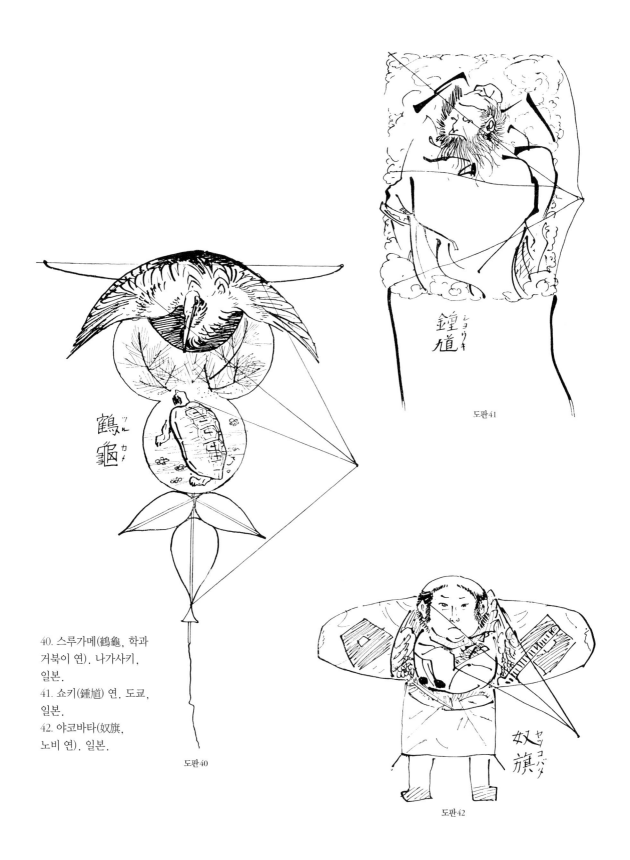

鐘馗

도판41

鶴龜

40. 스루가메(鶴龜, 학과
거북이 연). 나가사키,
일본.
41. 쇼키(鍾馗) 연. 도쿄,
일본.
42. 야코바타(奴旗,
노비 연). 일본.

도판40

奴旗

도판42

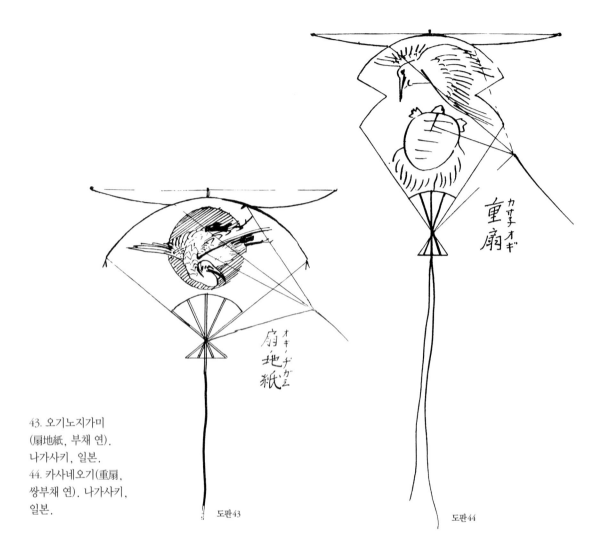

43. 오기노지가미
(扇地紙, 부채 연).
나가사키, 일본.
44. 카사네오기(重扇,
쌍부채 연). 나가사키,
일본.

카' 라 부른다. 형태는 직사각형이고, 때때로 밑이 뾰족한 것은 '통가리' 또는 '뾰족한 부카' 라고 한다. 그 연들의 색깔은 항상 매우 밝다.

도쿄에서 남자아이들이 흔히 사용하는 연은 직사각형 모양이며, 보통 '다코' 라고 알려져 있다. 그 연은 대체로 그림으로 장식을 하는데, 황새와 거북이 그림이 일반적이다. 황새는 진홍빛 땅에 하얀색으로 표현하고,

---

11. 쇼키(鍾馗)는 중국인들이 가장 좋아하는 신으로, 명황(明皇, 玄宗, 713-762)의 수호신이었다. 그는 보통 관복을 차려 입고 양날 검으로 무장한, 희화화(戲畵化)한 야만적인 거인으로 표현된다. 그는 평소 한 무리의 작은 악마들에게 노예 일을 시키고 벌을 주는 모습으로 표현된다. 그 작은 악마들은 그의 날카로운 눈으로부터 벗어나기 위해 가장 코믹한 핑계를 댄다.

45. 오니다코(鬼紙鳶,
악마 연). 나가사키, 일본.
46. 중국 연.
나가사키, 일본.

도판45

도판46

거북이는 파란색 물에 하얀색으로 그린다. 쇼키(鐘馗)[11]는 도쿄에서 연에
그림을 그릴 때 선호되는 또 다른 그림이다.(도판 41)

　이런 단순한 형태들뿐만 아니라, 일본에는 다양하고 기발한 연들이 보
편적으로 존재한다. 어린이들은 새 형태로 된 연을 날린다. 도쿄와 나가
사키에서는 '야코바타(奴旗)'라 불리는 연이 매우 인기가 있다.(도판 42)

　또한 나가사키에는 '스루가메(鶴龜)'라고 하는 인기있는 연이 있다.(도
판 40) 또 다른 인기있는 연은 '오기노지가미(扇地紙)'라고 한다.(도판 43)
후자는 때때로 '카사네오기(重扇)'라는 형태의 연으로도 만들어진다.(도판
44) 나가사키의 어린이들은 '오니다코(鬼紙鳶)'라는 연도 날리는데(도판

45), 이 연에는 어느 유명한 이야기[12]에 나오는 유명한 전사 라이코의 얼굴 그림이 있고, 머리 위에 오니(鬼)를 얹고 있다.

나가사키에 사는 중국인들은 일본인들이 사용하는 것과는 다른 연을 갖고 논다. 그들의 연 모양은 좀더 다양하다. 새, 지네, 그리고 사람 모습(도판 46)이 일반적인 모양이다.

일본 연의 호네(骨) 즉 뼈대는 항상 대나무로 만들어진다. 그 대나무 뼈대는 현재도 변함 없이 종이로 감싸져 있다. 이토메(絲目) 즉 연줄은 삼으로 만들고, 보통 이토마키(絲卷) 즉 얼레를 사용한다. 연의 크기는, 예를 들면 주니마이노다코(十二張の凧) 연과 같이, 보통 연을 만드는 데 사용된 종이의 수로 추정할 수 있다. 커다란 연에 '우나리(웅웅 소리나는 물건)'를 다는 것이 관례다. 이것은 생가죽으로 된 끈을 부착한 대나무 활로 되

---

12. '오우에야마(大江山) 귀신 퇴치'

13. "3월 3일은 조미노세츠에(上巳の節會)로, 세츠에는 미카도(御門, 황제)가 황궁의 귀족들에게 연희, 축연을 여는 경축일이다.('の'는 '-의', '上巳'는 '삼짇날'을 의미한다) 아직 일곱 살이 안 된 여자아이가 있는 집에서는 히나노마츠리(雛の祭, '祭'는 '종교적 축제', 'の'는 '-의', '雛'는 '인형' '닭' 또는 '어린 새'를 의미한다)라고 하여 인형이나 작은 인물 조각을 잘 전시해 놓는다. 이 인물 조각들은 옛날 의상을 입고 있는데, 가장 높은 곳에 황제와 황후 인형을 놓고 그 밑에 계급대로 무사, 상궁, 음악가 등을 층층이 배열한다. 맨 밑에는 신랑의 집으로 가는 신부에게 필요한 물건들—수납함(簞笥), 침구를 위한 길다란 함(長持), 수건걸이(衣桁), 거울 등등—의 작은 모형을 배열한다. 초병(草餠, 쑥떡)이라고 부르는, 쌀과 찐 쑥으로 만든 커다란 다이아몬드형의 떡을 그 인형들에게 주고, 그 인형들을 선물한 친구와 친척들에게 돌린다. 이것은 그 기원이 알려지지 않았지만, 구백 년 전보다 더 오래 전부터 전해 내려왔다고 추정된다." *The Japanese Months*, Vol.I, March.

14. "5월 5일은 단고노세큐(端午の節供, '節供'은 '경축일', 'の'는 '-의', '端午'는 '5월 5일의 주기를 나타내는 이름')라고 부르는 축제일로서, 여자아이들은 3월 3일에 이미 그들의 날을 가졌으므로 이날은 남자아이들을 축하하는 날이다. 지난 열두 달 동안에 남자아기의 탄생을 기뻐해 온 모든 집과 일곱 살 아래의 남자아이들이 있는 집에서는 이날을 축복한다. 문 앞에 가문을 상징하는 깃발과 무사 인형, 코끼리, 호랑이, 용 등을 진열한다. 그러나 가장 돋보이는 것은 일반적으로 둥근 바구니를 씌우고, 도금을 하고, 길고 가느다란 리본과 바람에 돌아가는 작은 바람개비를 단 장대이다. 이 장대에 매달린, 천이나 종이로 만든 하나 둘 또는 세 개의 커다란 크기의 채색한 잉어들이 바람에 부풀어오른다. 잉어는 시골 개울이나 심지어는 폭포까지도 거슬러 오르면서 만나는 모든 어려움들을 단호하게 극복하는 물고기이다. 결국, 이것이 나는 용으로 변한다고 생각하기 때문에, 집안의 젊은 남성들의 성공을 바라기 위해 그것이 선택된다. 집안에는 작은 깃발과 우마지루시(馬印)라는 군기(軍旗)를, 헬멧, 싸우는 남자인형과 함께 깃대에 매달아 놓는다. 모든 것은 집안의 어린 남자아이들이 궁극적으로 훌륭한 사람이 되기를 바라는 희망의 표현이다. 고서(古書)들에는 이 경축일이 약 천오백 년 전의 천황(天皇) 시대만큼 오래 전부터 지켜져 왔다고 씌어 있다. *The Japanese Months*, Vol.I, May.

천이나 종이로 만든 '잉어'라는 뜻의 '고이(鯉)'와 긴 깃발이라는 뜻의 '노보리(幟)'가 합쳐진 '고이노보리'와, 『화한삼재도회(和漢三才圖會)』에 나오는 '이카노보리〔烏賊昇(登)〕리'라고 표시된 연들 사이에는 다소 친숙한 관계가 있는 것 같다. 그것들은 모두 5월 5일의 소년들의 축제와 관련이 있다. 노보리〔昇(登)り〕는 말 그대로 '올라가다' '상승하다'를 의미한다.

어 있는데, 도판 40, 43, 44에서 보이듯이 연의 맨 윗부분에 고정시킨다. 남자아이들은 자기 활에서 나는 소리를 매우 자랑스러워 한다. 나가사키에서는 그러한 우나리가 붙은 연들을'바라몽(婆羅門)'이라 부른다.

연을 날리는 시기는 일본의 각 지역마다 매우 다양한데, 일반적으로 바람이 많이 불 때 한다. 도쿄에서는 1월 1일에 시작하며, 여름에는 절대로 연을 날리지 않는다. 나가사키에서 연을 날리는 날은 3월 3일[13], 10일, 15일, 그리고 25일 등의 축제날이다. 나가사키에서는 결코 1월에 연을 날리지 않는다. 일본의 다른 지방에서는 5월 5일[14]이 연을 날리는 특별한 날이다. 스루가(駿河, 시즈오카 현의 옛 지명)라는 지방에서는 여유가 있는 모든 가정의 남자아이들이 이날 연을 갖는다. 이 지방에서 자신의 연을 잃어버리는 아이는 매우 불행하다고 여겨진다. 그것은 언젠가 이 축제날에 자신의 연을 잃어버린 한 아이가 몇 달 후에 죽은 이야기와 관련이 있다. 수색대가 잃어버린 연을 찾으러 가는 것이 관례인데, 때로는 심지어 삼 킬로미터 남짓의 거리를 가기도 한다. 그 연을 갖고 돌아오는 사람들은 환대를 받고 '사례'라는 선물을 받는다. 이러한 관습을 보건대, 이 지방에서 연은 남자아이의 성격들 중 하나를 상징하는 것으로 여겨지는 것 같다. 여자아이들은 연을 절대로 갖지 않는다.

나가사키에서는 연이 날아가 버려도 그것을 되찾기 위해 특별한 노력을 기울이지 않는다.

연들이 나타내는 것에 대해 일본에서는 많은 이야기들이 통용되고 있다. 그 이야기들 중 하나는 우이 쇼세쓰에 관한 것이다. 17세기에 도쿠가와(德川) 정부를 전복시키려 했던 그는, 에도(江戶) 성을 내려다보기 위해 커다란 연을 만들어 거기에 올라탔다고 한다. 16세기에 이시가와 코에몽(石川五右衛門)이라는 유명한 도둑이 연에 올라타서, 나고야(名古屋) 성에 장식된 유명한 금붕어에서 금을 훔치려 했다는 이야기도 있다. 그때 이후로 커다란 연은 오하리(尾張) 지방에서는 금지되었다고 한다.

6. 연얼리기: 연싸움
Kite Fighting

한국에서 연싸움인 '연얼리기'는 단순한 연날리기보다 더 선호된다. 연날리기는 주로 연싸움을 목적으로 행해지는 연습이다. 충분한 길이의 실을 준비해, 가루로 만든 유리나 사기와 같은 날카로운 물질을 첨가한 아교에 실을 담근다. 어떤 연이든, 그것이 누구 것이든 간에 다른 연에 의해 끊어질 수 있다. 두 연줄이 교차되자마자 연을 날리는 이들은 자기 연줄을 풀어야만 한다. 어느 줄이든 한쪽이 팽팽해지면 즉시 끊어지기 때문이다. 때때로 넷 또는 다섯 개의 연줄이 교차될 때 이 놀이는 종종 하루 종일 지속되기도 한다. 연이 끊어지자마자 그 비극적 결말을 지켜 보고 있던 어린아이들이 즉시 그 연을 잡는다. 일반적으로 이 놀이에서 져서 끊어진 연은 임자가 없다고 한다. 연이 끊어지면 연줄도 모두 잃게 된다. 한국에서는 사전 합의에 의해서 연싸움을 하는 것이 아니며, 연의 소유자들은 연을 두고 내기를 하지 않는다. 일본에서처럼 우나리를 연에 달지도 않는다. 목화 끈을 사용하는 어린 소년들을 제외하고는 무게 단위로 파는 똑같은 실을 사용한다. 모두 처음에 풀을 발라 준비해 놓고, 다시 새로 쑨 풀에 유리나 사기 가루를 첨가해 실에 먹여 사용한다.

일본의 연에 대한 앞의 설명에서, 연싸움이 한국에서만큼 일본에서 인기가 있거나 일반적인 것은 아니라는 것을 당연히 예측할 수 있다. 그러나 다코노키리아이(佩の切り會い) 즉 '연자르기'[15]라는 놀이는 매우 보편적이다. 유리나 사기를 가루로 만들어, 밥풀로 연 밑으로 내려져 있는 약 백 길 정도의 실에 먹인다. 그리고 다른 연줄을 자르기 위해 때로는 날카롭고 휘어진 칼날을 붙이기도 한다. 남자들은 합의하에 자주 연싸움을 한다. 나가사키에서 연싸움은 남자들이 가장 좋아하는 스포츠 가운데 하나이며, 그들은 자신들의 연에 많은 돈을 들인다. 스루가에서는 연싸움이 인기가 덜하다. 이따금 숨어 있던 상대편이 다른 연을 자르려고 시도하

---

15. 나가사키에서는 이를 '카케코스루'라고 부른다.

고, 남자아이들은 일반적으로 자신의 연줄이 말려들지 않도록 주의한다. 연줄이 말려드는 일이 발생하면 그들은 종종 주먹다짐을 한다.

7. 얼렁질
El-neng-tjil

남자아이들은 시합에 진 연줄을 손에 넣게 되면 그 실에 돌멩이를 매단다. 그런 다음, 연싸움과 다소 닮은 방법으로 그 실들을 교차시키며 서로의 연줄을 끊기 위해 돌을 회전시켜 싸운다. 이것을 '얼렁질'이라 부른다.

8. 소꿉질하기: 소꿉장난
Playing House

한국의 여자아이들은 유럽과 미국의 아이들이 하는 것과 매우 유사한 방식으로 소꿉장난을 한다. 그들은 이 놀이를 위해 특별히 만든 장난감을 가지고 있지 않지만, 대합조개와 작은 컵들을 사용해 음식을 대접하는 놀이를 한다. 일본의 여자아이들은 조개와 매우 다양한 종류의 장난감 도구를 사용해 소꿉장난을 한다. 그들은 그 놀이를 '마마고토아소비(飯事遊び, 소꿉놀이)'라고 부른다.

9. 광대: 줄타기꾼 장난감
Ropewalker Toy

남자아이들은 광대 또는 줄광대라 불리는 사람을 본떠서 종이로 된 장난감을 만든다. 작은 돌을 다리에 묶고, 그 다리를 줄에 걸쳐 놓는다. 장난감 광대가 가게 하고자 하는 방향으로 그쪽의 줄을 튕겨서 줄을 따라 움직이도록 만든다. 남자아이들은 이 장난감을 가지고 놀 때, 때때로 실제 광대꾼에게 환호를 보내듯이, 새끼손가락을 구부려 갈고리 모양을 만들어 휘파람을 분다. 일본에서도 '마메닝교(豆人形)'라는 이름의 비슷한 장난

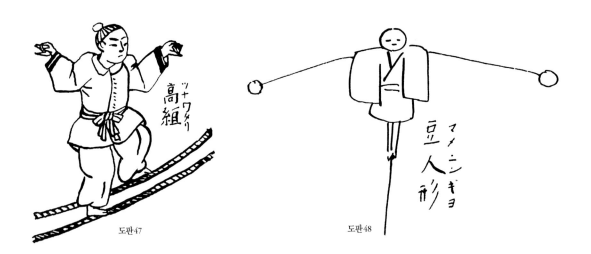

도판47

도판48

47. 츠나와타리
(高組, 줄타기).
『화한삼재도회』중에서.
48. 마메닝교(豆人形,
콩인형). 일본.

감을 만든다. (도판 48) 마메닝교의 팔은 대나무로 십자 모양을 만들고, 그
팔 끝에 콩을 붙인다. 보통 손가락 위에 얹어 균형을 잡는다.

10. 도르라기: 팔랑개비
Windmill

어린이들은 돛을 나타내는 두 개의 날개를 가진 종이 팔랑개비(평안도 방
언으로 팔랑개비를 '도르라기'라 한다―역자)를 만든다. 그 모양은 항상
똑같지만 색깔은 다양하며, 한쪽 날개에는 남자 그림이, 다른 쪽에는 여
자 그림이 있다. 일본에서 팔랑개비는 보편화한 장난감이고, 바퀴살처럼
배열된 가는 대나무 줄기에 종이 날개를 고정시켜 만든다. 날개는 보통
빨간색과 하얀색 또는 다른 색깔들이 엇갈려 있다. 그것은 일반적으로 풍
차 또는 가끔 화차(花車)라 부르며, 화차는 특별한 종류의 팔랑개비를 일
컫는다.

11. 스라미: 붕붕
The Buzz

이 장난감은 움직일 때 나는 소리에서 그 이름을 얻었다. 두 종류가 있는

49. 줄 타는 모양. (줄타기)

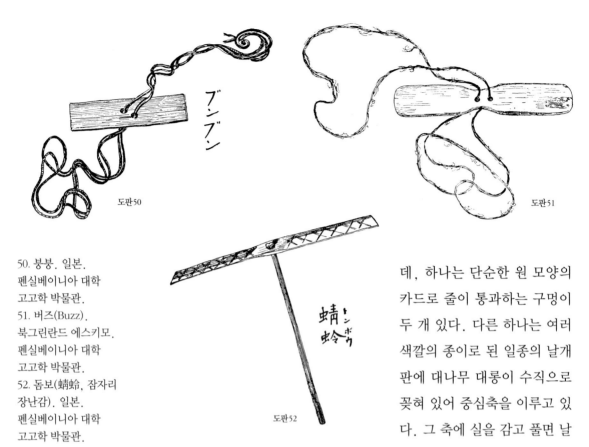

도판50

도판51

도판52

50. 붕붕. 일본.
펜실베이니아 대학
고고학 박물관.
51. 버즈(Buzz).
북그린란드 에스키모.
펜실베이니아 대학
고고학 박물관.
52. 돔보(蜻蛉, 잠자리
장난감). 일본.
펜실베이니아 대학
고고학 박물관.

데, 하나는 단순한 원 모양의 카드로 줄이 통과하는 구멍이 두 개 있다. 다른 하나는 여러 색깔의 종이로 된 일종의 날개판에 대나무 대롱이 수직으로 꽂혀 있어 중심축을 이루고 있다. 그 축에 실을 감고 풀면 날개판이 움직인다. 일본에서는 '붕붕'[16]이라는 스라미(The Buzz)가 있다. 그것은 약 2.5인치 길이의 직사각형 대나무 조각에 두 개의 구멍을 내어, 두 개의 줄이 그 구멍을 통과하도록 해서 만든다.(도판 50)

스라미는 북아메리카의 인디언들 사이에 넓게 분포되어 있다. 도판 51은 북그린란드(North Greenland)에 사는 에스키모에게 얻은 것으로, 브리안트(H. G. Bryant)가 소장하고 있다. 그것은 힘줄이 붙어 있는 상아로 만들어진 스라미를 나타낸다. 또 다른 형태는 돔보(蜻蛉), 즉 잠자리라는 이름의 스라미로 일본에서는 보편적인 것이다.[17](도판 52) 이것은 직사각형 대나무 조각을 붙여서 만드는데, 이 대나무 조각은 나사못처럼 약간 비틀

16. 확실히 윙윙거리는 소리를 모방한 이 이름은 통속적인 이름이고, 전문 용어는 잘 모른다.
17. 이것은 또한 인도에서도 보편적이다. 러크나우(Lucknow)에서 발견된 한 견본은 주석으로 만들어져 있고, '차르키(charki)'라고 한다.
18. J. D. Champlin, Jr. and A. E. Bostwick, *The Young Folks' Cyclopedia of Games and Sports*, New York, 1890.

어져 있는 모양이며, 가운데 구멍을 내서 나무 막대의 끝에 끼운다. 중국 광동에서 스라미는 처음에 언급했던 한국 스라미 형태처럼, 두 개의 구멍을 뚫은 원 모양의 나무판으로 만들어진다. 또는 링콕의 씨 껍질을 벗겨서 거기에 줄을 통과시킨다. 이 장난감을 '망풍체(引風車)'라 부른다.

12. 죽방울
Diable

큰 무리를 지어 유랑하는 '솟대패'라는 곡예사들은, 두 개의 막대 끝을 줄로 연결해 양손에 막대를 하나씩 잡는다. 그 다음, 두 개의 원추형을 거꾸로 해 그 뾰족한 끝을 붙여서 만든 물건을 줄에 올려 놓고, 두 막대를 연결한 줄로 조종하며 논다. 챔플린(J. D. Champlin)과 보스트위크(A. E. Bostwick)[18]는 '나는 원추' 또는 '두 막대 위의 악마'(도판 53)라는 이름하에 위와 비슷한 어떤 장난감에 대해 다음과 같은 역사를 소개한다. "이 장난감은 중국에 기원을 두고 있다. 중국의 행상인들은 이 장난감의 윙윙거리는 소리로 그들이 왔음을 알렸다. 중국 것의 형태는 미국 것보다 훨씬 크고, 금속이나 대나무로 된 두 개의 원통이 가느다란 대롱으로 이어져 있다. 그 가느다란 대롱에 줄로 쉽게 풀리는 매듭을 만들어서, 원통을 돌

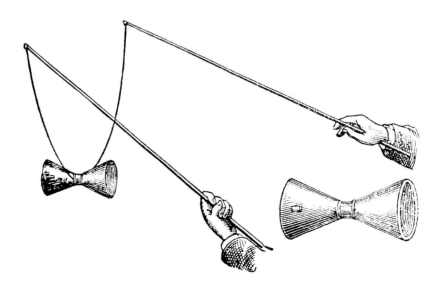

53. 나는 원추.
The Young Folks'
Cyclopedia of Games
and Sports 중에서.

릴 때는 막대를 사용하지 않고 그 매듭이 풀어지면서 움직이게 한다."

19세기에 이것이 유럽에 소개됐을 때도 현재의 형태를 취하고 있었다고 추측해 본다. 이것은 디아블(diable, 악마)이라 불리는데, 프랑스에서는 그것이 한때 너무 인기가 있어서 가장 비싼 나무로 만들어지기도 하고, 심지어 유리로 만들어졌다고 한 프랑스 작가는 말한다. 이 놀이는 응접실, 지붕 위, 공공장소, 산책로에서 행해졌다. 이 놀이는 어린이들에게만 국한되지 않았고, 여성들과 저명한 사람들도 그 놀이에 능숙해지려고 애썼다.

13. 팽이
Tops

팽이는 겨울에 얼음판 위에서 채찍으로 쳐서 돌리며 하는 놀이이다. 특별한 게임은 없다. 이따금 팽이는 철로 된 촉이 있고, 박달나무〔檀木〕[19]라는 단단한 나무로 만들어진다. 다리미질하는 인두의 손잡이도 이 나무로 만드는데, 이것을 만드는 사람은 만들고 남은 나무조각을 깎아서 팽이를 만든다. 이 나무는 한국의 시조가 하늘에서 내려왔을 때 그 아래 앉았다고 하는 나무이다. 그러므로 그를 이 나무의 이름을 따 '단군(檀君)'이라 부른다. 『한불사전』에서도 작은 팽이인 팽구람이 소개되어 있다. 그것은 검지와 엄지로 돌리며, 어린이들이 하는 오락이다. 이 사전은, '팽'이라는 말을 공중에 돌을 던질 때 나는 소리에서 따 온 것이라고 정의한다.

내게 정보를 준 어느 한국인에 따르면, 팽이는 또한 '팽구'라 불린다고 한다. 도판 72는 얼음 위에서 팽이를 치는 시골 소년들을 나타낸다.

『화한삼재도회』에서는 팽이치기를 두 개의 제목하에 기술하고 있다. 하나는 고마(獨樂, 도판 54)로서 '혼자 즐기는 것'이라는 뜻이고, 다른 하나는 바이마와시(海螺弄, 도판 55)로서 '소라고둥돌리기'라는 뜻이다.

그 책의 저자는, 비록 그 놀이가 같은 것이라 하더라도 고마와 바이마

---

19. '미국 삼나무(Red wood)'. 『한불사전』에서는 이것을 '브라질 나무'라고 정의하고 있다.

와시(도판 57)는 다르다고 말한다. 바이마와시가 득과 실을 따지는 도박 게임으로 다수의 사람들에 의해 행해지는 반면에, 고마는 도박에 사용되지 않는다. 그러므로 그 이름이 '고마' 이다.

현대에는 '치쿠젠하카다(筑前博多)[20] 고마' 라는 것이 있는데, 이것은 나무로 만들어지며 연꽃의 씨 모양으로 크기는 주먹만하다. (도판 58) 그 축은 못과 같은 철로 만들어지며, 줄로 감아 돌린다. 이것은 겐로쿠 시대(元禄時代, 1688−1704)에 유행했다.

기술이 좋은 사람들은 가느다란 나뭇가지나 줄 위에서 하카다고마(博多獨樂)를 돌릴 수 있다. (도판 56)『화한삼재도회』의 저자는 바이마와시가 언제 시작되었는지 알지 못한다고 한다. 시골 사람들은 소라를 가져와서 뾰족한 부분을 평평하게 만들어, 그 끝부분을 둥그렇게 갈고 줄을 감아 다다미[21] 위에서 돌린다. 게임을 하기 위해서는 두 개나 세 개의 소라가 필요하다.

소라가 다다미 위에서 떨어져 나가면 지는 것이다. 처음에 다다미 판에 들어가는 것을 이카(鳶)라 하며, 마지막으로 들어가는 것을 다이유(大雨)라고 한다. 서로 충돌해서 둘 다 나가 떨어지면 이를 하루(春)라고 하며, 이럴 경우에는 이카가 이긴다. 구마노(熊野)산 소라가 좋고 강하다.

그 소라들의 그 끝부분만이 사용되며, 그 부분에 납을 더해 무게를 늘린다고 마쓰오 씨가 나에게 알려 주었다. 좋은 것은 일 엔에서 일 엔 오십 전이나 한다. 그 놀이는 여전히 오사카(大阪)에서 인기가 있다. 모리모토는 현재 일본에서 통용되는 아주 다양한 종류의 팽이들을 스케치했다. 가장 일반적인 것들 중에는, 소위 승려들의 삭발한 머리와 닮았다 하여 보즈고마(坊主獨樂), 즉 '중 팽이' 라 부르는 것이 있다. (도판 59) 그것은 줄로 감아서 놀며, 보통 황양목(黃楊木) 즉 회양목으로 만들어진다.

나가사키의 아이들은 팽이싸움에서, 미국 어린이들이 하는 것처럼 날카로운 철촉이 있는 팽이를 사용한다. 우치츠케고마(打付獨樂)는 윗면에 빨

---

20. 치쿠젠(筑前) 지방의 하카다(博多) 시. 이 팽이가 처음으로 만들어졌거나 사용되었다고 추정되는 곳이다.
21. 이것은 그림에서 보이는 바와 같이 매트가 씌워져 있다.

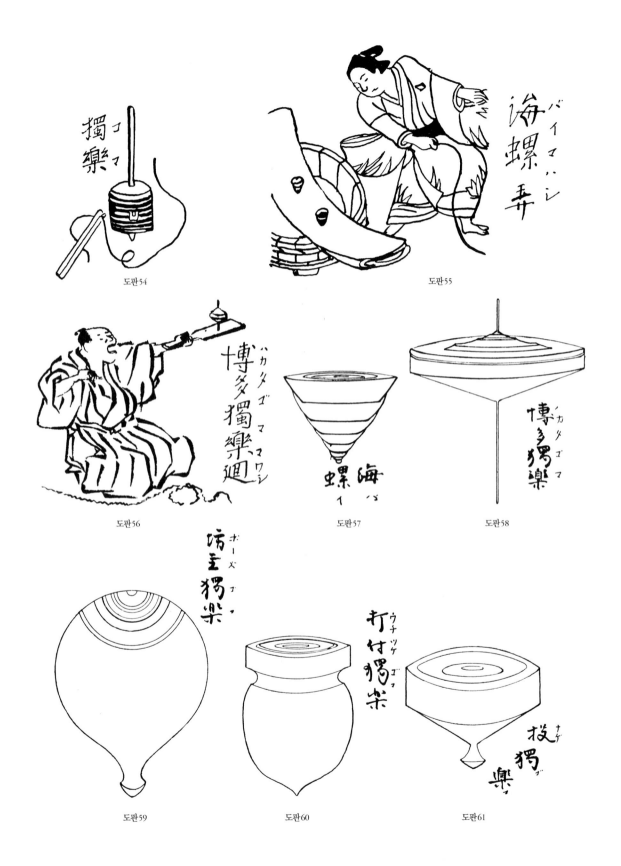

獨樂　コマ

海螺弄　バイマハレ

博多獨樂廻　ハカタゴママワレ

海螺　バイ

博多獨樂　ハカタゴマ

坊主獨樂　ボーズゴマ

打付獨樂　ウチツケゴマ

投獨樂　ナゲゴマ

도판54

도판55

도판56

도판57

도판58

도판59

도판60

도판61

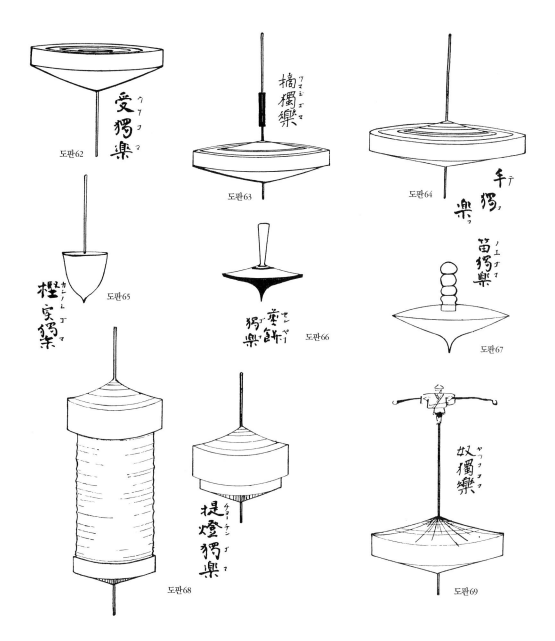

受獨樂（ウケゴマ）

도판62

摘獨樂（ツミゴマ）

도판63

手獨樂（テゴマ）

도판64

樫實獨樂（カシノミゴマ）

도판65

煎餅獨樂（センベイゴマ）

도판66

笛獨樂（ノエゴマ）

도판67

提燈獨樂（チョーチンゴマ）

도판68

奴獨樂（ヤッコゴマ）

도판69

54. 고마(獨樂, 팽이). 일본.
『화한삼재도회』중에서.

55. 바이마와시(海螺弄, 소라
고둥돌리기). 일본.
『화한삼재도회』중에서.

56. 하카다고마마와시(博多獨
樂廻, 하카다 팽이 돌리기).

57. 바이(海螺, 소라고둥
팽이). 일본.

58. 하카다고마(博多獨樂,
하카다 팽이). 일본.
보쿠센의 그림.

59. 보즈고마(坊主獨樂,
중 팽이). 일본.

60. 우치츠케고마(打付獨樂,
치는 팽이). 일본.

61. 나게고마(投獨樂, 던지는
팽이). 일본.

62. 우케고마(受獨樂,
잡는 팽이). 일본.

63. 쓰마미고마(摘獨樂,
조이는 팽이). 일본.

64. 데고마(手獨樂,
손 팽이). 일본.

65. 가시노미고마(樫實獨樂,
도토리 팽이). 일본.

66. 센베이고마(煎餅獨樂,
과자 팽이). 일본.

67. 후에고마(笛獨樂,
휘파람 팽이). 일본.

68. 조친고마(提燈獨樂,
등 팽이). 일본.

69. 야코고마(奴獨樂,
노비 팽이). 일본.

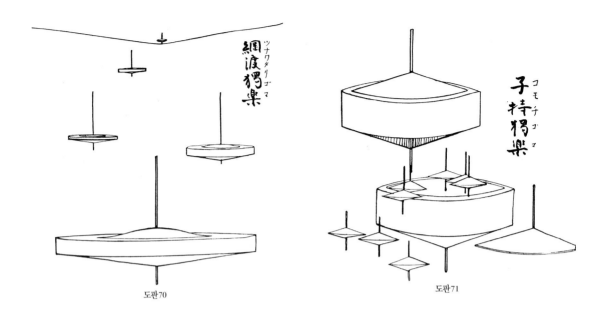

도판70

도판71

70. 쓰나와타리고마
(綱渡獨樂, 줄 타는 팽이).
일본.
71. 고모치고마(子持獨樂,
임신부 팽이). 일본.

간색 원들이 그려져 있으며, 이 팽이 또한 줄을 사용해 논다.(도판 60)

나게고마(投獨樂)는 보통 회양목으로 만들어지며, 줄로 감아 땅에 직접 던지거나 비스듬히 던져서 돌린다.(도판 61) 우케고마(受獨樂)는 나무로 만들어지며, 철제 축이 있어 거기에 줄을 감는다.(도판 62) 이 팽이는 비스듬히 던지고 손으로 잡는다. 또는 땅에서 팽이가 돌 때 손으로 집어 올리기도 한다.

쓰마미고마(摘獨樂)는 철촉이 있고, 윗부분에는 손가락으로 집어 올릴 수 있도록, 느슨하게 고정시킨 관(대롱)이 있다.(도판 63)

어린아이들은 자주 팽이를 갖고 논다. 그들은 데고마(手獨樂) 혹은 히네리고마(捻獨樂)라는 이름의 팽이를 손으로 돌리거나, 손바닥 위에 놓고 돌린다.(도판 64) 축은 대나무로, 몸체는 나무로 만들어지며, 그 표면에 빨간색 원들이 그려져 있다.

도판 65는 손으로 돌리는 또 다른 형태의 팽이이며, 가시노미고마(樫實 獨樂)라 불린다. 팽이의 몸체는 도토리에 대나무 축을 꽂아 만든다.

센베이고마(煎餅獨樂)는 과자를 닮아 거기에서 이름을 따 왔는데, 이 또한 손가락으로 돌린다.(도판 66) 후에고마(笛獨樂, 도판 67)와 같은 기발한 팽이들이 일본에는 많이 있다. 조친고마(提燈獨樂, 도판 68)는 아래와

72. 팽이돌리기.

위 두 부분을 종이로 연결해 만드는데, 팽이가 돌 때 이 종이가 등 모양처럼 부풀어오른다. 야코고마(奴獨樂, 도판 69)는 팽이 윗부분에 마메닝교(豆人形)가 있다. 쓰나와타리고마(綱渡獨樂, 도판 70)와 고모치고마(子持獨樂, 도판 71)는 작은 팽이들을 포함하고 있어서, 팽이가 돌 때 그 작은 팽이들이 흩어진다. 기술한 위의 팽이들이 변형된, 다른 많은 팽이들 또한 알려져 있다.

『화한삼재도회』에서 '고마'라는 일반적인 이름으로 표현된 팽이(도판 54)는 소리를 내는 팽이, 즉 허밍 팽이이다. 소리를 내는 팽이들은 일본에서 가미나리고마(雷獨樂)로 알려져 있다. 그것들은 대나무 조각으로 만들어지며, 나무로 된 촉이 있다. 도판 73은 대학 박물관에 있는 일본 허밍 팽이를 나타내는데, 꽃 그림이 조잡하게 그려져 있다. 그것은 같은 컬렉션에 있는 자바(Java)산 대나무 허밍 팽이와 형태가 똑같다.

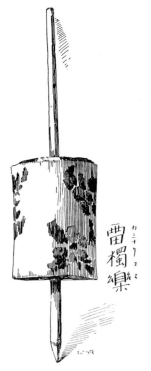

73. 가미나리고마(雷獨樂, 천둥 팽이 혹은 허밍 팽이). 일본. 펜실베이니아 대학 고고학 박물관.

14. 매암돌기
Spinning Round

이 놀이는 어린 소년들이 한다. 땅에 원을 그리고 자신의 두 팔을 십자로 겹쳐 한쪽 귀를 잡는다. 그런 다음 원 안에 서서 그 원 밖으로 나갈 때까지 같은 방향으로 돈다. 도는 아이의 동무들은 회전 수를 세고, 도는 아이는 손으로 어느 쪽 귀를 잡는가에 따라 오른쪽 또는 왼쪽으로 돌 수 있다. 일본의 어린아이들도 한국과 같은 방법으로 손으로 귀를 잡고 빙빙 돈다.

15. 딱총
Popguns

남자아이들은 다양한 종류의 대나무 총을 만든다. 종이뭉치를 사용한 딱총은 지딱총(紙銃)이라고 부른다. 불어서 쏘는 것을 모리딱총이라고 하는데, 여기서는 조약돌을 불어서 쏜다. 또 아이들은 갈대 속에 바늘을 집어넣고, 속이 텅 빈 대나무에 그 갈대를 넣어 불기도 한다. 물을 이용한 총은 물딱총이라고 부른다.

　일본의 남자아이들은 대나무로 딱총을 만드는데, 이를 가미데포(紙鐵
炮)라고 부른다. 또한 그들은 대나무나 나무로 모리딱총을 만든다. 아이
들은 후자를 더 선호하는데, 그것은 보통 형태가 원 모양이 아니라 육각
형이다. 여기에는 종이로 된 깃털 장식을 한 대나무 화살이 쓰인다. 이 총
은 '후키야(吹矢)'라고 불린다. 또한 남자아이들은 미즈데포(水鐵炮)라고
불리는 대나무 물총을 만든다. 중국 광동에서 남자아이들은 타픽폭(打熽
爆)[22]이라고 하는 대나무 딱총을 만든다. 그들은 또한 슈취(水出)라 불리
는 대나무 물총도 만든다.

▎16. 나귀
▎Squash-donkeys

남자아이들은 네 개의 나무막대 위에 호박을 올려 놓고 나귀 모양을 만든
다. 일본의 남자아이들은 가지와 무를 가지고 같은 방법으로 동물의 모습
을 모방한다. 그 장난감들은 말이나 나귀를 나타내며, 특히 음력 7월 15
일 저녁에 시작하는 '오봉(御盆)'[23] 때 만들어진다. 이 관습은 고대에 매우
보편적인 것이었다.

▎17. 무등(燈)
▎Turnip-lanterns

남자아이들은 가을에 순무로 등(燈)을 만든다. 이 '무등'이라 부르는 순무
등에는 창문이 새겨져 있고, 창문은 종이 한 장으로 덮여 있다. 일본의 남
자아이들은 속을 다 파 먹은 수박으로 등을 만든다.

---

22. 뒤의 두 글자는 구어체적이며 소리를 모방한 느낌이 난다.
23. '제등축제'는 만월(滿月) 때 열렸다.

18. 실뜨기
Cat's Cradle

실뜨기 놀이는 보통 여자아이들이 한다. 미국 어린이들의 놀이와 똑같은 이 놀이형태는 다음과 같은 이름이 붙여져 있다. 첫째 상투뜨기, 둘째 바둑판, 셋째 젓가락, 넷째 소눈깔, 다섯째 절굿공이.[24]

일본에서 실뜨기 놀이는 '아야이토토리(綾絲取)'[25]라고 불린다. 한국의 실뜨기와 만드는 실 모양이 같지만, 이름이 다르다. 첫번째 모양은 배우지 못했고, 두번째 모양은 네코마타(猫股)라 하는데, 이는 '집고양이가 변해서 된 산고양이'를 뜻한다. 세번째 모양은 고토(琴) 즉 '악기', 또는 게타노하(下駄齒) 즉 '두꺼운 나무판 밑에 있는 두 개의 작은 나무 조각'이란 이름이 붙어 있다. 네번째는 우마노매(馬目)라 불리고, 다섯번째는 쓰즈미타이코(杖鼓)라 불린다.

중국 남부에서는 실뜨기를 '강속(繩索)'이라 부르는데, 이는 글자 그대로 '튼튼한 줄'을 의미한다. 그것은 여자아이들의 놀이라고 하지만, 내가 그에 관해 물었던 광동의 노동자들도 모두 알고 있었다. 중국의 여자아이들은 한국과 일본의 실뜨기와 같은 모양을 만들지만, 그 이름은 없다고 한다. 처음 실을 뜬 후 실 모양의 진행 순서는 반드시 위에서 말한 것처럼 되는 것은 아니다.

필드(A. M. Fielde)[26]는, 중국인들이 실뜨기를 '나무 자르기'라고 부르는데, 그것은 그 놀이의 마지막 동작을 암시한다고 한다.

19. 거미줄채
Spider Web (Net) Bat

중국인들은 나우(緺)라고 부르는 작은 나뭇가지로 지름 1-2피트의 고리

---

24. 한국에서는 손가락에 다음과 같은 이름이 있다. 모지(母指), 식지(食指), 장지(長指), 무명지(無名指), 자지〔子(字)指〕. 이 중 같은 이름들이 중국에도 있다.
25. 헵번의 사전에서는 아야(綾)를 '실뜨기 놀이'로 정의하고 있다.
26. A. M. Fielde, *A Corner of Cathay*, New York, 1894, p.87.

를 만들어 거기에 손잡이를 단다. 남자아이들은 아침 일찍 나가서 고리가 다 덮일 때까지 거미줄을 모으고, 그런 다음 이렇게 만든 채로 매미와 잠자리를 잡는다. 잠자리를 잡으면 배에 지푸라기를 붙여 풀어 주는 것이 관례다. 그러면, 잠자리는 바로 공중으로 날아 올라간다. 이를 '귀양 보내기(sending into exile)' 라고 한다.

일본의 남자아이들은 메뚜기나 잠자리를 잡기 위해서, 구모노아미(雲の網)라 부르는 거미줄이 덮인 대나무 고리를 사용한다. 그들은 보통 모치(黐) 즉 끈끈이로 잠자리를 잡지만, 손가락으로 잡는 것을 훨씬 솜씨가 있는 것으로 여긴다. 잠자리의 배에 종이 조각을 붙여 날려 보내 주는 것이 관례다. 그들은 잠자리를 찾아 다니면서 일반적으로 어떤 시를 암송한다. 미신을 믿는 사람들은 빨갛게 생긴 특정 종류의 잠자리는 잡지 않는다. 그 이유를, 도쿄에서는 그 잠자리들이 오봉 때 그 모습을 드러내기 때문이라 하고, 나가사키에서는 그때 죽은 사람의 영혼이 그 잠자리들의 등을 타고 돌아오기 때문이라고 한다.

20. 유객주(留客珠)
Ring Puzzle

'손님을 머무르게 하는 구슬' 이라는 뜻의 유객주는, 중국인들이 카우쯔리안(九子連環, 도판 74)이라고 부르는 친숙한 링과 막대 퍼즐에 붙여진 이름이다. 나의 한국인 정보제공자에 따르면 중국에 다음과 같은 이야기가

74. 카우쯔리안(九子連環). 광동, 중국. 펜실베이니아 대학 고고학 박물관.
75. 치에노와(智慧之輪, 링 퍼즐). 일본.

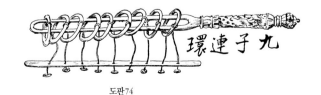

도판74

도판75

전해진다고 한다. 그 이야기에 따르면, 이 퍼즐은 유명한 중국의 영웅 제 갈공명(諸葛孔明, 181–234)[27]에 의해 발명되었는데, 그는 전쟁에 나갈 때 이것을 아내에게 주었고, 그녀는 그것을 풀려고 애쓰면서 슬픔을 잊었 다고 한다.

일본에는 매우 다양한 링 퍼즐들이 있는데, 이들은 '치에노와(智慧之 輪, 지혜의 고리)'로 알려져 있다. 그것의 단순한 형태가 도판 75이다. 나 는 유객주가 일본에서 일반적으로 알려져 있는지는 알지 못한다.

21. 말농질하기: 죽마(竹馬)놀이
Playing Horse

76. 다케우마(竹馬). 일본.
『화한삼재도회』 중에서.

남자아이들은 '말〔馬〕'이라 부르는 나무 장대를 타고 논다. 보통 할아버 지의 지팡이를 사용한다. 막대를 타는 것과 다른 아이의 어깨에 걸터앉는 것에도 같은 이름을 쓴다. 일본에서는 남자아이들이 '다케우마(竹馬)'라 고 부르는 말을 타고 논다. 그들은 때때로 나무 막대의 말 머리 부분에 말 굴레와 고삐를 붙인다.(도판 76)

『화한삼재도회』에는, 후한대(後漢代, 25–221)에 도겸(陶謙)이 열네 살 때 스스로 깃발을 만들고, 대나무 말을 타고 놀았다고 씌어 있다. 감공(甘 公)은 그의 모습을 지켜 보다가 그것을 칭찬하며, 자신의 딸을 아내로 주 었다. 감공의 아내가 분개하여, "도가(陶家)의 그 소년은 너무 놀기만 합 니다. 어떻게 그에게 우리 딸을 줄 수 있습니까?"라고 했더니, 감공이 대 답하기를, "그는 고귀한 면모를 갖고 있소. 그것은 확실히 굉장한 성공을 예감하게 하오"라고 했다 한다. 그리하여 감공은 딸을 그에게 주었다. 이 책에는 "일곱 살 나이의 소년들이 대나무 말을 타며 즐거워했다"는 기록 도 있다.

27. *The Chinese Reader's Manual*, No.88.

77. 가래질하는 모양.

22. 양반놀음: 말타기
Nobleman Play

한 소년이 등을 구부리고 다른 두 소년이 각각 양쪽에서 서로의 한쪽 손을 잡은 다음, 네번째 소년이 등에 올라탄다. 비슷한 놀이가 일본의 남자아이들 사이에서도 매우 인기가 있다. 한 명이 등을 구부리고 그 앞에 있는 다른 소년의 허리띠를 잡으면, 세번째 소년이 올라탄다. 올라탄 사람을 '다이쇼(大將)'라 부른다. 그 놀이는 양편의 두 기수(騎手)들이 서로를 끌어내리려는 시합이다.

23. 헹가래질치기
Hyeng-ka-rai-tjil-tchi-ki

이것은 게임에서 벌칙으로 적용되는, 일종의 벌의 형태이다. 네 명의 남자아이들이 각각 게임에서 진 아이의 팔과 다리를 잡고 그가 매우 지칠 때까지 흔든다. 이 놀이의 이름은 농부들이 가래질하는 것에서 따 왔다. 가래는 쇠붙이가 달린 삽의 한 종류로, 도판 77에서 보듯이 한 사람이 막대(또는 손잡이)를 잡고, 둘 또는 네 사람이 각각 둘 내지 네 개의 줄로 그 기구를 끈다.

24. 양금질: 깨금발놀이
Hopping

가장 멀리 뛰는 사람이 이긴다. 이것은 일본에서 매우 보편적인 오락이다. 일본에서 놀이 참가자들은 목표물을 향해 달린다. 이 놀이의 이름은 지방에 따라 매우 다양한데, 도쿄에서는 '친친마고마고'라고 불린다. 아이치(愛知)에서는 '비코비코', 쇼나이(壓內)에서는 '가타아시토비(片足飛)', 야마구치(山口)에서는 '겐켄토비(足片跳び)', 시마바라(島原)에서는 '기시기시', 그리고 가고시마(鹿兒島)에서는 '스크켄쿄'라고 불린다. 중국 광동에서 '지케우크' 라고 부르는 양금질은, 남자아이들이 가장 좋아하는 놀이이다.

25. 뜀뛰기: 줄뛰어넘기놀이
Jumping

남자아이들은 서서 뛰어넘기도 하고, 출발점에서부터 달려와 뛰어넘기도 한다. 달려가서 뛰어넘는 것을 '바람뜀(wind jump)' 이라 한다. 남자아이들은 때때로 줄을 뛰어넘기도 하고, 높은 곳에서 뛰어내리는 연습을 하기도 한다.

　일본 나가사키에서는 뜀뛰기를 '도비코(飛子)' 라고 하며, 남자아이들은 이 놀이를 하나의 오락으로 즐긴다. 아이들은 줄 하나를 매어 놓고 그것을 뛰어넘는다. 또는 반동력을 얻기 위해, 뛰어가서 그 줄을 넘는 경쟁을 하기도 한다.

26. 뛰어넘기
Leap Frog

이 놀이는 여러 사람들이 같이한다. 한 사람이 땅에 손을 짚고 몸을 구부리고 있으면, 다른 사람들은 그의 뒤에 서 있다가 그 사람의 어깨에 손을 짚고 등을 뛰어넘는다. '등 짚고 뛰어넘기' 는, 일본에서 '도비코시(飛越, 도판 78)' 라는 이름으로 행해지는 매우 보편적인 놀이이다.

27. 줄넘기
Jumping Rope

줄넘기는 오직 남자아이들만이 하는 놀이로, 혼자서 줄을 돌리며 뛰어넘는 것이다. 일본에서 남자아이들은 혼자서 줄을 돌리며 뛰어넘거나, 때로는 두 명이 줄을 돌리고 한 명이나 두 명이 들어가 점프를 하며 줄을 넘는

78. 도비코시(飛越,
개구리 뛰기). 일본.
79. 도비코시(줄넘기).
일본.

다. 이것 또한 '도비코시' 또는 '쓰나토비(綱飛)'라고 불린다.(도판 79) 중
국 광동에서는 줄넘기를 '휴싱(跳繩)'이라고 하는데, 이따금 혼자서 줄을
돌리며 뛰어넘는다.

28. 널뛰기
Seesaw

이 놀이는 특히 여자아이들이 하며, 심지어는 열아홉이나 스무 살 된 여
자들도 한다. 두 사람이 받침으로 거적 만 것을 괸 널판지의 양 끝에 서서

80. 시소(Seesaw). 일본.

81. 널 뛰는 모양.

교대로 뛰었다 내려온다. 도판 81은 널뛰기를 하는 두 시골 소녀를 나타낸다. 일본에서 널뛰기는 보편적인 놀이이며 '시소'라고 불린다.(도판 80) 그 이름은 유럽과 미국에서 유래한 어떤 놀이에서 나온 것이다. 중국 광동에서 시소는 '탕틴핑(登天拜)'이라고 한다.

29. 추천(鞦韆) 또는 그네
Swinging

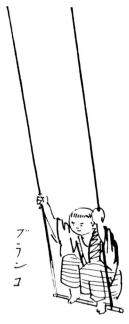

82. 부랑코(그네). 일본.

그네는 보통 나뭇가지에 매달거나, 매달 나무가 없는 곳에서는 버팀대로서 기둥 두 개를 세워 매단다. 한 가족인 젊은 남자와 여자들은 종종 함께 그네를 탄다. 성인 남자들도 그네를 탄다. 목표는 가능한 한 높이 올라가서 나뭇가지를 건드리는 것이다. 그네는 봄철 놀이로 5월에 많이 한다. 도판 83은 약 열여덟 살 나이의 두 시골 소녀들이 그네를 타는 모습이다. 일본에서는 성인 남자들과 소년들이 그네를 탄다. 그네와 그네뛰기 모두를 다 '부랑코'라 한다.(도판 82) 중국 광동에서는 그네를 '타짠찐(打鞦韆)'이라고 한다.

30. 줄다리기
Tug of War

줄다리기는 1월 15일쯤에 많은 소년들이 한다. 주민의 수가 어느 정도 되는 지역이나 마을은 이 시기에 다른 지역이나 마을과 대결하는데, 이긴 마을에 풍년이 올 것이라고 믿는다. 밧줄은 지름 이 피트로, 짚으로 엮으며 양 끝이 두 갈래로 나뉘어 있다. 남자들은 줄의 가운데 부분을 잡고, 여자들은 끝의 두 곁줄을 잡는다. 여자들은 종종 남자들 이상의 역할을 한다. 왜냐하면 여자들은 치마에 돌을 싣는 것이 관례이기 때문이다. 『한불사전』에는 이 밧줄의 이름을 '개줄'이라 하고, '충분한 힘을 확보하기 위해 양 끝에서 잡아당기는 줄'이라고 정의하고 있다.

줄다리기 시합은, 일본에서는 남학생들이 하는 일반적인 놀이이며, 그

83. 추천(鞦韆)하는 모양. (그네뛰기)

84. 쓰나히키(綱引き,
줄다리기). 일본.

이름은 '쓰나히키(綱引き, 도판 84)' [28]라고 한다. 또 다른 비슷한 일본 놀이가 있다. 이것은 두 사람이 마주 앉아서 줄을 던져 상대편의 목에 감아 서로 상대편을 잡아당기려 애쓰는 놀이다. 이 놀이는 구비히키(首引き)라고 부른다.

31. 씨름
Wrestling

샅바는 보통 오른쪽 넓적다리 주위에 묶는다. 어깨와 어깨가 맞닿게 자세를 취하고 상대편을 쓰러뜨리는 것이 목적이다. 시골에서 어른들은 씨름을 하는데, 승자에게는 상이 주어지곤 한다. 일본에서처럼 직업 씨름선수는 없다. 일본에서 씨름은 일반적으로 '스모(相撲)' [29]라고 알려져 있으며(도판 85), 씨름선수는 '스모토리(相撲取り)' 라고 한다.

다음은 내가 밋퍼드의 『옛 일본 이야기(Tales of Old Japan)』[30]에서 발췌한 일본 씨름에 관한 흥미롭고 시사적인 이야기이다.

---

28. 『일본력(日本曆, The Japanese Months)』에 따르면, 음력 8월 15일에 사람들은 보름달을 숭배하고, 쌀, 콩, 설탕으로 만든 일종의 떡인 단고(團子)를 공물로 바친다. 줄다리기로 알려진 이 스포츠는 이날 저녁에 서로 경쟁 상대인 마을 소년들, 또는 같은 마을에 속해 있는 경쟁 상대인 무리들에게 즐거움을 선사한다. 때때로 어른들이 재미로 끼기도 한다. 각 편은 볏짚으로 만든 커다란 줄을 준비하고, 그 끝에 고리를 만든다. 나무 막대를 두 고리 사이로 통과시켜서 두 줄을 하나로 만든 다음에, 두 편이 잡아당기기 시작한다. 끌려 와서 경계선을 넘은 쪽은 비웃음을 당하고, 상대편은 승리의 함성을 지른다. 줄을 잡아당기는 도중에 줄이 끊어진 쪽도 같은 불명예스러운 일을 당한다. 그러나 이런 모습은 과거의 일이다. 7월 중순에서 8월 중순까지는 가뭄이 계속되어 농부들에게 매우 걱정스러운 시기이다.

첫번째 역사적 기록은 수이닌(垂仁) 황제 6년(B.C. 24)에 나타난다. 그때 키가 크고 굉장한 힘을 가진 귀족인 타이마노 케하야(當摩蹶速)가 하늘 아래 자기와 상대할 자가 없다고 뽐내며 자신의 힘을 시험해 보기를 황제한테 간청했다. 황제는 이에 응해서 결투 신청을 선포했다. 그리하여 노미노 스쿠네(野見宿禰)가 응했다. 그는 케하야와 씨름을 해, 그의 갈비뼈를 차서 뼈를 부러뜨려 죽게 했다. 이후 스쿠네는 높은 지위에 올랐고, 그가 살던 시대 이전 미카도(御門, 황제)의 관에 함께 묻히곤 했던 산 사람들을 토용(土俑)으로 대신한 것보다 더 일본 역사에서 유명하게 되었다. 858년에는 일본의 왕좌를 놓고 씨름이 벌어졌다. 분도쿠(文德, 697-707) 천황은 고레시토와 고레다카라는 두 아들이 있었는데, 둘 다 왕좌를 열망해서 씨름 경기로 그들의 자격 여부를 가리기로 했다. 그 시합에서 요시히로가 고레시토 편의 씨름선수였고, 나토라가 고레다카 편의 씨름선수였다. 나토라가 패했기 때문에 고레시토가 세이와(淸和)라는 왕호로 아버지의 왕좌를 이었다. 8세기에 나라(奈良)가 일본의 수도였을 때, 황제 쇼무(聖武)는 '오곡' 즉 풍년제라는 가을 축제 의식의 일환으로 씨름을 마련했는데, 그 해가 풍년이 됨에 따라 그 관습을 길조로 여겼고, 그리하여 씨름은 계속 이어졌다. 여러 지방의 장사(壯士)들이 소집되었는데, 기요바야시가 일본의 챔피언으로 알려지게 되었다. 많은 용감하고 건장한 사람들이 그를 이기려고 애썼지만, 아무도 그를 당해낼 수 없었다. 마침내 씨름판의 규칙이 만들어졌다. 그리고 논쟁을 막기 위해 황제는 씨름시합의 심판으로 기요바야시를 지명했고, 관직의 표식으로 '사자들의 왕자'라는 글자가 씌어진 부채를 수여했다. 씨름선수들은 동부와 서부지방의 선수로 나뉘었고, 오미는 중부지방으로 분류되었다. 동부의 씨름선수들은 머리에 접시꽃 띠를 둘렀고, 서부지방 선수들은 호리병박 꽃으로 그들을 표시했다. 그리하여 씨름판으로 가는 길을 '하나미치(花道)'라고 불렀다. 마흔여덟 개의 다양한 씨름 기술들이 공정하게 정해져 있었다. 던지기 열두 동작, 들어 올리기 열두 동작, 비틀기 열두 동작, 그리고 뒤로 던지기 열두 동작 등, 여기에 포함되지 않

---

29. 헵번의 『일영사전』에는 다음과 같은 이름도 있다. 씨름연습(地取り), 유술(柔ら), 주술(呪術).
30. A. B. Mitford, *Tales of Old Japan*, Vol.I, London, 1871, pp.203-207.

85. 스모(相撲, 씨름). 일본.
『화한삼재도회』중에서.

은 다른 모든 던지기 기술은 반칙
이었고, 어떠한 부당한 속임수도
쓰지 못하도록 지켜 보는 것이 심
판의 의무였다. 씨름판은 열여섯
개의 쌀 가마니로 둘러싸여 있고,
이는 하나의 큰 가마니 형태를 하
고 있다. 둘레의 네 귀퉁이에 서로
다른 색깔을 칠한 네 기둥을 꽂고,
오곡을 상징하기 위해 오색의 종이
로 만든, 길게 늘어뜨린 장식을 기
둥에 달기로 정해져 있다.

내전(內戰)으로 나라가 어지러워지자 씨름의 시행이 잠시 동안 멈추게
되었다. 그러나 평화가 왔을 때 씨름을 다시 시작하자는 의견이 제기되었
고, '사자들의 왕자' 인 심판 기요바야시를 수소문했다. 그러나 그는 죽었
거나 사라져 버려서 찾을 수 없었고, 준비되어 있는 심판이 하나도 없었
다. 그의 자리를 메울 수 있는 사람을 여러 지방에서 찾아 다니다, 권투에
정통하다는 에치젠(越前) 지방의 떠돌이 무사(浪人) 요시다 예스그가 수도
로 보내졌는데, 그가 기요바야시의 제자임이 드러났다. 그를 승인한 황제
는 '사자들의 왕자' 라 씌어진 부채를 그에게 주라고 명령했고, 분고노가미
(豊後神)라는 칭호를 주었으며, 링에서 그의 이름을 오이카제(順風)로 하
도록 명령했다. 게다가 두 가지 스타일의 씨름은 없어야 한다는 표시로 '단
하나의 풍미(風味)는 아름다운 관습이다' 라는 글을 새긴 두번째 부채를 그
에게 주었다. 씨름시합에서 심판으로서 행사하는 권리, 즉 '오이카제' 가
앞으로 몇 대에 걸쳐 운동경기를 주재하는 권리는 그 가족들에게 귀속되었
다. 고대에 세 명의 씨름 우승자들에게 주어진 상은 활과 활줄 그리고 화살
이었다. 아직도 이 물건들을 경기장으로 가지고 와서, 시합 마지막에 승리
한 선수들은 그것들을 가지고 다양한 익살을 떤다.

한 세대에 둘 또는 세 명인 씨름 우승자들에게 '오이카제가(家)' 는 요코
쓰나(橫綱, 줄허리띠)를 차는 특권을 수여한다. 쇼군아테 시대에 이 챔피

언들은 쇼군(將軍) 앞에서 씨름을 하곤 했다. 17세기초(1606)에 스모 시합은 종교적 의식의 일부가 됨으로써 중단되었다. 그러나 그것은 여전히 교토의 가모(賀茂) 신사와 야마토의 가스카(春日) 신사에서 열린다. 스모 시합은 또한 고대 관습들을 그대로 따라 매년 가마쿠라(鎌倉)와 여러 지방의 수호성인(守護聖人)들의 신사에서 열린다. 1623년에 아카시 시가노스케가 정부로부터 에도(江戶) 거리에서 공개 스모 시합을 여는 허가를 얻었다. 그리고 1644년에는 절을 짓기 위한 모금을 목적으로 첫번째 스모 시합이 열렸다. 이것은 야마시로(山城)의 고후쿠지 신사의 사제들에 의해 행해졌다. 1660년에 같은 방법으로 에도에서 스모가 행해졌고, 절 건립 자금을 위해 스모 시합을 여는 관습이 지금까지도 내려온다.

『일본력(The Japanese Months)』[31]에 의하면, 비록 도쿄나 다른 대도시들에서는 어느 때나 스모 시합을 즐기지만, 일본의 황제로부터 일반 민중에 이르기까지 대부분 스모 시합에 빠지는 계절은 가을이다. 직업 스모 시합 선수들은 거대한 사람들인데, 그들은 대부분의 보통 사람들의 머리와는 다르게 스페인의 투우사들처럼 머리를 한다. 그들은 두 파로 나뉘고, 각파에는 수하들에게 기술을 지도하는 리더가 있으며, 이 일행들은 이곳 저곳을 돌아다닌다.

도쿄에서 스모 시합은 일반적으로 에코인에서 열리고, 한번 열리면 열흘 동안 계속된다. 돋워 올린 씨름판은 흙을 채운 지푸라기 가마니로 된 두 겹의 원으로 둘러싸여 있는데, 안의 원은 열여섯 개의 가마니로, 밖의 원은 스무 개의 가마니로 되어 있다. 지붕을 지탱하는 네 개의 기둥들은 아랫부분에 빨간색 담요가 걸려 있고 하얀색 담요로 둥글게 감싸져 있으며, 윗부분은 각각 녹색, 빨간색, 하얀색, 검은색으로 채색되어 봄, 여름, 가을, 겨울을 나타낸다. 두 개의 물통과 소금, 종이들이 제공되고, 결승 경기에서는 상으로 줄 두 개의 부채, 활, 활줄이 기둥에 걸려 있다. 심판은 개막식을 거행하고 양 팀에서 선수들을 호명해 소집한다. 선수들은 곧장 나가서 시합장에 쪼그리고 앉는다. 심판이 손에 든 둥근 부채로 신호

를 하면 선수들은 일어나서 서로를 맞잡는다. 각 경기가 끝나면 심판이 부채로 승자 쪽을 가리킨다. 이와 같은 심판으로서의 역할과 아울러, 젊은 스모 선수들 사이에 때때로 일어나는 분쟁—보통 몸집을 가진 사람들이 감히 끼어들지 못하는—을 조정하는 역할은, 퇴직한 씨름선수들을 활용하는 하나의 방편이다.

32. 택견
Kicking (Savate)

택견은 두 명의 선수들이 주로 발을 가지고 하는 격투이다. 그들은 서로 마주하고 두 다리를 벌려 자세를 취한 다음, 상대편의 발을 차려고 한다. 선수는 두 발 중 하나를, 한 발 뒤로 물러서게 해 제삼의 위치에 놓을 수 있다. 따라서 발은 언제나 세 위치 중 한 곳에 두어야 한다. 한 명이 상대편의 다리에 발차기를 가하면서 공세를 취한다. 상대편은 공격당한 다리를 뒤로 빼고, 차례로 공격을 한다. 높은 발차기가 허용되고, 그것을 손으로 막을 수 있다. 이 놀이의 목표는 상대편을 쓰러뜨리는 것이다.

이 경기는 일본에도 있지만, 광동 출신의 중국 노동자들은 그것을 잘 모르는 것 같다.

33. 제기차기
Shuttlecock-kicking

한국의 제기는 목화 천에 진흙과 재를 채우고, 꼭대기에 꿩의 꼬리 깃털을 가득 꽂은 편평한 공 모양으로 되어 있다. 상인들은 발을 따뜻하게 하기 위해 거리에서 이 놀이를 한다. 한 사람이 다른 사람에게 제기를 차서 건넨다. 손으로 대신 찰 수도 있다. 한자 '건(毽, 축구공)'은 제기와 같은 단어라고 『한불사전』에 실려 있다. '차기'는 한자 '축(蹴)'에서 유래됐음이 명백하다.

도판 86은 제기를 차는 소년들을 나타내고 있다. 이것을 그린 화가는

86. 면 차는 아이. (제기차기)

제기를 '면'이라고 표기했다.

일본에서는 오직 여자아이들만이 제기를 가지고 논다.(도판 87) 그것은 새해에 하는 관습적인 놀이이다. 소녀들은 보통 오동나무나 더 싼 삼나무로 만들어진 하고이타(羽子板, 도판 88)라는 채를 사용한다. 한쪽 면에는 유명한 배우 그림 같은 것이 있다. 하고(羽子)는 모감주나무[32]의 씨에 여러 개의 작은 깃털을 붙여서 만든다.(도판 89)

족구는 위에서 기술한 일본의 제기보다 한국의 제기와 훨씬 비슷한 것 같다. 『화한삼재도회』에는 같은 말인 한자어 '축국(蹴鞠)'과 함께 '게마리'라는 이름으로 족구를 설명하고 있다.(도판 90) 이 책은, 『박물지(博物誌)』와 유향(劉向)[33]의 『별록(別錄)』에는 천황(天皇)[34]에 의해 게마리가 만들어졌다고 하면서 『삼재도회(三才圖會)』를 인용하고 있다.

이 책은 또한 "어떤 이들은 족구가 삼국시대(220-280)에 유래되었다고 말한다"고 전하고 있다. 또한 "족구는 군대의 오락이며 그 놀이로 병사들의 능력을 평가했고, 더욱이 그것은 군사 전략을 설명해 준다"고 밝히고 있다.

87. 하고아소비(羽子戲, 제기차기). 일본. 보쿠센의 그림.

그 놀이에 쓰이는 공은 가죽에 머리카락을 가득 채운 둥그런 주머니이다. 한(漢)의 경제(景帝)는 이 놀이에서 큰 즐거움을 얻었다.

일본의 연대기상 게마리는 고교쿠(皇極) 천황 시대[35]에 일본으로 건너왔다. 그러나 여자였던 천황은 그 놀이를 하지 않았다. 분부(文武, 701년) 천황 시대에 족구가 처음으로 행해졌는데, 전 천황 고토바(後鳥羽)[36]는 이 놀이를 격찬했다. 장군 아스카이 마사츠네(飛鳥井雅經)도 훌륭한 선수였다. 그는 그 놀이의 규칙을 만들었고, 이때부터 게마리 클럽이 시작되었다. 장군들 중에는 미나모토 요리에(源賴家)가 그 놀이를 매우 능숙하게 했다.

구전(口傳)에 의하면 다이나곤 나리미츠(大納言成通)가 우수한 선수였다고 한다. 같은 이야기에

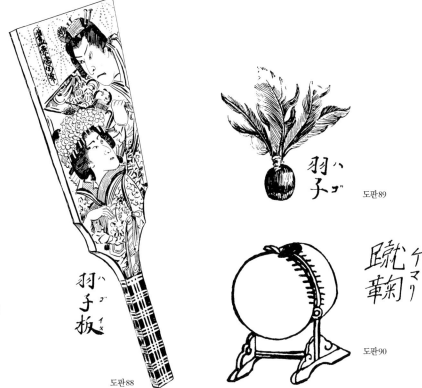

88. 하고이타(羽子板).
일본. 펜실베이니아 대학
고고학 박물관.
89. 하고(羽子, 제기).
일본. 펜실베이니아 대학 고
고학 박물관.
90. 게마리(蹴鞠, 받침대
위에 놓인 축구공).
『화한삼재도회』 중에서.

도판88

도판89

도판90

따르면, 어느 날 세 명의 이상한 남자가 왔는데, 얼굴은 인간이고 몸은 원숭이였으며, 서너 살짜리 아이 같았다고 한다. 그들은 누구냐는 질문을 받자, 자신들이 게마리의 성령(聖靈)이라고 대답했다. 첫번째 남자는 춘류화(春柳花), 두번째 남자는 하안림(夏安林, 『화한삼재도회』에는 箕安林으로 되어 있다―역자), 세번째 남자는 추원(秋園)이라는 금색 글자가 이마에

32. 무환자나무(soap-berry tree). 일본 어린이들은 이 열매의 표피로 비누거품을 만든다.
『일본력』에 의하면, 남자 아기가 있는 집에 장식용 활과 화살이 두 개씩 있는 진열대를 보내는 것이 왕정복고 시대 이전의 관습이었다. 여자 아기의 경우에는 12월에 채와 깃털공을 보낸다. 이것으로 보아 채가 상징적인 의미를 가지고 있다는 것이 드러나는데, 아마도 이 이름에서 빨래할 때 여성들이 사용하던 빨래방망이의 이름이 나왔을지 모른다. 비록 무환자나무가 일본에서 빨래하는 데 사용되었다는 증거는 없지만, 무환자나무 씨가 깃털공으로 사용된 것으로 보아 이를 어느 정도 확신시켜 주는 것 같다.
33. 유향(劉向, B.C. 80–A.D. 9). 한(漢) 왕조의 가장 유명한 철학자들과 작가들 중의 한 명. W. F. Mayers, *The Chinese Reader's Manual*, No.404.
34. 황제(黃帝), 기원전 2697년.
35. 서기 642–644년.
36. 서기 1184–1198년에 걸쳐 통치.
37. A. B. Mitford, *Tales of Old Japan*, Vol.I, London, 1871, p.168.

씌어 있었다. 그들은 항상 버드나무 숲에 살고 있으며, 게마리장을 방문하는 것을 좋아한다고 말했다. 그리고는 이제부터 자신들은 게마리를 주재하는 신들이 될 것이라 말한 후 가 버렸다. 현재 게마리장에서 외치는 '야(夜)' '카(化)' '안(安)' '이(利)' '앤(遠)' '우(宇)'와 같은 말들은 그들의 이마에 새겨져 있던 글자들이다. 계신일(癸申日)에 그들을 숭배하게 되었다. 그들의 사사(社祠)는 나리미츠(成通卿)의 고대 유적지에 있다.

밋퍼드의 『옛 일본 이야기(*Tales of Old Japan*)』[37]에 있는 기록에 따르면, 축국 경기에 대해 일본 왕실에서는 굉장히 호의적이었다. 경기가 열리는 날은 정부 기관지인 『태정관일지(太政官日誌)』에 세심하게 기록되었다. 예를 들면, 1869년 2월 25일 기록에서 "황제는 '좋은 징조'라는 글자를 썼다"라는 것과 "축국 경기는 왕궁에서 행해졌다"라는 두 가지 사항을 발견할 수 있다.

미카도와 그의 왕실이 극도로 가난했던 시절, 아스카이(飛鳥井)가는 그들의 높은 신분에도 불구하고 족구 기술을 가르쳐서 부족한 수입을 메우는 일이 예사였다.

91. 게마리아소비(蹴鞠戲,
족구). 일본.
보쿠센의 그림.

92. 게이모인(鷄毛纓,
제기). 광동, 중국.
스튜어트 컬린 소장.

보쿠센이 그린 그림은 가장 높은 신분의 귀족들이 고대 일본의 족구를 하는 모습이다.(도판 91)

미국에 있는 광동 출신의 중국 노동자들은 핸드볼이나 방망이 또는 라켓으로 하는 공놀이에 익숙하지 않다. 그러나 그들은 제기와 비슷한 일종의 깃털공을 발로 갖고 놀았다.

게이모인(鷄毛纓, 도판 92)이라고 부르는 그들의 제기는 여러 조각의 뱀 껍질로 만들어진다. 지름이 약 1.5인치이며, 중국 동전으로 무게를 늘리고 꼭대기에 여러 개의 깃털을 꽂는다. 이것을 가지고 하는 놀이를 택퀸(踢毽子)이라고 부른다. 또한 그들은 택가우(踢球)라는 놀이에 익숙한데, 그것은 지름이 약 1.5인치의 철로 된 공을 굴리며 하는 놀이이다.

34. 물택견: 물장치기놀이
Water-kicking

이것은 멱을 감으며 하는 시합으로, 가장 오래 견디는 소년이 이긴다. 일본에도 손으로 물을 튀기며 하는 비슷한 놀이가 있는데, '미즈가케(水掛)'라고 한다.

35. 성싸움: 둑싸움
Dam-combat

두 무리의 소년들이 각각 개울에 둑을 만든다. 둑 윗부분이 무너질 때, 아랫부분이 그대로 남아 있으면, 그 편이 승자가 된다. 일본 어린이들도 둑을 만들어 같은 종류의 시합을 한다.

36. 주먹치기: 주먹싸움
Fist-striking

한 소년이 자신의 주먹을 내놓고 다른 소년이 주먹으로 그것을 치려고 한다. 만약 한 소년이 내놓은 주먹을 치면 계속 칠 수 있지만, 그 소년이 주먹을 피해서 치는 사람의 주먹이 땅을 쳐 버리면 그 사람은 지는 것이 되고, 이어서 자신의 주먹을 내놓는다.

일본의 남자아이들도 같은 방법으로 이 놀이를 한다. 한 아이가 자신의 주먹을 내놓고, 그 위에서 주먹을 쥔 다른 아이가 "고쿠조(虛空藏), 고쿠조! 요이, 고쿠조!"라고 소리친다. 그가 "요이, 고쿠조!"라고 말하면서 주먹을 아래로 칠 때, 다른 아이는 그 공격을 피하려고 주먹을 뺀다. 여기서 그는 이 말을 들을 때까지 주먹을 피해서는 안 된다. 고쿠조는 부처(虛空藏菩薩)[38]의 이름이며, 그 주문은 "부처님, 부처님, 좋은 부처님!"이라는 뜻이다.

37. 수벽치기: 손뼉치기
Hand-clapping

두 사람이 마주 보고 서서 그들 중 한 명이 실수하거나 질 때까지 주어진 순서대로 어떤 손동작을 동시에 취한다. 처음에 각각은 두 손바닥으로 자신의 넓적다리를 친 다음, 같은 방법으로 가슴을 친다. 그런 다음 손뼉을 치고, 쭉 뻗은 왼손을 오른손으로 친다. 그 다음 손뼉을 치고, 뻗친 오른손을 왼손으로 친다. 그리고 나서 자신의 손뼉을 치고, 손바닥을 쫙 펴서 상대방의 손바닥을 친 다음, 둘 다 자기 손뼉을 친다. 자신의 손뼉을 치는 동작부터 시작해서 손뼉을 치고 끝나는 마지막 동작을, 두 사람이 처음에 한 대로 세 번 반복한다. 동작이 점점 빨라지면서 놀이는 매우 어려워진다.

이 놀이는 일본에서도 똑같은 방법으로 행해지며, 어린이와 어른들에게 보편적인 놀이이다. 이 놀이는 보통 노래를 부르면서 하고, '켄(拳)'이라고 한다. 여러 가지 놀이방법이 있는데, 동작과 같이하는 노랫말의 첫 단

---

38. 중국어로 후훙쫑은 '虛空藏'으로, 산스크리트어인 'Akas'a Pratichthita(빈 공간에 사는 것)'와 동일하다. 우리의 세계 남쪽 어딘가에 살고 있는 전설의 부처. *Hand-book for the Student of Chinese Buddhism*, rev. and ed., edited by E. J. Eitel, London, 1870, p.5.

어들에 따라 구분 짓는다.

'켄'이라는 이름은 일본에서 두 사람이 손과 손가락으로 하는 많은 놀이들을 가리킨다. 이 놀이들 중에서 가장 보편적인 것들 중의 하나는 이시켄(石拳)으로, 보통 '잔켄(가위바위보)'이라고 부른다. 이시켄에서는 주먹을 이시(돌)라고 부르며, 펼친 손을 가미(종이), 쭉 편 검지와 엄지[39]를 하사미(가위)라고 한다. 놀이 참가자들은 동시에 자신의 손을 내민다. 가위는 돌을 자르지 못하기 때문에 돌은 가위한테 이긴다. 종이는 돌을 감쌀 수 있기 때문에 종이는 돌을 이긴다. 그리고 가위는 종이를 자르기 때문에 종이한테 이긴다. 가위바위보는 종종 어떤 의무나 일을 수행해야만 하는 사람을 결정할 때 사용되곤 한다. 따라서 인력거꾼은 누가 손님을 모실지를 결정하기 위해 그것을 한다. 이 경우에 '하나, 둘, 셋' 하고 소리치는 것이 관례인데, 그것은 각 개인이 확실한 손동작을 내기 전에 세 번 반복하는 치찰음이다.

무시켄(虫拳)은 가위바위보처럼 한다. 엄지를 헤비(뱀), 검지를 카에루(개구리), 소지를 나메쿠지(蛞蝓, 민달팽이)라고 부른다. 뱀은 개구리한테 이기고, 개구리는 민달팽이한테, 민달팽이는 뱀한테 이긴다.

이것들은 진지한 경기라기보다 놀이이다. 하지만 일반적으로 기츠네켄(獷拳)이라고 알려진 다음의 켄 놀이와 같은 경우는 조금 다르다. 기츠네켄에서는 약간 앞으로 구부려서 귀에 올린 두 손을 기츠네(여우)라고 부르며, 넓적다리에 공손한 태도로 놓은 두 손을 쇼야〔莊屋, 村長(촌장)〕, 뻗은 검지를 댓포(鐵砲)라 한다.

이 놀이에서 기츠네는 쇼야를 이긴다. 왜냐하면 여우는 사람을 속일 수 있기 때문이다. 쇼야는 댓포를 이기는데, 총은 촌장을 쏠 수 없기 때문이다. 그러나 총은 여우를 죽이므로 댓포는 기츠네한테 이긴다.

기츠네켄에서는 형상을 표현하기 위해 손을 놓는 위치가 아주 다양하다. 기츠네에는 스물다섯 개나 되는 다른 동작들이 사용되며, 쇼야에도 열 개나 사용된다.

---

39. 일본의 북쪽 지방에서는 이것이 관습이지만, 도쿄에서는 검지와 중지를 펼친다.

　기츠네켄은, 약 이백 년 전에 이 놀이가 아주 인기가 있었을 때 한 떠돌이 돌팔이 의사가 이것을 '도하치'라고 이름 붙인 이래, 더 적절하게 말해 '도하치켄'이라고 한다. 평소에는 교사인 그 놀이의 강사들은 징기적으로 도하치켄을 지도했다. 도쿄에서는 마치 고토부키 테이처럼 그 놀이를 위해 제공된 장소들에서 경기가 열렸다. 그리고 광고지를 돌리고 입장료를 받았다. 매우 많은 관중들이 모여들고, 낮과 밤 동안 칠십 회에서 백이십 회의 시합이 열린다. 선수들을 위해 네 개의 대나무 기둥을 버팀목으로 한 사각의 가건물인 시혼바시라(四本柱)라는 구조물이 세워진다. 이 천막은 스모에 사용되었던 것보다 좀더 작을 뿐, 그것과 거의 비슷하다. 그 네 기둥은 사계절을 표현하기 위해 스모 경기장의 기둥과 같은 방식—녹색, 빨간색, 하얀색, 검은색—으로 칠해져 있다. 선수들은 각각 그 천막의 양 측면에 서로 마주 보고 앉는다. 그 안에는 켄다이(拳臺)라는 작고 좁은 탁자가 놓여 있고, 선수들은 그 위에 팔꿈치를 얹는다. 교지(行司)와 무코교지라고 하는 두 명의 심판은 씨름 심판들이 했던 것처럼 군바이단센(軍配団扇)이라는 부채를 들고 다른 쪽에 앉는다. 각 모퉁이에는 도시요리(年長者)라고 부르는 네 명의 남자들이 앉아서 경기를 지켜 본다. 그들은 주로 시합에서 은퇴한 이 놀이의 전문가들로서, 논쟁이 일어날 때 도움을 준다. 도시요리는 각각 아사쿠사(淺草), 시바, 간다(神田), 고치마치라고 불리며, 그 이름들은 도쿄의 네 개의 주요 행정구역에서 따 온 것이다. 우승자에게는 비싸지 않은 시계나 기모노 같은 작은 상을 준다.

　또 다른 인기있는 켄 놀이는 사쓰마켄(薩摩拳)이다. (도판 93) 놀이 참가자들은 한 손 또는 양손의 손가락을 동시에 뻗어, 다른 사람이 낸 숫자를 맞히려고 크게 숫자를 외친다. 그들은 이 놀이에서 다음과 같은 중국어

93. 사쓰마켄(薩摩拳).
일본. 보쿠센의 그림.

를 사용한다. 이치, 리안, 싼, 오사이, 고, 로쿠, 쳇, 타마, 콰이.(1, 2, 3, 4, 5, 6, 7, 8, 9) 이 놀이는 보편적인 중국의 손가락 맞히기 놀이, 차이무이(猜謎)와 같은 것이다. 일본의 그 놀이가 중국에서 기원되었다는 것은 토진켄 또는 중국 켄이라는 다른 보편적인 일본 이름에서 확인할 수 있다.

종종 서로 다른 동작들이 섞여 있는 간단한 손뼉치기 놀이들처럼, 노래와 음악을 곁들여 자주 행해지는 훨씬 복잡한 손뼉치기 놀이가 있다. 그 노래들 중 일본의 많은 여행객들에게 잘 알려져 있는 곡은 다음과 같다.

촌키나, 촌키나	Chonkina, chonkina
촌, 촌, 키나, 키나	Chon, chon, kina, kina
초총가, 나 노 하 데[40]	Chochonga, na no ha de
초총가 초이!	Chochonga choi!

동작이 모두 완료되는 마지막 소절의 가사가 끝나기까지 노래 부르는 내내 손으로 박자를 맞춘다. 두번째 판이 시작되면 가사는 바뀌고 승자가 노래한다.

촌 카타, 촌 카타[41]	Chon kata, chon kata
촌, 촌, 카타, 카타	Chon, chon, kata, kata

---

40. '나 노 하 데' 대신 '요이 야 사 데'도 쓰인다.
〔일설에 의하면, 촌키나에서 '촌'은 자신의 양손을 모으는 것이며, '키나'는 자신의 오른손바닥을 상대방의 왼손바닥에 맞추는 모습이다. '촌 촌'은 자신의 양손을 두 번 마주치는 모습이며, '키나 키나'는 자신의 오른손바닥과 상대방의 오른손바닥을 마주치고 계속해서 자신의 왼손바닥과 상대방의 왼손바닥을 마주치는 것이다. '요이 야 사'는 주먹을 쥐고 손바닥을 때리는 모습이다. 촌키나 켄은 노래에 맞춰 이러한 동작을 하며 노는 놀이이다. 이러한 켄은 에도 시대에 등장해 에도 후기에는 민중들 사이에서 유행했고, 막부 말기에서 명치 시대에 걸쳐 유행했다. 이 놀이에서는 신앙적이거나 민속적인 요소는 찾아볼 수 없다. 도구를 쓰지 않고 쉽게 할 수 있는 놀이로서 도박 등에 이용되고, 일종의 놀이 삼아 하는 경쟁으로서 술자리에서 술 또는 옷 등을 걸고 내기를 했다고 한다. 어른 놀이의 일종이다. (http://www.benkei.com/aigonokai/ yasugiken.html) ─역자〕
41. '카타'는 '이겼다(勝)'는 뜻.
42. '마케'는 '졌다(負)'는 뜻.

그리고 이어서 패자가 노래한다.

촌마케, 촌마케[42]　　　Chonmake, chonmake
촌, 촌, 마케, 마케.　　　Chon, chon, make, make.

일본에서 켄 놀이는 종종 벌칙이 따른다. 일반적인 것들 중 하나가 사케바츠(酒罰)이다. 놀이 참가자들 사이에 술 한 잔을 놓고, 각 판이 끝나면 패자가 그것을 마셔야 한다. 때때로 패자는 약속에 따라 노래하거나 춤을 추어야만 한다. 게이샤들은 이 놀이를 할 때 손님들의 여흥을 위해 아무것도 걸치지 않을 때까지 장신구와 옷을 계속 벗는다.

'손뼉치기'는 중국 광동에서 팍찡(拍掌)이라는 이름으로 행해진다. 그 놀이는 아이들 사이에서 보편적인 놀이이다. 두 사람이 서로 마주 보고 앉는다. 처음에 그들은 손뼉을 친다. 그리고 나서 서로의 오른손을 마주 치고 자신의 손뼉을 친다. 그런 다음 서로의 왼손을 마주치고 자신의 손뼉을 친다. 이 동작들을 번갈아 점점 더 빠르게 하며, 한 사람이 실수를 할 때까지 계속한다. 중국의 놀이 또한 필드(A. M. Fielde)가 해준 다음의 설명에서 볼 수 있듯이, '이시켄'과 '기츠네켄'과 같은 일본 놀이와 마찬 가지로 행해진다.

"많은 놀이들에서 다음과 같은 방법으로 부하 또는 대장을 뽑는다. 아이들은 짝을 맞춰 서서, 각각 갑자기 팔을 내밀어 손가락 하나를 낸다. 옆의 사람이 내민 것보다 약하다고 판단되는 손가락을 내밀면 그 사람이 진다. 엄지는 지방의 신(神)이라 하고, 검지는 닭, 중지는 총(銃), 약지는 여우, 소지는 하얀 개미라고 한다. 엄지와 검지가 대립하면 엄지가 이기는데, 닭이 보통 신에게 바칠 제물로 도살되기 때문이다. 엄지와 중지가 대결하면, 신이 총보다 더 위대하기 때문에 엄지가 이긴다. 총은 신의 존재를 알리는 데 종종 사용되곤 한다. 엄지와 약지가 대결하면 승리도 패배도 없다. 왜냐하면 신과 여우는 언제나 친한 관계이기 때문이다. 그래서 다시 해야만 한다. 엄지와 소지가 대결하면, 하얀 개미가 종종 신상(神像)

을 먹어 치우기 때문에 엄지가 진다. 검지와 중지가 대결하면 중지가 승자다. 총이 닭을 쓰러뜨리기 때문이다. 검지와 약지가 대결하면 검지가 진다. 여우가 닭을 먹기 때문이다. 검지와 소지가 대결하면, 닭이 하얀 개미를 먹기 때문에 소지가 진다. 중지와 약지가 대립하면 총이 여우를 죽이기 때문에 약지가 진다. 중지가 소지와 대립하면 다시 해야만 한다. 왜냐하면, 총과 개미는 아무런 상호 영향을 주지 못하기 때문이다. 약지와 소지가 대결하면 비긴다. 왜냐하면, 여우와 하얀 개미는 서로 관계가 좋은지 나쁜지 모르기 때문이다. 각각 두 사람이 대결해서 진 사람이 결정되면, 진 사람들은 둘씩 짝을 짓고 손을 내밀어 마지막으로 부하가 결정될 때까지 경쟁을 계속한다."[43]

미국 동부의 어린이들은 실제로 동아시아에서와 같은 방법으로 손뼉치기 놀이를 한다. 아이들은 이 놀이를 할 때 다음과 같은 노래를 부르며, 각각의 단어를 말할 때 손뼉을 친다.

콩죽이 뜨거워,	Peas porridge hot,
콩죽이 차가워,	Peas porridge cold,
냄비에 들어 있는 콩죽,	Peas porridge in the pot,
아흐레나 되었네.	Nine days old.

동작은 다음과 같다.

① 두 손으로 무릎을 친다. (Peas)
② 손뼉을 친다. (porridge)
③ 서로 오른손을 마주친다. (hot)
④ 두 손으로 무릎을 친다. (Peas)
⑤ 손뼉을 친다. (porridge)
⑥ 서로 왼손을 마주친다. (cold)
⑦ 두 손으로 무릎을 친다. (Peas)

94. 손뼉치기 놀이.
고대 이집트. 『고대와
동양의 게임』 중에서.

⑧ 손뼉을 친다. (porridge)

⑨ 서로 두 손을 마주친다. (in the pot)

⑩ 두 손으로 무릎을 친다. (nine)

⑪ 손뼉을 친다. (days)

⑫ 서로 두 손을 마주친다. (old)

뉴욕의 브루클린(Brooklyn)에서는 이 순서가 거꾸로 되어서, ⑦, ⑧, ⑨, ⑩, ⑪, ⑫ 다음에 ①, ②, ③ 이 나온다.

다음 동작으로 자신의 손뼉을 친 다음, 서로 왼손을 치고, 손뼉을 치고, 서로 두 손을 마주친다.

미국 어린이들 사이에서도 이 놀이 가사의 첫번째 소절이 보편적으로 알려져 있다. 그러나 내가 들은 바로는 펜실베이니아의 몽고메리 카운티(Montgomery County)에서는 그 놀이 이름을 '퀘이커 교도 때리기(Slap the Quaker)' 또는 '퀘이커 교도 가두기(Box the Quaker)'라 부른다고 한다.

---

43. A. M. Fielde, *A Corner of Cathay*, pp.81–82.

44. E. Falkener, *Games Ancient and Oriental, and How to Play Them*, London, 1892.

로마인, 고대 그리스인, 그리고 이집트인들은 주먹 놀이와 손뼉치기 놀이에 익숙했으며, 매우 다양한 형태의 이런 놀이들을 했던 것 같다. 에드워드 포크너(Edward Falkener)의 저서『고대와 동양의 게임(*Games Ancient and Oriental*)』[44]에 소개되었던, 아크오르(Ak-hor) 무덤에 그려져 있는 이집트 소녀 두 명이 손뼉치기 놀이를 하는 그림(도판 94)을 보면 이 사실을 알 수 있다.

38. 몇개
Mek-kouk

한 소년이 여러 개의 잣을 한 손에 넣고 두 손을 내민다. 그러면 다른 소년은 잣이 들어 있는 손이 어느 쪽인지 맞혀 본다. 만약 성공하면 그 잣을 얻지만, 실패하면 똑같은 수의 잣을 주어야 한다. 또 다른 방법은 여러 소년이 각각 한 손으로 잣을 가져가서 손가락으로 그 잣들을 쥔다. 그런 다음 각자 전체 잣의 숫자를 추량해 보고, 정확하게 맞힌 사람이 모두 가져간다.

『한불사전』에서는 '몇개'〔원서에는 '맥국'이라 표기되어 있으나 '몇개'를 이렇게 표기한 듯하다―역자〕라는 놀이를 다음과 같이 정의하고 있다. "상대방이 손에 몇 개를 갖고 있는가를 맞히는 놀이의 이름이며, 맞히면 돈을 받는다." 그리고 이 사전은 중국어인 '쿤(拳)'을 그 놀이의 동의어로 말하고 있다.(37. 수벽치기 참조)

일본인들은 일종의 켄 놀이와 비슷한 놀이를 했다. 그러나 그 놀이의 이름은 '난코(藏鉤)'[45]이다. 두 사람이 세 개의 조그만 나무 조각을 이용해서 놀이를 한다. 그 나무 조각들은 보통 나무젓가락의 조각들로 하며, 길이는 약 0.5인치 정도이다. 한 명이 나무 토막들을 집어서 펼친 왼손바닥에 놓고 다른 사람에게 내민다. 그런 다음, 오른손으로 왼손에 있는 나무 토막을 꽉 쥐고 '산'이라고 소리친다. 이것을 반복한 다음, 그는 오른손

---

45. 헵번의 사전에는 난코(nanko)에 대한 중국어로 '총카우(藏鉤)'를 들고 있다.

을 쥔 채로 내밀어서 다른 사람이 맞혀 보게 한다. 다른 사람은 손가락으로 표시를 하거나 '하나' '둘' 또는 '셋' 하고 숫자를 말한다. 만약 그가 맞히는 데 실패하면 그에게 나무 토막을 보여주고 그 동작을 반복하지만, 정확히 맞추면 그는 나무 토막을 받고 상대편이 맞히게 한다. 처음에 세 번 진 사람은 벌칙으로 술 한 잔을 마셔야만 하고, 놀이는 그런 다음 다시 시작된다.

'몇 개'와 비슷한 놀이를 중국 광동 소년들도 한다. 한 소년이 어떤 작은 물건이나 돌 또는 견과류를 한 손으로 집어서 다른 손으로 덮고, 위 아래로 흔들며 다음과 같은 노래를 반복한다.

룩 구 룩 둥 과	Luk kú luk tung kwá
파우 궈 파우 궈 통	Pau kwo pau kwo t'ong
추셍, 추하?	Ts'ü shéng, ts'ü há?

마지막 가사를 부를 때 상대편이 물건을 보지 못하게 양손을 분리시키며 끌어와 양 주먹을 붙인 채로 쥐고 있으면, 상대편은 그 물건이 위에 있는지 아래에 있는지 짐작해 본다. 마지막 가사를 다 부르면 그는 손을 하나는 위로, 하나는 아래로 분리시킨다. 상대편은 그 물건이 어느 손에 감추어져 있는지를 말한다.

39. 송장찾기
Corpse-searching

한 소년은 눈을 가리고, 다른 이들은 돌이나 어떤 작은 물건을 돗자리 아래나 땅 구멍에 숨긴다. 눈을 가린 소년이 "다 묻었니?" 하고 물어서 "그래"라는 대답이 나오면 그는 그것을 찾기 시작한다.

일본에서는 이 대중적인 놀이를 '가쿠시코(隱しこ, 물건 감추기)'라고 부른다.

40. 반지찾기놀이
Ring Finding

나의 정보제공자는 이 놀이를 모른다. 『한불사전』에서는 이것을, '반지가 숨겨진 모래에 놀이 참가자들이 조그만 막대를 찔러 넣는 놀이'라고 정의하고 있다. 막대가 반지를 통과한 사람이 이긴다.

41. 묻고찾기
Hide and Find

돌을 숨기는 또 다른 놀이는 다음과 같이 한다. 셋 또는 넷이서 하는데, 한 소년이 손에 돌을 들고 다른 소년의 웃옷으로 우리를 만들어서 돌을 든 손을 거기에 넣는다. 손을 **빼고** 그 옷의 소유자는 마치 돌이 있는 것처럼 옷으로 만든 그 우리를 들어 올린다. 한 사람 또는 그 이상의 참가자들이 이것을 반복하고, 마지막으로 첫번째 소년이 그의 꽉 쥔 주먹을 내민다. 다른 소년들은 이제 소년들의 옷들 중 하나든 첫번째 소년의 주먹이든 간에 그 돌이 어디에 숨겨져 있는지를 맞혀 본다. 정확하게 맞힌 사람이 그 돌을 가져가서 숨긴다.

42. 능견난사(能見難思)
Neung-kyen-nan-sa

한 소년이 손가락 사이에 종이 조각 하나를 감추고, 교대로 두 옷소매를 올렸다 내렸다 한다. 그런 다음, 다른 사람들은 종이가 어느 소매에 감추어져 있는지를 맞힌다.

능견난사라는 이름은 '이해되지 않아도 보이는 어떤 것'을 의미한다. 『한불사전』에서는 '어떤 순서로 놓아도 차이를 알 수 없는 같은 크기의 열두 개 꽃병을 일컫는다'고 씌어 있다.

43. 숨바꼭질
Hide and Seek

술래인 소년은 눈을 가리고, 그 동안 다른 사람들은 숨는다. 모두 다 숨었을 때 한 소년이 남아 술래의 등을 친다. 일본에서도 이 놀이는 가쿠렌보(隱れん坊)라는 이름하에 같은 방법으로 행해진다.

44. 순라잡기: 술래잡기
Tag

순라(巡邏)라고 하는 소년이 다른 사람들을 붙잡으러 쫓아다닌다. 잡힌 사람은 순라가 된다. 한 소년이 앉아서 '택꼭'이라 말하면 잡히지 않는다. 처음에 순라가 될 사람은 지푸라기를 뽑아서 결정한다. 한국의 법과 관습에 따르면, 남자들은 밤에 밖에 나가는 것이 허용되지 않는다. 이것은 여자들도 마찬가지다. 공공장소에서 남자가 여자를 만나면 그는 여자를 보지 않도록 머리를 돌려야 한다. 원시 신앙에 따라 남자는 우주, 태양, 낮이라는 남성적 원리에 속하는 반면, 여자는 달과 밤이라는 여성적 원리에 속한다는 사실에서 이 관습에 대한 설명을 찾을 수 있다. 순라는 이 신화적 법규에 의해 규정된 관습을 집행하는 의무를 지닌 야경꾼이다.

　일본에서는 술래잡기에서 '술래'인 사람을 '오니(鬼)'라고 하며, 그 놀이는 오니고코(鬼ごっこ, 귀신놀이)라고 부른다. 그 놀이는 흔히 기둥[46]을 이용해 놀며, 놀이를 하는 아이들은 그곳에 몸을 숨긴다.

45. 순라밥
Drawing Straws

가장 긴 지푸라기를 뽑은 사람이 순라가 된다. 지푸라기 뽑기에 쓰인 '순

---

46. 그 경기장의 기둥을 가리킨다.

라밥' 이라는 이름은 글자 그대로 '야경꾼의 식사'를 의미한다. 야간 경비원은 야간 근무 때문에 좋은 식사를 제공받았다는 이야기에서 이 의미를 설명할 수 있다.

지푸라기 뽑기는 일본의 남자아이들도 한다. 그들은 이것을 쿠지(籤, 제비)라고 부른다. 참가자들의 수만큼 많은 지푸라기들이 사용되고, 가장 길거나 가장 짧은 지푸라기를 뽑은 사람이 합의에 따라 오니 즉 술래가 된다.

또 지푸라기 뽑기는 중국 광동에서 '침초(簽草)'라는 이름하에 남자아이들 사이에 행해지고 있다. 한 아이가 손에 서로 다른 길이의 지푸라기를 두 개 쥐고서 다른 사람에게 하나를 뽑게 한다. 뽑은 지푸라기가 긴 것이면, 지푸라기를 쥐고 있던 아이는 그에게 동전 한닢을 준다. 그러나 짧은 것을 뽑으면 뽑은 아이가 돈을 준다. 광동의 남자아이들은 종종 지푸라기를 뽑아서 약속한 일을 누가 수행할지를 결정한다. 짧은 것을 뽑은 사람이 지는 것이다.

때때로, 남자아이 여섯이 다음과 같은 놀이를 한다. 여섯 개의 지푸라기를 세 개씩 묶어 두 묶음을 만든다. 아이들은 각각 삐져 나온 지푸라기의 끝을 뽑고, 같은 묶음의 지푸라기를 뽑은 세 명이 한 편이 된다. 두 편은 역할을 정하기 위해 다시 뽑기를 한다. 진 편 사람들은 삼각형 형태로 놓인, 팔걸이와 등받이가 없는 세 개의 의자에 앉아 옆사람과 발바닥을 마주 댄다. 그러면 다른 편 사람들은 그 세 면(面)의 바깥에서 안으로 점프해 들어가려고 노력한다.

'티우룽문(登龍門)'[47]이라 불리는 또 다른 놀이는 남자아이 넷이서 다음과 같이 하는 놀이이다. 아이들 중 한 명이 쥐고 있는 지푸라기 두 개를 이용해 둘씩 짝을 짓게 된다. 아이들은 각각 삐져 나온 끝을 잡는데, 같은 지푸라기를 뽑은 사람들끼리 짝이 된다. 한 사람은 역할을 정하기 위해 길고 짧은 지푸라기를 상대편의 한 사람에게 내밀어 뽑게 한다. 만약 그가 짧은 것을 뽑으면 지게 되고, 긴 것을 뽑으면 이긴다. 진 사람과 그의

---

47. 이 표현은 은유적으로 '학문의 정도가 빨리 상승하는 것'을 나타내는 데도 사용된다.(윌리엄스의 『토닉 사전』)

짝은 서로 마주하고 있는 두 개의 의자에 앉아 몸을 뒤로 기울이고, 다리를 들어 올려 옆으로 벌린 채로 각각의 발바닥을 짝의 발바닥에 붙인다. 밖에 있는 아이들은 각 사이드에 서 있다가 한 번에 한 명씩 앉아 있는 사람들의 다리 사이 공간으로 점프한다. 한 명이 뛸 때 다른 한 명은 앉아 있는 사람들의 주의를 딴 데로 돌리려고 노력한다.

지푸라기 뽑기 관습이 실제로 지푸라기와 나무 오리가 쓰인 점술의식에서 유래되지 않았더라도, 그것은 중국과 밀접하게 연관돼 있는 것 같다.

46. 숫자세기: 다리세기놀이
Counting Out

남자아이들은 으레 수를 세서 누가 순라가 될 것인가를 결정한다. 그러한 목적으로 다음과 같은 노래를 부른다. 이것은 내 정보제공자가 들은 적이 있다는 유일한 노래이다.

"한알대, 두알대, 삼사, 나그네, 영남, 거지, 팔대, 장군, 구드레, 뺑"

다음과 같이 부분적으로 의미를 해석해 볼 수 있다.

"한 번, 두 번, 삼아쩡, 네 번, 육 낭, 거지, 일곱 번, 장군, 아홉두레, 뺑"

숫자세기 노래는 또한 일본에서도 누가 게임에서 술래(鬼)가 될지 결정하는 데 사용된다. 다음은 쇼나이에서 불리는 노래로, 직접 들은 것이다. 그곳에서는 이 노래를 남자아이들이 하는 놀이에서뿐만 아니라, 잘못을 저질렀을 때 죄인을 가리는 데도 사용한다.

---

48. 히(ひ)는 '하나', 후(ふ)는 '둘', 노(の)는 '-의', 다루마는 '우상(달마)', 그리고 구루마는 '짐차(車)'를 의미한다.

히 후 노 다	Hi fu no da
다 다루마 다 노 다	Da Daruma da no da
친 구루마	Chin kuruma
친 노 친 .[48]	Chin no chin.

숫자세기를 할 때 '복(福)' '덕(德)' '빈(貧)'이라는 가사를 이따금 돌아가면서 반복한다. 그러나 이것은 일종의 어린애들 점치기 놀이에서 참가자들 개개인의 미래를 예측하는 데 더 자주 사용된다.

중국의 남자아이들은 여러 가지 숫자세기 노래를 부른다. 다음 노래는 광동 호샨(佛山) 출신의 한 아이가 내게 말해 준 것이다.

팀 팀 츠 닙	Tím tím tsz' níp
수이 토 수이 맛 닙	Shui t'ò shui mat níp
성 수이 얌	Shéung shui yam
하 수이 닙	Há shui níp
감 치 푸 융	Kam chí fú yung
마 츠 헝 사이	Má tsz' héung shai
파우 팍 포	Páu pák pò
팍 파우 포 아 짜이	Pák páu pò á tsai
아 짜이 미 토 로이	Á tsai mí tò loi
파이 얀 옴 간	P'ai yan om ngán
파이 얀 닙	P'ai yan níp
죽 토 판 로이	Chuk tò fán loi
짜우 구 짓 .	Tsau k'ü tsít.

그들은 숨바꼭질에서 누가 술래가 될지를 결정하기 위해 이 노래를 부른다. '술래'인 아이는 '핑(兵)'이라 불리고, 숨는 사람은 '착(賊)'이라 한다. 숫자세기는 보통 팀팀츠닙(惦惦柿捏) 놀이를 할 때 한다.

47. 까막잡기: 판수놀이
Blind Man's Buff

술래인 사람의 눈을 가리는 놀이를 까막잡기라고 한다. 놀이하는 사람들의 부상이 염려되어 집에서 한다. 술래인 사람은 앞에서 나온 놀이에서와 마찬가지로 '순라' 라 불리며, 일반적으로 '잡기' 놀이에서는 그렇게 불린다. 도판 95는 남자아이들이, 도판 96은 여자아이들이 까막잡기 놀이를 하는 모습을 나타낸다. 이것은 화가가 '눈 싸매기 하기' 라고 명명하고 있다.

일본에서는 이 놀이를 메가쿠시(目隠し)라고 한다. 놀이를 하는 사람들은 손뼉을 치며 보통 다음과 같이 소리친다.

유라님, 유라님!   ゆらさん! ゆらさん!
손뼉 치는 곳이에요.   手の鳴る方に?

이것은 「마흔일곱 명의 떠돌이 무사(浪人)」라는 인기있는 극에서 따 온 것이다. 그 극의 장면 중 주인공 유라가 창녀촌에 들어가서 소녀들과 까막잡기 놀이를 하는데, 소녀들이 그에게 위와 같이 소리친다. 필드[49]는 중국 스와토우(汕頭)의 까막잡기 놀이를 다음과 같이 설명하고 있다.

"까막잡기는 '손으로 물고기 잡기' 라는 이름으로 행해진다. 놀이하는 동안에는 한계선을 정해 아무도 넘어가지 못하도록 한다. 눈을 가린 한 여성이 오른팔을 수평으로 유지한 채, 손바닥을 아래로 한다. 다른 사람들은 검지의 끝으로 그녀의 손바닥을 찌르고, 그녀는 갑자기 손을 오므려 그 손가락을 잡는데, 잡힌 사람은 누구나 눈가리개를 쓰고 '어부(술래—역자)' 가 된다. 눈을 가린 어부가 '만조(滿潮)다' 라고 소리치면, '물고기들(술래가 아닌 사람들—역자)' 은 손뼉을 치며 만조 때의 물고기들의 움직임을 표현한다. 그러나 어부가 '간조(干潮)다' 라고 하면, 물고기는 즐길 만한 바닷물

---

49. A. M. Fielde, *A Corner of Cathay*, pp.82−83.

눈싸매기놀

95. 눈 싸매기 하기, (남자)

이 없다는 듯이 조심스럽게 술래의 옆을 지나간다. 물고기를 잡으면, 어부는 눈가리개를 벗기 전에, 잡힌 사람의 이름을 알아 맞혀야만 한다."

48. 꼬도롱깽
Hkou-tou-rong-koing

땅에 사각형을 그리고 남자아이 둘이 같은 자리에서 시작해 서로 반대 방향으로 그 사각형을 돈다. 출발점과 마주 보는 반대 쪽에서 만나면, 둘은 멈추고 고누(74.우물고누 참조)를 한다. 보통 놀이가 끝나기 전에 한 사람이 다른 사람을 밀어낸다. 그런 다음 그들은 뒤돌아 다시 경주를 하고 먼저 출발점에 도착한 사람이 승자가 된다. 때때로 고누를 하는 대신 손에 들고 있는 물건들을 교환한다. 이 놀이 이름은 군대가 행진할 때 선두에 있는 북과 심벌즈에서 나는 소리를 모방한 것이라고 한다.

49. 오랑캐꽃치기: 풀싸움놀이
Violet Fighting

시골 어린이들은 오랑캐꽃을 모아서 줄기를 치면서 머리 부분을 부러뜨리는 시합을 한다. 일본 어린이들은 이 놀이를 하나스모(花相撲)라고 부른다.
　모리슨의 사전[50]에는 '트위(Tuy)' 라는 단어에, 다음과 같이 비슷한 중국의 놀이에 대한 설명이 실려 있다.

"어린이들이 꽃과 풀을 뽑아 와서 모아 놓고, 꽃과 풀 더미 가운데 쪼그리고 앉아 풀싸움을 한다. 아이들은 각각 풀 또는 꽃 줄기를 두 개씩 가져가서 손가락으로 줄기의 두 끝을 잡아 고리를 만든다. 이 고리를 상대편의 고리로 된 풀에 걸어 서로 끌어당긴다. 잡아당겨서 먼저 풀이 끊어지는 사람이 진다. 이것은 단순히 놀이이지만, 때때로 한 판당 반 페니의

---

50. R. Morrison, *A Dictionary of Chinese Language*, Vol.I, Macao, 1815, p.516.

96. 눈싸매기하는 모양. (여자)

1/4 정도 되는 현금을 걸기도 한다. 올바른 부모들은 어린이들에게 이른 감이 있는 이런 도박을 못마땅해 한다."

50. 풀치기
Grass Gaming

시골 소년들은 쇠꼴을 뜨러 나가면 으레 일을 하기보다 놀기 일쑤다. 소년들은 풀과 꽃 뭉치를 모아 모두 앉아서 놀이를 한다. 한 사람이 풀잎 하나 또는 꽃 한 송이를 내놓으면 다른 사람들은 그것과 겨루어야만 한다. 만약 그들이 지면 점수를 잃게 되고, 그것은 한쪽으로 치워진다.

소년들이 풀을 자르고 있을 때 한 명이 낫을 들고 있다가 떨어뜨린다. 끝이 꽂히면 그 소년이 이기고, 다른 소년은 작은 풀다발을 건네주어야만 한다. 그러나 꽂는 데 실패하면 그가 주어야만 한다. 이것은 앞서 말한 것과 이름이 똑같다. 일본 어린이들도 같은 방식으로 낫을 갖고 논다.

51. 엿치기
Candy Gaming

남자아이 둘이 각각 엿[51]을 사서 반으로 쪼갠다. 가운데 뚫린 구멍이 더 큰 쪽이 이기고, 진 사람은 엿을 모두 준다.

52. 앵두치기
Cherry Gaming

앵두치기는 앵두가 나는 계절에 두 사람이 한다. 한 소년이 또 다른 소년에게 입 안에 마흔 개의 앵두를 넣고, 씨 하나도 삼키지 않은 채 과육에서 씨를 분리시키는 내기를 건다. 구경하는 소년들은 자신들이 원하는 만큼

---

51. 쌀로 만들며, 때때로 막대 형태로 만드는 일본의 아메(飴, 엿)에 해당한다.

앵두를 먹는다. 만약 그 소년이 씨 하나라도 삼키면 모두 물어내야만 하고, 성공하면 내기를 걸었던 사람이 그에게 대가를 지불한다.

53. 능금치기
Apple Gaming

두 소년이 놀이를 한다. 각자 사과 한 개나 두 개를 반으로 쪼개서 서로 나눠 갖고 씨를 센다. 씨의 숫자가 많은 사람이 이긴다.

54. 감치기
Persimmon Gaming

이것은 능금치기와 비슷하다. 감 속에 있는 씨의 수를 추리하는 것은, 일본의 하층계급 사이에서 가키키리(かききり, 감 자르기)라는 이름으로 행해지는 매우 일반적인 놀이이다. 한 사람이 다섯, 다른 사람이 여섯 등의 숫자를 말한다. 정확하게 맞힌 사람이 내기로 건 돈을 모두 갖는다. 중국 광동에서 오렌지 씨의 개수를 맞히는 것은 일반적인 놀이이다. 이 놀이를 '타우 콤 피우(掏金票)' 또는 '호이 콤 피우(開金票)' 라고 부른다.

몇 명이라도 할 수 있으며 가장 근접하게 추측한 사람이 이긴다. 이 놀이는 아이들이 아니라 성인 남자들이 하는 놀이이다.

55. 살구치기
Apricot Gaming

한 소년이 미리 합의된 숫자만큼의 여러 개의 잘 익은 살구를 주먹으로 내려친다. 씨가 다 밖으로 튀어나오면 이긴다. 그러나 실수를 하면 사용된 모든 살구의 값을 물어내야만 한다.

56. 참외치기
Melon Gaming

참외는 보통 길다. 한 사람이 참외를 집어 손날로 그것을 내려쳐 반으로 쪼갠다. 만약 성공하면 다른 사람이 대가를 지불한다.

57. 조개싸움
Clamshell Combat

남자아이들은 놀이의 순서를 정하기 위해 각자 조개를 2-3피트 높이에서 떨어뜨린다. 조개의 오목한 면이 바닥에 닿은 사람이 먼저 시작한다. 다른 소년은 조개를 땅에 내려놓고, 첫번째 선수가 그 조개에 자기 조개를 던진다. 만약 그가 상대편의 조개를 깨면, 상대편은 다른 조개를 내려놓고 놀이를 계속한다. 만약 실패하면 순서를 바꾼다.

58. 공치기: 장(杖)치기
Ball Batting

공치기는 좀더 큰 아이들이 하는 공놀이이다. 땅에다 수십 피트 떨어지게 기준선 두 개를 긋고 그 중간에 분할선을 긋는다. 분할선 위에 나무 공을 놓고 양쪽으로 나누어진 소년들이 나무 봉으로 상대편의 기준선 너머로 공을 쳐내려고 한다.

　나는 이와 비슷한 놀이가 가고시마(鹿兒島)에 현존한다는 것을 알고 있다. 그곳은 한국의 도공(陶工)들이 정착했던 곳이며, 일본의 다른 지역에선 이 놀이가 없다. 이 놀이는 지름 약 삼 인치 정도의 하마(破魔)라 부르는 나무 공으로 한다. 따라서 이 놀이를 하마나게(破魔投げ)라고 부른다. 이 놀이는 보통 1월에 한다. 보통 한 편에 네 사람이 약 삼 피트 길이의 봉을 가지고 하며, 두 기준선 사이에 공을 놓고 상대편 기준선 너머로 쳐서 보내는 것이 놀이 목적이다. 선수들은 일렬로 선다. 만약 첫번째 사람

97. 큐조(毬杖, 공치기에
쓰이는 막대). 일본.
『화한삼재도회』중에서.

이 공을 멈추는 데 실패하고 두번째나 세번째 사람이 그 공을 멈춘다면, 그는 첫번째 사람과 자리를 바꾼다. 공이 기준선을 넘어가면 양편은 자리를 바꾼다. 이 놀이는 위험하기 때문에 현재 지방 당국이 금지시켰다.

공치기는 '마리우치(打毬)'라는 이름으로 『화한삼재도회』에 언급되어 있다. 이 놀이에서는 '큐조(毬杖)'라는 막대를 사용한다.(도판 97) 좀더 깊이 이야기하자면, 마리우치의 기원이 일본과 중국 두 나라에서 매우 오래 되었다는 조사 결과가 있다. 근년에는 소년들만이 이 놀이를 했다. 정월에 하마유미(破魔弓)와 함께 이 놀이를 했다. 헵번(J. C. Hepburn)은 하마유미를 다음과 같이 정의하고 있다. "악령을 쫓는 활, 또는 어린이들이 사용하는 작은 활." "최근에 마리우치는 하지 않다시피 되어서 그 원형은 좀처럼 보기 힘들다." 이 설명은 가고시마에서 공을 가리키는 말인 '하마'라는 용어에 대한 설명을 해준다고 볼 수 있다. 하마유미(破魔弓)라는 합성어에서 하마(破魔)는 '악령 쫓기'를 의미한다.

59. 탱자던지기
Orange Throwing

공 던지기 놀이는 한국에서 그리 흔하지 않다. 이따금 어린이들은, 제주도에서 자라는 탱자[52]라 불리는 야생 오렌지를 가지고 논다. 아이들은 그것을 공중으로 던져 올리거나, 그것을 던져서 주고받기도 한다. 소년들은 때때로 이 과일을 가지고 마술을 부리려고도 해 보고, 둘 이상의 오렌지를 동시에 공중으로 던지는 곡예를 하기도 한다.

60. 공기놀이
Jackstones

공기놀이는 소년들이 한다. 다섯 개나 일곱 개의 돌 또는 벽돌 조각을 사

---

52. 『한불사전』에서는 이것을 '작은 야생 오렌지(petite orange sauvage)'로 정의하고 있다.

용한다. 놀이는 땅 위에서 한다. 여러 가지 놀이방법이 있는데, 그 가운데 하나는 다섯 개의 돌을 사용하는 것이다. 네 개는 땅 위에 놓고 하나를 위로 던진다. 던진 것이 떨어지기 전에 다른 것 하나를 집고 나서 처음에 던진 것이 내려오면 잡아서 함께 내려놓는다. 또다시 돌 하나를 위로 던지고 집은 다른 돌과 함께 잡아 내려놓는 식으로 계속한다. 이것을 '알낳기'라고 부른다. 그 다음 네 개의 돌을 왼손 옆 땅에 놓고, 왼손바닥을 아래로 한다. 그런 다음 오른손으로 다섯번째 돌을 던지고, 그것이 떨어지기 전에 땅에 놓인 돌 중 하나를 왼손바닥 안으로 쳐 넣는다. 이것을 '알품기'라고 한다. 왼손바닥 안으로 모든 돌을 쳐 넣거나, 실수할 때까지 이것을 반복한다. 그 다음엔 돌 세 개를 내려놓고 새끼손가락을 구부려 돌 하나를 집는다. 그런 다음 다섯번째 돌을 던지고 그것이 떨어지기 전에 손에 있는 돌로 땅 위에 있는 돌들 중 하나를 쳐야만 한다. 이런 방법으로 돌 세 개를 모두 치거나 실수할 때까지 반복한다. 마지막 동작을 '알까기'라고 한다.

소녀들은 동전으로 공기놀이와 비슷한 놀이를 한다. 도판 99는 그것을 하고 있는 시골 소녀들을 나타낸다. 놀이의 이름은 '자혜'라고 한다.

『화한삼재도회』에는 이시나고(擲石, 도판 98) 또는 이시나게(石投)라는 이름의 공기놀이를 하는 방법에 대한 설명이 다음과 같이 실려 있다.

"한 소녀가 열 또는 그 이상의 돌을 땅에 펼쳐 놓는다. 그 소녀는 돌 하나를 위로 던지고 그것이 내려오기 전에 둘 또는 세 개의 돌을 집고 나서 먼저 던졌던 돌을 잡는다. 이것을 반복해서 하고, 돌을 다 집어 올리면 이긴다."

98. 이시나고(擲石, 공기놀이). 일본. 『화한삼재도회』중에서.

미국에 사는 중국 노동자들은 "광동에서는 공기놀이를 어린 소녀들의 놀이로 여긴다"고 내게 말했다. 그 놀이는 '돌 집어올리기(執石)'라고 부른다.

양모 눈듸세자희아접게

99. 계집아이 자혜 뛰는 모양. (공기놀이)

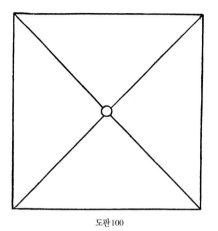
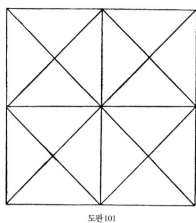

도판 100   도판 101

61. 시치기: 쇠치기
Metal Striking

땅 위에 약 이 제곱피트의 사각형을 그리고, 사각형 위에 대각선을 그린다.(도판 100) 한 선수가 중앙의 대각선 교차점에 위에 작은 쇠붙이를 놓는다. 그런 다음 다른 선수가 약 일 달러 크기의 둥그런 쇠붙이를 던져서, 놓여 있는 쇠붙이를 사각형 밖으로 쳐서 내보낸다. 만약 그가 성공하면 처음 소년은 또 다른 쇠붙이를 놓아야 하고, 실패하면 그가 쇠붙이를 놓고, 다른 사람이 던진다.

일본에서는 도판 101과 같은 그림이 돈 던지기 놀이에 사용된다. 중앙에 놓인 돈을 맞혀 내보내는 것이 목적이다. 각자 차례대로 던진다.

62. 돈치기
Cash Striking

돈을 위로 던지는 놀이는, 한국에서 매우 많이 하고 가장 보편적인 놀이이다. 내 정보제공자는 적어도 열 가지 다른 놀이방법이 있다고 알고 있었다. 그 놀이방법들 가운데 다음과 같은 것이 있다.

1. 모두먹기
'모두먹기' 에는 보통 동전, 그리고 철사로 다섯 개의 동전을 함께 묶어

102. 제니우치(意錢, 돈치기). 일본. 『화한삼재도회』중에서.

납으로 가운데 구멍을 메워 만든, '먹지'라 불리는 무거운 것을 사용한다. 지름 일 인치 정도의 작은 구멍을 파고 그 구멍으로부터 일 피트 거리에 '왼손'[53]이라 부르는 선을 긋는다. 참가자들이 각자 동전을 구멍에 던져서 첫번째 할 사람을 정한다. 구멍 가장 가까이 동전을 던진 사람이 제일 먼저 하고, 그 다음 순서대로 다른 사람들이 한다. 만약 몇 개의 동전이 구멍 속에 떨어지면 맨 위에 있는 동전의 임자가 첫번째가 된다.

첫번째 사람은 적당한 거리에 서서 자기 것과 다른 사람들의 것을 포함한 모든 동전을 구멍에 던진다. 구멍에 들어가는 것은 자신이 가진다. 만약 구멍에 들어가지 못한 동전들이 있다면, 다른 사람들이 그것들 가운데 하나를 그에게 가리킨다. 그러면 그는 '먹지'로 그것을 맞혀야만 한다. 그들은 가장 맞히기 어려운 것을 고른다. 만약 그가 맞히면 모든 돈을 가지지만, 실패하면 두번째 사람이 먹지를 던진다. 그런 식으로 진행된다. 만약 다른 사람들이 '왼손'이라는 선 밖에 있고 던지는 사람에게 더 가까이 있는 동전을 가리킨다면, 그는 편 손가락에 그 무거운 먹지를 들고 던져야만 한다.

2. 뺌내기

지푸라기 또는 막대기 하나를 약 삼 인치 길이로 잘라 거리를 잰다. 두 사람이 함께 놀이를 한다. 한 사람이 구멍에 동전 네 개를 던지면 다른 한 사람은 구멍에 들어간 만큼의 돈을 지불해야만 한다. 그런 다음, 구멍에

---

53. 이 선 밖의 공간을 '왼손'이라 하고, 그 안에 있는 구멍에 가까운 공간을 '바른손 또는 오른손'이라 한다. 놀이꾼들은 때로 왼손—이것으로 그 선에 주어진 이름이 설명될 수 있다—으로 먹지를 던져서 선 밖에 떨어진 동전을 맞혀야만 한다.

들어가지 못한 동전 중 하나를 지적해, 던진 사람으로 하여금 맞히게 한다. 만약 그가 맞히면 이기고 동전 두 개를 받는다. 만약 그가 지푸라기로 재어 놓은 거리 안으로 들어오면 자기 차례를 잃고, 그 거리 바깥으로 나가면 동전 두 개를 지불해야 한다.

중국 어린이들도 동전을 던지는 다양한 놀이를 한다. 광동 부근에서 행해지는 이 놀이 가운데 하나는 '쾅산만(轟三文)'이라고 불린다. ('쾅'은 소리를 흉내낸 말이다. '산'은 3, '만'은 동전을 가리킨다) 이 놀이에서 왕가(王家)의 서명이 있는 돈의 앞면을 백, 뒷면을 흑이라고 부른다.[54] '백'이면 지고 '흑'이면 이긴다.

쾅산만은 세 사람이 하는데, 각각 자리를 잡고 납작한 돌에 돈을 던진다. 동전 세 개가 모두 같은 면이 위로 오게 떨어지면 모두 다시 던진다. 만약 동전 하나가 뒷면이 나오면 그것을 던진 사람이 첫번째 타자가 되고, 나머지 사람들은 다시 동전을 던져 순서를 정한다. 만약 동전 두 개가 뒷면이 나오면, 그 두 사람은 순서를 정하기 위해 다시 던진다. 순서가 정해지면, 첫번째 사람은 한 손에 동전 세 개를 쥐고 돌에 던진다. 뒷면이 나온 동전은 모두 그가 가지고 나머지를 두번째 사람에게 건넨다. 모든 돈을 다 딸 때까지 같은 방법으로 계속한다.

또한 이 놀이는 쾅우팍(轟烏白)[55] 또는 티우우팍(投烏白, 흑백놀이)이라고 부른다.

티우삼곡(跳三角)은 돈을 가지고 하는 또 다른 놀이이다. 한 사람이 땅 위에 세 개의 동전을 삼각형으로 배열한다. 아이들을 불러 10−12피트 정도 떨어져서, 배열된 동전들을 향해 동전을 던지게 한다. 만약 던진 사람의 동전이 작은 막대기로 재어서 어떠한 거리(약 삼 인치) 안에 떨어지면, 그는 자기 동전을 도로 갖고 덤으로 동전 하나를 더 받는다. 만약 삼각형으로 배열된 동전들 가운데 하나를 맞히면, 그는 자신의 돈을 돌려 받고

---

54. 나는 이 용어들을 설명하면서 고대 중국 게임에 사용되었던 것과 같은, 한 면은 하얗고 다른 한 면은 검은 나무 막대가 먼저 사용되었음을 밝힌다. 이 나무 막대들은 여전히 한국에서 윷놀이에 사용되고 있다.

55. 오(烏, 까마귀)는 여기서 은유적으로 '검은색'을 나타낸다.

세 개를 더 받는다. 그러나 그의 것이 막대로 재어 놓은 거리 안에 떨어지지 않으면 그는 자신의 돈을 잃는다.

루크가우(轆鈎, 굴려 던짐)는 둘 이상의 어린이들이 한다. 어린이들은 각각 매끄러운 돌에서 동전을 굴려 떨어뜨린다. 돌로부터 가장 멀리 동전을 굴려 떨어뜨린 사람이 그 동전이 떨어진 지점에 서서 자신의 동전과 가장 가까운 거리에 있는 동전에 자신의 것을 던진다. 만약 그것을 맞히면 그것을 갖고, 또다시 맞힌 동전의 위치에서 다른 동전에 던진다. 그가 실패하면, 두번째로 멀리 굴러간 동전의 소유자가 동전이 떨어진 지점에 서서 다른 동전에 던진다.

63. 팔매치기
Stone Throwing

두세 명의 소년들이 하며, 가장 멀리 던진 사람이 이긴다. 진 사람은 모두에게 과일을 대접하거나 헹가래질치기와 같은 벌을 감수해야 한다.

64. 편싸움
Side or Faction Fights

노비가 아닌 평민으로 태어난 한국의 소년은 열다섯 살이 되면 나무로 된 작은 이름표를 갖게 된다. 호패(號牌)라고 부르는 이것은 배나무나 마호가니로 만들어지며, 길이가 약 이 인치, 너비가 약 0.5인치 정도이다. 그 이름표에는 한자(漢字)가 새겨져 있다. 맨 위쪽에는 본인이 속해 있는 포(浦) 또는 행정구역의 이름이, 한 줄 아래에는 '한량'이라는 명칭과 그 소년의 이름, 생일이 적혀 있다. 호패가 만들어진 날짜는 반대편에 새겨져 있다. 이 호패에는 재무를 관리하는 관아(戶曹)의 관리가 도장을 찍어야만 한다. 이 관리는 뜨거운 인두로 거기에 낙인을 찍고, 소년의 이름과 기타 특정 사항들을 등록한다. 소년이 진사(進士)[56]가 되면 다른 명패를 갖게 된다. 이것은 회양목으로 만들어졌으며 '한량' 대신에 그에게 적당한 직함이 새겨져 있다. 문과(文科)와 병과(兵科) 시험을 통과하면 호패는 검은 뿔로 만들어지고, 일등을 할 경우에는 상아 호패가 허용된다. 소년들은 호패를 반드시 지니고 다닌다.

서울은 중앙, 동부, 서부, 남부, 북부 등 다섯 개의 포로 나누어진다. 따라서 모든 사람들은 공식적으로 이 구역들 중 하나에 소속되어 명부에 기록된다. 이것에 대해 알고자 한다면, 연날리기 시기가 끝난 바로 직후, 즉 정월 대보름 후에 한국에서 매년 겨울마다 열리는 흥미로운 시합에 대한 좀더 정확한 이해가 필요하다. 편싸움이라고 불리는 이 시합은 어린 소년들에 의해 개시(開始)되며, 그들은 짚으로 꼰 새끼줄을 가지고 싸운다. 양 진영은 대형을 정렬해 후퇴와 전진을 하며 싸운다. 나이 먹고 몸집이 큰 소년들이 참가하고, 마지막에는 남자 어른들까지 그 싸움에 참가한다. 돌이 기본적인 무기여서 많은 사람들이 죽거나 다치는 결과를 초래한다. 서울에서 소년들은 무리를 지어, 미국의 도시들에서 소년들이 일반적으로 하는 돌싸움과 같은 시합을 한다는 것을 알 수 있다.[57]

일본 소년들은 돌과 눈덩이로 하는 싸움을 한다. 이것들과 유사한 다른 싸움들을 '겐페이(源과 平의 합성어)'라고 부른다. 이것은 겐지카(源氏家)와 헤이카(平家)라는 유명한 라이벌 집안들의 이름에서 유래된 것이다. 한 쪽은 겐지카를 나타내며 하얀색을 사용한다. 다른 쪽은 헤이카를 나타내며 빨간색을 사용한다. 그 라이벌 집안들은 각각 동쪽과 서쪽에 위치해 있었다. 따라서 이 놀이에서 양편은 이 방향에 맞춰 동쪽은 겐지카, 서쪽은 헤이카로 여겨질 수 있다.

이 놀이는 세 편으로 나눌 때가 있다. 그것은 삼국(三國)을 나타내는 것이라고 한다. 이는 위(魏), 오(吳), 촉(蜀)이라는, 대립하고 있었던 세 나라에 관한 오랜 중국 역사에서 유래됐다고 한다.

그레이(J. H. Gray) 부주교는 다음과 같이 말한다.[58]

---

56. 문과(文科)의 두번째 단계. (과거시험에서 첫번째 단계인 初試 다음이다—역자)
57. 프란츠 보아스(Franz Boas) 박사는, "에스키모들 사이에는 여름에 태어난 소년들이 겨울에 태어난 소년들과 겨룬다는, 한국과 다소 비슷한 관습이 있다"고 내게 알려 주었다.
58. J. H. Gray, *China*, London, 1878. Vol.I, p.256.

"중국의 남부 지방에서는 정월에 서로 이웃한 두 마을의 농부들이 환히 트인 평야에서 만나 편을 짜고 서로를 돌로 공격한다. 이 싸움은 때때로 매우 심각한 상태가 된다. 이따금 인명 손실도 있어서 마을의 어른들은 그들을 보호하기 위해 최선을 다한다."

65. 편사하기: 활쏘기놀이
Hpyen-sa-ha-ki

궁술(弓術)은 '편사(便射)하기'라는 이름으로 현재 한국에서 놀이로서 행해지고 있다. 그것은 보통 한 도시의 서로 다른 마을 또는 서로 다른 구역 간의 시합이다. 놀이 참가자들은 매일 연습을 하고 가장 좋은 기술을 선택해 연마한다. 각 편에 열두 명의 선수들이 참가하며, 보통 서너 편으로 나뉜다. 네 팀이 싸우게 되면 각각 다른 깃발을 가진다. 같은 편의 남자들은 비슷한 옷을 입고 비슷한 띠를 팔에 두른다. 네 팀에 있는 각 선수들의 이름을 넉 장의 종이에 쓰고, 이 종이에는 점수도 적는다. 과녁〔的〕은 가운데 검은 사각형이 있는 네모난 판이다. 각 선수들은 한 번에 다섯 개씩 세 번, 모두 열다섯 개의 화살을 쏜다. 과녁의 중앙을 맞히면 이 점, 중앙을 벗어나면 일 점을 얻는다. 쏜 화살이 중앙에 맞으면, 그 선수가 속해 있는 편의 선수들은 깃발을 흔든다. 때때로 네 팀에 각각 기생을 한 명씩 두어서, 화살이 과녁에 맞으면 그 팀의 기생이 노래를 부르거나 성공시킨 사람의 이름을 외친다. 동시에 음악이 연주된다. 밤에 놀이가 끝나면 음악은 승리자의 마을로 옮겨 가고 다른 시합 참가자들은 그 승리자를 따라간다. 진 사람들은 연회 비용을 부담하며, 이긴 편은 다음 시합에서 우선권을 차지한다. 각 편에서 가장 솜씨있는 사람이 마지막에 화살을 쏘는 것이 관례이다. 팀의 리더를 '편장(便長)' 또는 '수대(首帶)', 즉 문자 그대로 '우두머리 띠'라고 부른다. 순서대로 두번째 사람을 '부편장(副便長)' 또는 '부대(副帶)', 즉 문자 그대로 '두번째 띠'라고 부른다. 세번째 사람을 '삼편장(三便長)' 또는 '삼대(三帶)', 즉 문자 그대로 '세번째 띠'라고 부르며, 마지막 사람을 종대(終帶)라고 부른다.

궁사들은 스스로 계층을 형성해서 특정 사회집단으로서 결속되어 있으며, 전성기 때만큼 대단하지는 않지만 아직까지 번성하고 있다. 그들은 '유한 계층' 또는 '직업이 없는 사람들'이라는 의미인 한량(閑良)이라 불리며, 귀족도 군인도 아니다. 그들은 아무 일도 하지 않고 다만 이곳저곳을 돌아다니며, 아침부터 밤까지 오직 화살 쏘는 일에 대해서만 생각하고 말한다고 한다. 그들에게는 지도자들이 있는데 보통 두서너 명의 노인들이다.

한량들은 서울이라는 도시 내 각기 다른 지역에서 서로 다른 조직을 갖고 있다. 동쪽의 조직은 하남촌(下南村) 한량, 즉 '남쪽 아랫마을 한량'이라고 불린다. 이 특이한 사항은 도시에 그 조직이 위치한 곳에 기인한다고 한다. 서쪽 조직은 서촌(西村) 한량, 즉 '서쪽 마을 한량'이라고 불린다. 남쪽은 남촌(南村) 한량 즉 '남쪽 마을 한량', 북쪽은 북촌(北村) 한량 즉 '북쪽 마을 한량'이라고 불린다. 동쪽 조직의 깃발은 초록색, 서쪽은 하얀색, 남쪽은 빨간색, 그리고 북쪽은 하늘색이다. 북쪽 조직은 일반적으로 귀족 자제들 중에서 사람을 모집하고, 남쪽은 군인 가족의 아들들 중에서 모집한다. 한량들 중에서 가장 두드러진 사람은 양반 집안의 첩의 아들인데, '관한량(官閑良)'이라고 불린다. 이들은 출신 때문에 관직이나 군인생활도 할 수 없어서 한량이 된다. 시골 출신 한량을 서울에서는 '별부녀'라고 부른다.

한량들은 오랜 관습과 전통을 갖고 있다. 그들은 어려울 때 서로 돕는 형제애가 있는 집단을 형성하고, 여론에 상관없이 항상 활과 화살을 가지고 돌아다니며, 좋아하는 일은 무엇이든지 한다. 지난날 왕은 한량들을 억압했고 심한 형벌을 내렸다. 몇 년 후에 그들은 완전히 사라질 것이라고 한다.

도판 103은 한량과 활을 수선하는 궁장이를 나타낸다.

103. 궁장이. (궁장이와 한량)

66. 짝박기: 신발쏘기
Shoe Shooting

이것은 소년들이 강철촉이 붙어 있는 화살들로 하는 놀이이다. 땅 위에 표시를 하고, 참가한 사람들은 적당한 거리에서 표시한 곳으로 화살을 쏜다. 가장 멀리 쏜 사람은 화살이 떨어진 곳에 자신의 신발 한 짝을 놓는다. 그런 다음 신발의 임자를 포함해서 모두 그 신발을 향해 화살을 쏜다. 맞히지 못하는 사람이 있으면, 그 사람이 대신 자신의 신발을 놓는다. 이 놀이로 인해 소년들의 신발이 많이 망가진다. 일본의 궁술에서는, 소년들이 보편적으로 신발을 끈으로 매달아 목표물로 사용한다.

67. 방통이: 투호(投壺)놀이
Pitch Pot

104. 츠보우치(投壺). 일본. 『화한삼재도회』 중에서.

『한불사전』에는 이것이 '물병을 향해 손으로 작은 화살을 던져 넣는 놀이'라고 기술되어 있다.

내 정보제공자는 이 놀이가 한국에서 흔하지 않은 놀이지만 기생들이 의례적으로 해 왔다고 말했다.

방통이는, 내력을 기록해 왔던 놀이들 중 가장 오래 된 것 중 하나다. 그것은 『예기(禮記)』[59]에 투호(投壺), 즉 '병에 던지기'라는 이름으로 기술되어 있다. 이것으로부터 투호가 가까운 거리에 있는 꽃병의 주둥이에 작은 화살을 던지는 경기였다는 것을 알 수 있다. 이 놀이는 두 사람 이상이 할 수 있다. 『예기』에 기술된 '주인'과 '손님'은 양 팀을 가리키는 말이다. 이 놀이는 매우 의식적(儀式的)으로 행해져 왔다고 기술되어 있다. 주인 쪽은 양손을 모아서 화살을 옮긴다. 궁술 감독관도 같은 방법으로 점수를 세는 말이 놓인 받침대를 옮긴다. 그리고 한 사람이 손으로 단지를 잡는다. 이 놀이를 하는 사람들은 그 단지에서 화살 두 개 반 정

---

59. James Legge, trans., *The Sacred Books of China: Texts of Confucianism*, Part III, Book 37, Oxford, 1885.

도 떨어진 거리에 있는 멍석 위에서 무릎을 꿇는다. 점수를 계산하는 데 사용하는 말은 그 놀이가 행해지는 장소에 따라 다양하다. 보통 다섯, 여섯 또는 아홉 개짜리 세트가 사용된다. 각 판마다 화살 네 개를 던진다. 놀이에 참여하는 사람들은 교대로 화살을 던지고, 화살이 들어갔을 때 감독관은 무릎을 굽히고 화살을 내려놓는다. 처음에 감독관은 사람들에게 화살을 던지라고 하고 여덟 개의 말을 집어 든다. 이것으로 보아 한 판에 두 사람이 대결하고 그들이 화살 네 개를 다 성공시키면 팔 점을 얻는 것 같다. 승자는 패자에게 술 한 잔을 주고, 그것을 다 마시면 감독관은 승자를 위해 소위 '말〔馬〕'이라고 부르는 것을 준비하기 시작한다.

첫번째 말, 두번째 말, 마지막으로 세번째 말이 모두 갖춰지면, 그는 그렇게 말을 모은 승자를 축하하기를 요청한다. 이것으로 보아 승자는 새로운 상대와 게임을 계속하는 것 같다. 『예기』에는 왼쪽과 오른쪽에 있는 손님의 동료들과 주인의 동료들에 대해서도 언급되어 있다. 각각의 말은 매우 많은 득점을 나타낸다.

68. 윷놀이
Nyout Playing

현재 한국에서 가장 인기있는 놀이는 윷놀이이다. 종이나 땅 위에 그린 말판을 가지고 둘, 셋 또는 네 사람이 놀이를 한다. 그들은 주사위처럼 사용되는 네 개의 윷가락을 던져서 나온 결과에 따라 판 위의 말을 움직인다.

윷판이라고 부르는 그 도표는 스물아홉 개의 둥근 표시점이 있으며, 그 중 스무 개는 도판 105에서처럼 같은 간격으로 배열되어 원을 이루고 있고, 나머지 아홉 개는 원 안에 십자 모양으로 배열되어 있다. 네 방위와 중심에 있는 동그라미는 다른 것들보다 더 크다. 맨 위에 있는 동그라미에는 항상 한자로 '出'이라 표시되어 있다. 보통 사용되는 윷가락들은 밤윷(도판 106)이라 불리는데, 길이는 약 일 인치 정도이며 평평한 면은 하

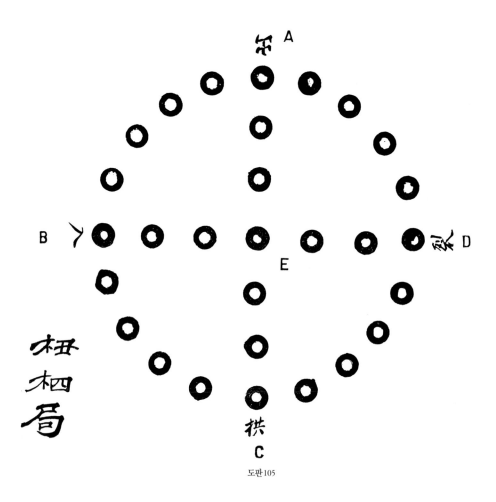

도판105

105. 윷판(杻栖局,
감탕나무 윷판―역자).
한국. 펜실베이니아 대학 고
고학 박물관.
106. 밤윷. 한국.
펜실베이니아 대학
고고학 박물관.

도판106

얇고, 볼록한 면은 검다. 그것들은 보통 중국에서 활을 만드는 데 사용되
는 자두나무처럼, 단단하고 가지가 많은 나무로 만들어진다. 이 나무는
'싸리' 라고 불린다. 그래서 이 놀이를 '싸리윷' 이라고 한다. 방망이를 만
들 때 쓰이는, 매우 딱딱한 나무인 박달나무도 때때로 쓰이나, 싸리나무
가 더 선호된다.

아희 뇟기호르

107. 아이 윷뛰기 하기. (윷놀이)

윷의 볼록한 부분은 숯칠을 하여 검게 만든다. 던져서 볼록한 부분이 나오면 '엎어졌다'라고 하고, 평평한 부분이 나오면 '자빠졌다'라고 한다. 약 십이 인치 정도 되는 나무 막대기 끝에 고정되어 있는, 짚으로 만든 지름 이 인치 정도의 둥그런 고리에 윷을 던져 통과시킨다. 이것은 윷을 던져 나온 결과가 기술적인 문제라기보다 우연한 것이라고 여기게 한다. 도판 107은 소년들이 소매를 통과시켜 윷을 던지는 모습을 나타내고 있다. 소년들 가운데 한 명이 이를 위해 소매를 잘라냈다.

말은 나무 조각, 자갈 또는 종이 조각 등 어느 것이든 편리한 것을 사용할 수 있고, 던져서 나온 결과에 따라 움직인다. 계산하는 방법은 다음과 같다.

① 네 개가 하얀 면이 나오면 '윷'이라 하고 네 칸 간다.
② 네 개가 검은 면이 나오면 '모'라 하고 다섯 칸 간다.
③ 세 개가 하얀 면이 나오면 '걸'이라 하고 세 칸 간다.
④ 두 개가 하얀 면이 나오면 '개'라 하고 두 칸 간다.
⑤ 한 개가 하얀 면이 나오면 '도'라 하고 한 칸 간다.

윷이 어느 쪽으로든 엎어지지 않고 옆으로 세워지면, 검은 면이 나온 것으로 친다. 놀이 참가자들은 윷이나 모를 던지면 종종 환성을 지른다. 윷이나 모가 나오면 한 번 더 던질 기회를 갖게 되며, 말을 움직이기 전에 던진다. 첫번째로 던질 사람은 윷가락을 던져서 가장 좋은 결과가 나온 사람으로 결정되고, 나머지 사람들도 자신들이 던진 윷가락의 결과에 따라 순서가 정해진다.

윷놀이를 하는 사람들은 '出'이라는 글자가 표시되어 있는 곳의 왼쪽에 있는 원에 그들의 말을 놓고, 던진 결과에 따라 시계 반대 방향으로 움직인다. 게임의 목적은 자신의 말 네 개가 다른 사람들의 말보다 먼저 말판을 돌아 A지점으로 나가게 하는 것이다. 그 말이 나기 위해서는 그 지점으로 말을 옮기는 데 필요한 수보다 하나 더 많은 수가 필요하다. 그러나 초과되더라도 상관없다. 두 사람이 놀 때는 합의해서 각각 하나 또는 네 개의 말을 돌린다. 세 사람이 놀 때는 각각 세 개의 말을 사용하고, 네 사람이 놀 때는 네 개의 말들을 사용하여 네 개의 말이 나야 이긴다. 네 사람이 하는 경우, 마주 앉아 있는 사람들끼리 둘씩 편을 짜서 게임을 한다. 한 사람이 윷가락을 던져서 자신의 말 중 하나가 자기 편 다른 말이 있는 자리에 가서 같은 자리에 있게 되면, 그 두 개를 겹쳐서 하나의 말처럼 움직이지만 두 개의 말로 계산한다. 이것을 '꿰었다(업었다, 穿)'라고 한다. 그 과정은 한 번 또는 두 번 반복될 수도 있는데, 한 바퀴 돌아야만 하는 말들의 수에 달려 있다. 말 하나는 '한 번 꿰었다(一番穿)'라고 말해진다. 말이 두 개면 '두 번 꿰었다(二番穿)'가 되고, 세 개면 '세 번 꿰었다(三番穿)', 네 개면 '네 번 꿰었다(四番穿)'가 된다. 한 사람이 말을 움직여, 그 말이 상대편의 말이 있는 자리에 오게 되면 상대편의 말은 '잡혔다(拿)'가 되고, 잡힌 말은 처음부터 다시 시작해야만 한다. 한 사람이 상대편의 말을 잡으면 한 번 더 던질 수 있다. 윷이나 모를 던지면 한 번 더 던질 수 있고, 그렇게 두 번 해서 나온 결과를 나누어서 두 개의 말을 움직여도 된다. 물론 같은 편 사람의 말을 움직일 수도 있다. 게임 초반에 모를 던지면 그 사람은 B 지점까지 가고 B-E 구역으로 돌아서 목적지를 향해 간다. 만약 반대로 그 사람이 다섯 칸보다 적게 던지거나, 다음에 던졌는데도 B를 넘어가면―만약 C에 도달한다면―C-E, E-A 길로 돌아가는 것처럼, 그는 말판을 돌아야 한다. 만약 그가 C 지점도 넘어 버리면 그는 D까지 계속 가야 하고, 끝나는 지점인 A까지 계속 돌아야 한다. 보통 땅 위에서 게임을 할 때는 끝나는 장소에 '出'이라는 한자가 씌어 있다. 옆이나 아래의 커다란 원 안에, 왼쪽엔 한자 '入', 밑에는 '拱', 오른쪽에는 '裂'과 같은 다른 한자들도 때때로 씌어 있다.

　말을 처음으로 놓을 때 '붙였다(놓았다, 付)'라고 한다. 따라서 그것이 첫번째, 두번째, 세번째, 네번째, 다섯번째 칸에 들어갔을 때를 각각 '도, 개, 걸, 윷, 모 붙였다'라고 한다. 말이 한자로 '入'이라 표기된 첫번째 원에 이르면 '엎혔다(入)'라고 한다. 말이 중앙에 이르면 '내었다(中揚)'라고 한다. 맨 밑에 이르면 '꽂혔다(拱)', 맨 오른쪽에 이르면 '째졌다(裂)', 그리고 맨 위에 이르면 '연결되었다'(원서에는 이것만 한글 발음이 표기

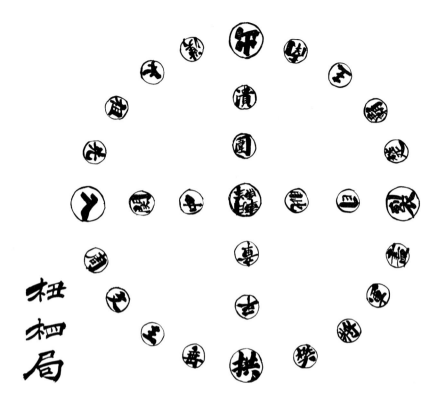

108. 윷판(柶局). 한국.
펜실베이니아 대학
고고학 박물관.

되어 있지 않았음―역자)라고 한다. 말이 맨 위의 원 바로 옆에 이르면
'거의 연결되었다' 라고 한다. 맨 위에서 밖으로 나갔을 때는 '났다' 라고
한다.

　사용하는 말이 하나, 둘, 셋 그리고 네 개일 때, 놀이의 이름은 각각 단
동내기(單畢), 두동내기(二畢), 석동내기(三畢), 그리고 넉동내기(四畢)라
고 불린다.

　이 놀이의 좀더 고전적인 형태(도판 108)에서는, 항우(項羽)라는 이름
이 씌어 있는 중앙의 원을 제외한 동그라미 안에 어떤 송시(頌詩)에 사용
된 한자들이 씌어 있다. 이 놀이의 형태는 한국 남부지방의 한 학자가 기
록했다고 한다. 이 놀이에 전해 내려오는 이야기에 따르면, 스물여덟 개
의 표시들은 중앙의 원에 자리한 중국의 유명한 장군 항우[60]의 기마병들
을 나타낸다. 항우가 한(漢)의 왕자 유방(劉邦)에게 패했을 때, 자신의 스
물여덟 명의 병사들에게 둘러싸여 있는 것을 나타내는 것이다. 항우는 그
병사들에 의해 성공적으로 그 위기를 탈출했다고 한다.

말판 위에 씌어진 중국의 송시는, 항우와 유방의 싸움에 관한 한 에피소드를 언급하고 있다. 중국의 송시는 그것을 읽는 방향으로 볼 때, 그 게임의 진짜 목적지는 맨 윗지점이 아닌 중앙지점이라는 것을 암시한다. 그 글은 다음과 같다.

漢太祖先入關中	한 태조가 먼저 관중에 들어서니
周文王垂拱平章	주 문왕이 평장을 구한 듯
樊將軍盡裂目眥	번장군 눈을 부라리니
楚霸王南出潰圍	항우가 포위망 뚫고 남쪽으로 줄행랑

보통 중앙에 항우라는 이름을 쓰지만, 도판 108의 말판을 썼던 한국인 학자는 그 자리에 현재의 국명인 '朝鮮' 이라는 글자를 대신 써 넣었다.

윷은 도회지, 특히 술집에서 하층 계급이 돈을 걸고 한다. 부모들은 아이들이 그것을 하도록 허락하지 않으며, 윷이 발각될 땐 언제든지 부모님들과 선생님들이 몰수해 버린다. 한국의 소년들은 윷을 주머니 속에 감췄는데, 이러한 수법은 외국인들을 모방한 것이다. 그러나 지금은 이것도 알려져서 선생님들은 소년들의 주머니를 검사한다.

어린이들은 짧은 나무토막인 밤윷을 사용하는 반면, 도회지와 시골의 도박꾼들은 장작윷〔長斫柶〕이라 불리는 긴 나무토막을 사용한다. 이 나무토막(도판 109)은 보통 길이가 약 팔 인치 정도이다. 윷가락을 던질 때는, 손바닥에 윷가락을 세로로 놓아 끝이 손가락 위에 오도록 한다. 그리고 윷가락 하나를 그 위에 교차되게 놓아 엄지로 고정시킨다. 이것이 관습적

---

60. 항적(項籍) 또는 항우(項羽, 한국인들은 항우라고 쓴다), B.C. 232–B.C. 201. 항량(項梁)의 조카로 그 커다란 키와 용감무쌍함으로 유년시절부터 유명했다. 진(秦)나라가 몰락하자 스스로를 초(楚)의 서쪽 지역(지금의 湖南과 安徽 지방의 북쪽에 해당)의 통치자로 선포함으로써 서초패왕(西楚霸王)으로 알려지게 된다. 기원전 206년에 이십만에 이르는 진의 군대가 그를 둘러쌌는데, 그는 마지막 한 사람까지 모두 죽였다고 한다. 또한 정통 왕위 계승자인 자영(子嬰)을 죽음에 이르게 했다. 기원전 205년에 그는 마찬가지로 꼭두각시 통치자 의제(義帝)를 살해했다. 그러나 이 때문에 그의 강력한 동맹자인 자칭 한(漢)의 왕자 유방이 그에게 전쟁을 선포했고, 그후 오랫동안 피비린내 나는 전투는 그를 굴복시키는 데 영향을 미쳤다. 완전히 패배했을 때 항우는 오강(烏江)에서 자살했다. W. F. Mayers, *The Chinese Reader's Manual*, No.165.

109. 장작윷〔長斫柶〕. 한국.
펜실베이니아 대학
고고학 박물관.

인 방법이긴 하나 의무적으로 그렇게 해야 하는 것은 아니다. 안에서 놀이할 때면 천장에 맞아 튕겨 떨어지기도 한다. 일반적으로 한국의 모든 계층이, 서로 방문이 빈번한 12월 15일부터 1월 15일까지, 이런 방식으로 이 놀이를 한다.

'육(六)'과 혼동되는 그 게임 자체의 이름[61]을 제외하고 윷놀이에서 던져 나온 결과에 적용된 이름들은 『한불사전』에 나와 있지 않으며, 윷놀이와 관련될 때를 제외하고는 그 이름들이 한국에서 쓰이는 것 같지도 않다. 그것들을 비교했던 다니엘 브린턴(Daniel G. Brinton) 박사는 첫 세 이름들은 우랄알타이어족과 더 밀접한 관련이 있다고 말한다. 아마도 '네 번째'와 '다섯번째'는 사모예드어(Samoyed)와 관련이 있는 것 같다.

한국어	우랄알타이어
도	it, té(핀란드어, 라플란드어)
개	kah(핀란드어, 라플란드어)

---

61. 그 게임의 이름 '윷〔柶〕'은, 한국인들은 '사'로 읽으나 중국에서 '스'로 소리나는 사라진 한자로 한국에서 쓰인다. 그것은 중국어 어근인 '木(나무)'과 '四(넷)'가 합쳐져 만들어진 것으로, 그 게임에 사용되는 '네 개의 나무 막대'를 가리키고 있음이 분명하다.

기그(M. de Guigues)는 그의 사전에서 그 단어가 '씨'로 소리난다고 하며, 그것을 다음과 같이 정의한다. "놀이도구의 하나로, 사자의 입을 열고 그 속에 진주와 그 외 귀중한 것을 넣기 위해 사용함."

모리슨(R. Morrison)의 사전(마카오, 1822)에는 '시'라고 발음하며, '수저〔匙〕'의 한 종류를 뜻한다고 쓰여 있다. 또 '곡시'는 '장례식에 사용되는 수저 형태의 어떤 주방기구'라고 정의되어 있다.

『강희자전(康熙字典)』에는 이 글자를 두 가지 발음으로 표기한다. 하나는 정확한 발음으로 '쉬(breath)'라 하고, 다른 하나는 '쓰(四)'라 한다. 뜻은 '수저'이다. 또한 "그것은 컵에 있는 과일즙을 떠먹는 데 사용된 수저를 나타낸다. 그것은 장례식에도 사용된다"라고 되어 있다. 이 사전은 장례의식에 관한 책을 인용해 "'쓰'는 길이가 육 인치에 양 끝이 구부러져 있어야만 한다"고 하고 있다.

걸   kol(핀란드어, 라플란드어)

윷   tet(사모예드어)

모   sumula(사모예드어)

이 용어들이 숫자들인 것은 매우 확실하며, 그것들은 아주 직접적으로 놀이의 근원을 가리킨다. 막대기로 하는 윷놀이와 비슷한 게임이 3세기에 중국에 존재했다는 기록이 있다. 그것은 외국에서 들어온 것이자 비중국적(非中國的)인 놀이라고 여겨졌다. 이는 윷놀이에 사용된 용어들이 제공한 언어학적 증거들과 부합한다.

한국에서 점술을 목적으로 1월 15일에 긴 나무 막대를 사용하는 것은 관습적인 일이다. 정월 초에 서울의 시장에서는 작은 책 한 권이 팔리는데, 그것은 그 나무 막대들과 관련해 사용된다. 놀이 참가자들은 윷을 세 번 던져서 나온 결과를 각각 세어서 그 숫자를 적는다. 세 숫자의 순열(順列)이 그 책에 언급되어 있다. 그 책의 여러 장에 걸쳐 숫자들의 모든 다양한 순열들이 한자로 인쇄되어 있으며, 세 개가 한 조인 그 숫자들의 순열에는 한국어로 그 의미가 설명되어 있다.

『척성법(擲成法)』이라는 조그만 한국어 책에 있는「척사점(擲柶占)」이라고 명기된 장 첫 쪽의 사본이 바로 도판 110이다. 윷을 던져 나온 결과에 따라 '일(一)'에서 '사(四)'까지의 숫자로 예순네 개의 순열이 표시되어 있다. 이 순열에서

110.『척성법(擲成法)』
「척사점(擲柶占)」의 첫 쪽.
윷점을 위한 핸드북. 한국.

오직 세 개의 윷가락만이 사용되었음을 알 수 있다. '四'로 나타내는 윷은 던져서 나온 결과 중 가장 높은 것이다. 그래서 윷놀이의 이름은 그 놀이의 기원인 점술체계에서 던져서 나온 결과 중 가장 높은 것의 이름이라는 설명이 도출된다.

중국의 점술책은 예순네 개의 괘(卦)로 구성되어 있다. 이 괘들은 끊어지지 않은 선(—)들과 끊어진 선(– –)들의 조합으로 이루어져 있고, 한 괘당 여섯 개의 선을 취하며, 그 도표를 육십사괘(六十四卦)라고 한다.(도판 111) 이 예순네 개의 괘들은 각각 이름이 있으며 짧은 설명이 붙어 있다. 현재 예순네 개의 괘들은 팔괘(八卦, 도판 112)의 확장된 형태라고 여겨진다. 팔괘는 괘 하나가, 마찬가지로 끊어지지 않은 선들과 끊어진 선들이 결합된, 석 줄로 된 괘들로 이루어진다.[62] 그 괘에서 끊어지지 않은 선들을 '양(陽)'이라 부르며, 끊어진 선들을 '음(陰)'이라고 한다. 만약 한

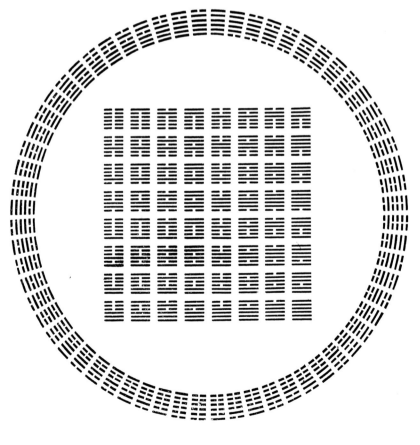

111. 육십사괘(六十四卦).
중국.

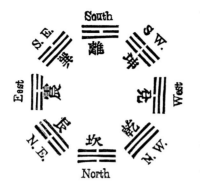

112. 팔괘(八卦). 중국.

국의 윷의 양면이 끊어지지 않은 선인 양과 끊어진 선인 음을 나타내는 것이라고 생각한다면, 그 세 개의 선들은 세 개의 윷가락들을 던져서 나온 결과를 기록한 것이며, 육십사괘의 여섯 개 선들의 조합은 여섯 개의 윷가락들을 사용할 때를 나타내는 것이다. 이것이 바로 윷의 본래의 목적이었다고 내가 믿어 온 것이다. 나는 그 괘들이, 두 면을 가진 막대들을 던졌을 때 나올 가능성이 있는 결과들을 기록한 것이자, 도판 110에서 보이는 「척사점(擲柶占)」 본문과 어느 정도 같은 방식으로 설명하고 있는 『역경(易經)』의 육효(六爻)를 함께 포함하는 것이라고 생각한다.

한국의 윷놀이는 전 세계에 걸쳐 존재하는 수많은 놀이들의 원형(原形)으로 여겨질 수 있다. 따라서 펜실베이니아 대학 박물관의 견본에서 볼 수 있듯이, 파치시(Pachisi) 또는 차우자(Chausar)[63]로 알려진 힌두 게임의 도형(도판 113)은 십자형이 있는, 윷판의 확장된 형태로 여겨질 수 있다.

그 윷판 내부의 십자형 끝에 위치한 네 개의 커다란 원들은 파치시 괘 위에서는 곶(castle)이라 하고, 십자형 선들로 표시되며, 점수를 세는 법은 똑같다. 곶에서부터 다섯 개의 사각형은 윷판을 네 등분 했을 때 나눠지

62. 이 석 줄의 조합은 복희(伏羲)에 의해 만들어졌다고 믿고 있다. 그는 인간 사회가 형성되기 이전 무수한 시대들 동안 통치해 왔다고 전해지는 신적(神的)인 존재들의 계승자로서, 중국 정치제도의 전설적인 수립자이다. 그의 노력을 촉진시키기 위해 하늘의 명을 받아 용마(龍馬, 사실은 거북―역자)라 불리는 초자연적인 존재가 황하(黃河)에서 솟아올라, 신비스런 도표가 새겨져 있는 등의 소용돌이 무늬를 그에게 보여주었다. 이 도표와 천체(天體)의 움직임에서 그는 문자체계를 해독했고, 이로 인해 그는 복잡한 코드로 기록하는 방법을 폐지했다.

중국인들의 믿음에 따르면, 여덟 개를 확장시킨 예순네 개의 조합들과 함께 복희가 한 것으로 추정되는 근거있는 설명이 동반된 그 괘들의 형상은, 문왕(文王) 시대(B.C. 12세기)보다 앞선 세기에 고대 철학과 점술체계의 근본이었다. 그러나 그것의 학파 또는 분파에 대한 전통적인 이름을 제외하고 그것에 대한 아무 기록도 보존되어 있지 않다. 문왕은 독재자 주(紂)에 의해 투옥되어 있는 동안 그 도표에 대한 연구에 몰두해 짧은 설명서를 만들었다. 문왕의 아들 주공(周公)의 발안이라 간주되는 '상(象)'이라고 부르는 모양들의 선들을 고찰하고 있는 '단(彖)'이라는 제목의 이 설명서는 『주역(周易)』이라는 책이 된다. 그 책은 공자의 설명이 덧붙여져 중국 고전 중 가장 숭앙되는 작품인 『역경(易經)』이 된다. W. F. Mayers, *The Chinese Reader's Manual*, Pt.II, No.241.

63. 별보배 조개들을 가지고 하면 파치시라 부르고, 길다란 주사위 세 개를 사용하면 차우자라 한다.

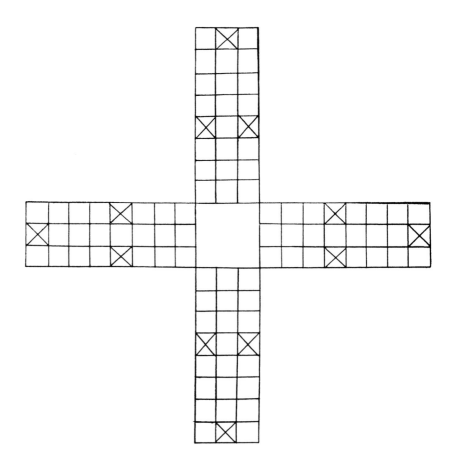

113. 파치시 천의 도표.
말디브 섬.
펜실베이니아 대학
고고학 박물관.

는 한 원호 바깥쪽의 원 다섯 개를 가리킨다. 나머지 세 개의 사각형은 윷
판의 경로 가운데 반지름 위에 있는 원 세 개를 나타낸다.

장기판은 파치시 십자형의 각 가지를 이루는 선으로 된 사각형들과 같
다. 이것은 한국(중국) 장기판(도판 126)의 '궁(宮)'에 대해 개연성있는 설
명을 제시하는데, '궁'은 파치시에서 곳의 잔재인 것 같다.

파치시 놀이에서 우리는 윷놀이에서와 같은 네 개의 말을 볼 수 있다.
이것들은 나무나 상아로 만든 네 개의 물건들로 대체되어 있으며, 각 놀
이꾼마다 색깔을 달리하여 구분을 한다. 그것들은 네 방위를 상징하는 색
깔들―빨강, 초록, 노랑, 검정―로 칠해져 있다. 힌두스타니어로
'goten(got의 복수형)'이라 불리는 이 말들은, 차투랑가(Chaturanga) 또
는 주사위 장기라는 고대 힌두의 놀이에서는 그 두 배의 수가 쓰인다. 각
놀이 참가자들은 여덟 개의 말을 갖는데, 네 개는 그대로이고 네 개는 그

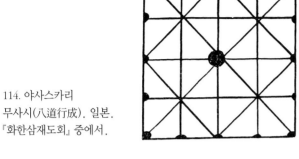

114. 야사스카리
무사시(八道行成). 일본.
『화한삼재도회』중에서.

형태에 따라 왕, 코끼리, 말, 배〔船〕로 구별하여 부른다.

차투랑가에서는 현재 인도의 '차우자'라는 게임에서 사용되는 주사위와 비슷한, 네 면을 가진 직사각형 주사위를 던져서 그 결과에 따라 말을 움직인다. 이 주사위는 네 면에 각각 2, 3, 4, 5라는 숫자가 표시되어 있다. "만약 주사위를 던졌을 때 5가 나오면 왕이나 졸 중 하나를 움직여야 한다. 4가 나오면 코끼리를, 3이 나오면 말을, 2가 나오면 배를 움직여야 한다." 덩컨 포브스(Duncan Forbes)[64] 교수는 네 사람이 하는 차투랑가 게임과 우리의 체스 게임과의 관련성을 분명하게 지적했다. 차투랑가 게임에서 "게임을 하는 사람들에겐 동맹자의 왕좌를 차지하는 것이 가장 중요하다. 왕좌를 차지하게 되면 동맹군들에 대한 개인적인 명령권을 보장받게 된다. 그러므로 스무 번 또는 서른 번 정도 말들을 움직이고 나면, 그 싸움은 오직 두 사람만이 남아 승패를 결정해야만 하는 상황이 종종 일어나고 만다." 두 사람이 하는 게임에선 동맹한 왕들 중 한쪽이 부하 말이 된다. 이 말을 페르시아어와 아랍어로 '파르친(Farzin)' 또는 '와치르(Wazīr)'라고 부르며, 유럽판 게임의 퀸에 해당한다.

덧붙여 말하자면, 윷놀이는 판 위에서 주사위를 갖고 하는 모든 놀이들의 조상 또는 원형으로 생각될 수 있다. 이는 '70. 주사위'와 '71. 쌍륙'에서도 언급될 것이다. 주사위가 없는 체스 게임이 윷놀이에서 유래된 것임을 알아보았다. 마찬가지로 윷놀이는 다양한 다른 판 놀이(board games)를 낳았던 것 같다. '여우와 거위 놀이'가 그 중 한 형태이다. 이것은 일본식 '여우와 거위 놀이'에서도 잘 증명되어 있다. 이 놀이는 야사스카리 무사시(八道行成, 도판 114)라는 이름으로 『화한삼재도회』에 기술되어 있고, 보통 주로크 무사시(열여섯 명의 무사들)로 알려져 있다. 전통에 따라

---

64. D. Forbes, *The History of Chess*, London, 1860.

서 스물여덟 명의 무사들이 장군 항우를 둘러싸고 있듯이, 이 놀이에서는 열여섯 명의 무사들이 다이쇼(大將)를 에워싸고 있다.

69. 종경도(從卿圖)[65]
The Game of Promotion

이것은 '승경도(陞卿圖)'[66]라는 중국의 놀이이며, 중국에선 일반적인 놀이이다. 미국에 있는 중국의 노동자들도 자주 이 놀이를 한다. 한국에서는 종경도 판이라 부르는 인쇄된 판을 사용해 놀이를 하는데, 여기에는 한국의 관직 명칭이 씌어 있다. 말을 움직이는 것은 중국 놀이에서처럼 주사위를 던져서 하지 않고, 손으로 나무 막대를 굴려 떨어뜨려서 그 막대들이 뒤집어진 모양에 따라 말을 놓는다. 도판 116의 종경도라고 불리는 나무 막대는 길이 약 사 인치 정도이고 다섯 개가 있다. 종경도의 기다란 모서리에는 1에서 5까지 빨간색으로 눈금이 새겨져 있다. 1에서 5까지의 숫자들 중 하나가 위로 나오면 그것에 따라 말을 움직인다. 그 당시 왕조(王朝)의 관리들 직함이 적혀 있는 판 위의 다양한 지위들은 중국의 게임에서처럼 가장 낮은 자리에서 가장 높은 자리로 나아가는데, 삼정승 중 가장 높은 영의정 자리 또는 퇴직한 장관인 봉조하(封朝賀) 자리까지 점점 올라가도록 되어 있다. '퇴(退)'라는 세번째 골인 지점도 있다.

종경도는 학교에서 허가를 받은 놀이였다. 나의 정보제공자는 그 특이한 주사위 즉 종경도가 사용된 이유는, 보통 주사위가 어린이들에게 금기시되었기 때문이라고 한다. 그 이유가 어떻든 간에 나는 종경도를 하나의 잔존물로 여기고 싶고, 그것이 원래 이와 비슷한 윷놀이에서 사용된 나무 막대들로부터 유래된 것이라 생각한다.

도판 115는 노인과 젊은이가 이 놀이를 하는 것을 나타낸다.

한국의 종경도와 비슷한 주사위가 영국에서 사용되었다는 것이, 이스더

---

65. 『한불사전』에서는 이 게임의 이름을 '종경도'라 하는데, 내 한국인 정보제공자는 '승경도(陞卿圖)'가 더 정확한 이름이라고 말한다.

66. Stewart Culin, *Chinese Games with Dice*, Philadelphia, 1889, p.18.

115. 종경도 치는 모양.

116. 종경도. 펜실베이니아
대학 고고학 박물관.
117. 롱 로렌스.
아몬드베리, 영국.
곰의 언급에 의해 재구성된
표본. 펜실베이니아 대학 고
고학 박물관.

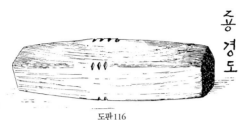
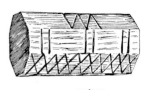

도판116
도판117

(Easther)의 『아몬드베리 글로서리(*Almondbury Glossary*)』에 롱 로렌스
(Long Lawrence)라는 이름으로 기술되어 있다. 곰(A. B. Gomme) 부인[67]
은 다음과 같이 이것을 인용했다.

"그것은 '롱 로렌스'라 하며, 부호가 표시되어 있는 기구이자 손으로
돌리는 팽이의 한 종류이다. '롱 로렌스'(도판 117)는 길이가 약 삼 인치
이며, 여덟 개의 면을 가진 짧은 부기봉(簿記棒)과 같다. 이따금 네 개의
면만을 가진 것도 있다. 한 면에는 열 개의 'X' 표가 일종의 격자무늬를
이루고 있다. 그 다음 면에는 폭과 직각이 되게 칼자국이나 긁은 자국이
두 줄씩 세 개가 있다. 세번째 면에는 한 방향으로 세 개의 사선, 반대 방
향으로 두세 개의 사선이 새겨져 있어 지그재그 모양을 이룬다. 그것은
'V'자가 세 개 붙어 있거나, 'W'자에 사선 하나가 더 붙은 모양이다. 네
번째 면에는 두 줄씩 세 쌍이 새겨져 있는데, 하나는 한쪽 끝에, 하나는
다른 한쪽 끝에, 또 다른 하나는 중간에 있다. 다음 면들에는 이 네 개의
부호들이 똑같은 순서로 반복된다. 의례적으로 크리스마스에 인기있는 그
놀이는 몇 명이든 할 수 있다. 사람들은 각각 핀 더미 또는 다른 작은 물
체들로 하나의 자금을 형성한다. 그런 다음, 차례로 '롱 로렌스'를 굴린
다. 만약 첫번째 면이 나오면, 그 사람은 '플러시(Flush)'라고 외치고 그

67. A. B. Gomme, *The Traditional Games of England, Ireland, and Scotland*, Vol.I, London, 1894, p.326.
68. 메드허스트(W. H. Medhurst)의 『영중사전(*English and Chinese Dictionary*)』(상하이, 1847)에는 주
사위에 대한 다음과 같은 이름이 부가적으로 실려 있다. '骰子' '六赤' '雙六'. 마지막 이름 '쌍륙'은 주
사위 두 개로 하는 게임에서 주사위를 던져 나온 가장 높은 숫자의 이름이다.
69. 프랑스에서는 Jeu de l'oie, 이탈리아에서는 Giuoco dell oca, 멕시코에서는 Juego de la oca로 알
려져 있다. 북유럽에서는 영국에서처럼 흔히 snake game이라 불리며, 스웨덴에서는 Orm spel이라고
알려져 있다.

자금을 가져간다. 두번째 면이 나오면 핀 두 개를 내놓는다. 세번째 면이 나오면, 그 사람은 '레이브 올(Lave all)'이라고 말하고 가져가지도 내놓지도 않는다. 네번째 면이 나오면, 핀 하나를 집는다. 네 개의 각 면에 따라 '플러시(Flush)' '풋 다운 투(Put down two)' '레이브 올(Lave all)' '샘, 업 원(Sam, up one)'이라는 말을 외워 두는 것이 필요하다. '로렌스'라는 이름은 그 성인이 그 위에서 숨을 거두었던 장대들처럼 생긴 도구에 새겨져 있는 표시들에서 유래되었을지도 모른다고 생각되어 왔다."

70. 주사위
Dice

한국인들은 다이스(dice)를 '주사위'라고 한다. 이는 중국어의 주샤(朱色)에 접사 '아(ă)'가 붙은 것으로 보인다. 그 주사위는 도판 118의 중국 주사위와 똑같다. 이것은 뼈나 상아로 된 정육면체이고, 마주 보는 두 면의 합이 모두 칠이 되도록 일에서 육까지 여섯 면에 점이 표시되어 있다. '일'과 '사'는 빨간색으로 칠해져 있는데, '사'는 다른 점들보다 더 크고, 더 깊게 파여 있다. 주사위를 가지고 하는 주요한 게임은 '쌍륙(雙六)'이다. 내 정보제공자가 알고 있는 주사위로 하는 다른 놀이들 가운데는, 윷놀이에서 네 개의 윷가락 대신에 주사위를 사용해 하는 것이 있다. 또 다른 놀이는 특별한 이름은 없고, 단지 '주사위놀이'라고 부르는 것 같다. 서너 명의 소년들이 둥글게 앉아 한 명이 바닥 위에 땅콩이나 솔방울을 놓는다. 모두 각각 주사위를 던지고, 가장 높은 숫자가 나온

118. 중국 주사위.
119. 수고로쿠(雙六)를 하고 있는 일본 어린이.

도판118

도판119

사람이 그것들을 가진다. 일본에서 주사위는 '사이(采)'라고 불리고, 중국에선 '식사이(石色)'[68]라고 한다.

주사위로 하는 한국의 윷놀이를 해 보면, '거위놀이'[69]라는 이름으로 유럽에서 널리 행해지는 놀이와 매우 비슷하다는 것을 알 수 있다.

이와 비슷한 놀이는 '수고로쿠(雙六, 도판 119)'라는 이름으로 일본에서도 매우 일반적으로 행해진다. 이 이름은 두 개의 주사위를 갖고 하는 독특한 서양 주사위 게임(Backgammon)의 일본식 이름이다. 그러나 그것은, 일본에서는 주사위를 던지거나 팽이를 돌려서 나오는 결과에 따라 판이나 도표 위에서 하는 모든 게임에 적용된다. '수고로쿠'는 보통 새로운 놀이들이 나오는 새해 설날에 일본 어린이들이 하는 일반적인 놀이이다.

71. 쌍륙(雙六)
Backgammon

서양의 주사위 게임(백개먼)은 한국에서 '쌍륙'이라는 이름으로 알려져 있다. 이것은 쌍륙판이라 부르는 텅 빈 나무통 위에서 나무로 된 핀이나 말로 하는 놀이이다. 그 나무통은 접합되어 있는 각 면이 표면 위로 올라와 있다.(도판 122 참고) 양편의 '밭[田]'이라 불리는 분할 구획은 검은색 윤곽선으로 되어 있다. 가운데에 있는 커다란 분할 구획은 말을 움직이는

120. 쌍륙에 사용되는 말.
한국.
121. 한국의 쌍륙판 도표.

도판120

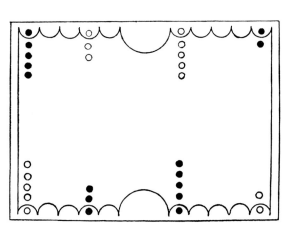

도판121

122. 쌍륙 치는 모양. (기생과 손님)

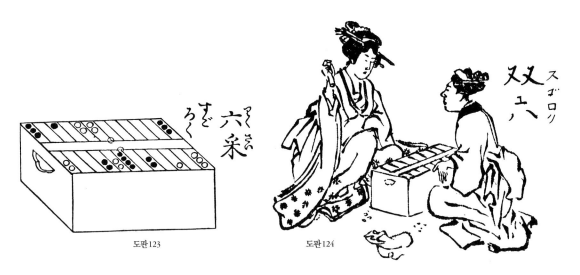

도판123   도판124

123. 일본의
수고로쿠 판(六采).
『쿠모츠에다이세이』
중에서.
124. 쌍륙을 하고 있는
기생들. 일본.
보쿠센의 그림.

데는 사용하지 않고 주사위를 그 안에 던질 때 사용한다. 말(도판 120)은
높이가 약 3.5인치이다. 양편이 각각 열다섯 개 말을 사용하는데, 말 한
세트는 빨간색으로 칠하고, 다른 세트는 나무의 천연색을 그대로 둔다.
말은 보통 회양목으로 만들어지나, 조금 값싼 세트의 말에는 좀더 부드러
운 나무를 쓴다. 주사위 두 개를 던져 나온 수대로 말을 움직이며, 말의
움직임에는 도미노 게임의 말들과 같은 이름(pp.180-181)을 준다.

　게임을 시작할 준비가 된 쌍륙판은 도판 121과 같다. 영국의 주사위 게
임과 같아 보일 것이다. 첫번째로 할 사람은 주사위를 던져 가장 높은 수
가 나온 사람으로 정한다. 말들은 영국 게임에서처럼 움직이지만, 두 개
의 주사위가 같은 수가 나올 때는 말 두 개를 움직이는 것이 관례이다. 같

125. 중국의 쌍륙판.
하이드 제공.

은 수가 나왔다고 해서 그 사람이 다시 던지는 일은 없으며, 점수가 더해지지도 않는다. 한쪽이 상대편의 자리를 차지하면 이를 '잡았다'라고 하는데, 잡힌 말은 다시 시작해야만 한다. 한 사람이 자신의 모든 말들을 자신의 영역 주위에 모이게 했다면, 그는 그 다음 던지는 것에 따라 그 말들을 획득하게 된다. 도판 122는 손님과 쌍륙을 하는 기생을 나타낸다.

일본인들은 수고로쿠라는 이름으로, 도판 123과 같은 판 위에서 쌍륙을 한다. 그러나 그 놀이는 현재 일반적으로 알려져 있는 것 같지는 않다.(도판 124)

토머스 하이드(Thomas Hyde) 박사는 '콘키(Çoan kî)'라는 이름하에 중국의 쌍륙을 기술하고 있다. 그는 이것을 '곧추 세워 하는 놀이(erectus ludus)'라고 번역하고 있으나, 'Çoan(樽)'이 단지나 병을 의미하고 'kî(碁)'가 체스처럼 말을 갖고 노는 놀이에 대한 일반적인 명칭이기 때문에, 이를 '병놀이' '병 체스'라고 표현할 수도 있겠다.[70]

태국과 말레이 반도에서도 유럽과 아주 똑같은 방식으로 주사위놀이를

---

70. "이 놀이는 주사위와 수직으로 세워진 작은 말을 가지고 한다. 여기에서 이 놀이의 이름이 유래되었다. 놀이판은 가로선에 의해 똑같이 여덟 부분으로 나뉘어 있다. 2-3인치 높이의 말을 양 편에 열여섯 개씩 놓는다. 놀이가 시작될 때 그림에서 보듯이 판 위에 말을 배열해 놓는다."(도판 125)
"주사위를 던져 나온 수에 따라 한 줄씩 이동하는데, 왼쪽에 있는 자리에서 오른쪽에 있는 여덟번째 자리로, 그 다음은 그 자리에서 반대편 사이드를 향해 가서, 다시 처음 출발했던 장소로 움직인다. 모든 말들을 먼저 얻는 사람이 승자가 된다."
"두 주사위를 던져서 나온 숫자가 가리키는 곳으로 말들을 움직인다. 전에 움직였거나 아직 움직이지 않은 말들 또는 놀이꾼이 고른 말들 중 아무거나 하나 또는 여러 개를 움직일 수 있다. 놀이꾼은 수직의 말 대신 작고 평평한 둥근 말들을 사용해도 되는데, 그럴 때에는 말들을 나란히 놓거나 차곡차곡 쌓아 놓아 편리하게 볼 수 있도록 한다."
"주사위를 던져 둘 다 일이 나오면 말 하나를 한 곳에 제쳐놓고 잃은 것으로 간주한다. 또는 만약 돈을 걸고 진행되는 게임에서 둘 다 일이 나오면 그 놀이꾼이 건 돈의 십분의 일을 잃는다. 이가 두 개 또는 삼이 두 개 나오게 던진 사람은 누구나 두번째 줄 또는 세번째 줄로 움직이는 것과 같이 놀이를 한다. 만약 주사위를 던져 같은 수가 나오면, 그 숫자들의 합의 반에 해당하는 장소로 옮길 수 있다. 이 경우에 그 반에 해당하는 곳으로 말 하나를 한 번 움직이거나, 그 전체 합에 해당하는 장소로 말 두 개를 동시에 움직여도 된다. 만약 오와 육이 나와서 십일이 되면, 말 하나는 다섯번째 자리로 다른 말은 열한번째 자리로 움직일 수 있다. 아니면 두 말을 동시에 열번째 줄(또는 자리)로 움직여도 된다. 그런 다음 그 말들 중 하나를 다음 줄 즉 열한번째 자리로 옮길 수 있다. 그리고 주사위를 던져 나온 다른 숫자에 관해선, 만약 (이와 사처럼) 단일 숫자라면, 그런 단일 숫자들은 말을 여러 곳으로 움직인다. 그러나 만약 (오와 육처럼) 두 자리 숫자라면 이미 기술한 대로 말을 움직인다." T. Hyde, *De Ludus Orientalibus*, Oxford, 1694, p.65.
71. 나의 논문 "Chinese Games with Dice and Dominoes," *Annual Report of the U.S. National Museum*, Washington, D.C.: United States Government Printing Office, 1893을 참고 바람.

한다.[71] 주사위놀이판은, 윷판에서와 같은 말의 순회가 확장된 형태로 여겨질 수 있다.

72. 장기
Chess

전 영국 여왕 대리 한국 총영사, 윌킨슨(W. H. Wilkinson) 씨에 따르면 다음과 같다.

한국의 체스인 장기(將棋)는 명백히 중국 장기의 변형이지만, 앞으로 보면 알게 되듯이 두 놀이 사이에는 몇 가지 중요한 차이점이 있다. 한국에서는 장기판의 세로줄들이, 사실상 무시되고 있는 '강(江, 중국 장기판 가운데 사선이 그어져 있는 부분—역자)'을 가로질러 있는 것만 제외하고, 장기판의 디자인은 똑같다. 말들은 중국의 말들과 이름이 같다. 宮(혹은 將)이 자신의 '진영' 중앙에 위치한다는 것과, 馬와 象의 위치를 서로 바꿀 수 있다는 것을 제외하고 말들은 시작할 때는 다 같은 입장이다. 그러나 개개의 경우 말들의 힘과 특권은 크게 다르다. 도판 126은 게임을 위해 한국의 장기판과 말들을 배열해 놓은 것이다. 그 판이 정사각형이 아니라 가로 길이가 더 긴 직사각형이라는 것을 알 수 있다. 모든 한국 장기판들은 이러한 형태를 취하는데, 이는 말들이 상대편 즉 적의 진영 끝까지 이를 때, 말들의 움직임을 쉽게 하기 위해서이다. 장기판은 어떤 도시의 어떤 가게에서도 팔지 않기 때문에 모두 집에서 만든다. 말은 보통 주문해서 만들며, 양파 자루를 닮은 망에 넣어져 배달된다.

한국의 놀이가 중국의 것과 외견상 또 다른 특징은, 말의 모양과 말의 한 면에 한자가 '초서(草書)'로 새겨져 있는 점이다. 한국의 장기말은 중국의 장기말처럼 둥글지 않고 팔각형이며,[72] 각각의 중요도에 따라 크기가 다르다. 將은 가장 크고, 車, 象, 馬, 包가 중간 크기, 卒과 士가 가장

---

72. 시카고에서 열린 컬럼비아 박람회에서 한국 정부가 전시했고, 현재 펜실베이니아 대학 고고학 박물관에 소장되어 있는 장기판의 말들은 둥그렇다. 그러나 그 중요도에 따라 크기가 다양하다. 워싱턴 미국 국립박물관에 있는 두 개의 세트는 모두 팔각형이다.

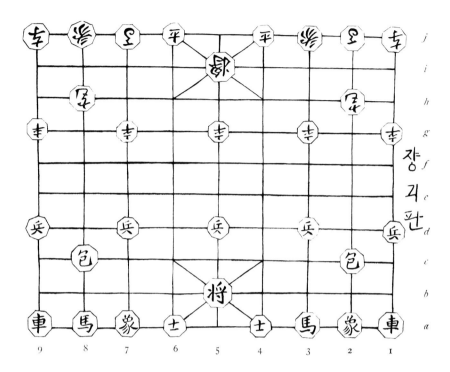

126. 장기판. 한국.
한국인의 그림.

작다. 한쪽에는 한자가 보통 빨간색으로, 다른 쪽에는 초록색으로 색칠되어 있다. 서양 장기의 말들은 모두 같은 나무로 되어 있고 색칠되어 있지 않다.

말들의 기능을 기술할 때, 각각의 말에 상응하는 서양 장기말의 이름을 붙이는 것이 편리할 것 같다. '包'는 불행히도 없기 때문에 '캐넌(Cannon)'이라고 칭하겠다. 말들의 이름은 다음과 같다. (오른쪽은 체스의 말들의 명칭이다─역자)

① 將(宮이라는 이름이 더 보편적이다)   King

② 車   Rook

③ 包   Cannon

④ 兵 또는 卒   Pawn

⑤ 士   Queen

⑥ 象   Bishop

⑦ 馬   Knight

　　두 가지 일반적인 법칙에 따라 이 말들을 움직이는데, 이는 한국의 장기를 중국의 장기보다 더 훌륭하고 논리적인 게임으로 만들어 준다. 그 첫번째는, 발은 언제나 똑같이 그 말의 움직임에 따라 다른 말을 잡는다. 두번째, 말들은 자신들의 범위 안에서 표시된 선을 따라 움직인다는 점이다. 중국 장기에서 包는 '서양 장기의 룩(Rook)' 처럼 움직인다. 그러나 말 하나가 사이에 끼어 있을 때만 다른 말을 잡는다. 한국의 包도 똑같은 방식으로 움직이면서 다른 말을 잡는다. 중국의 장기판에서 다섯번째와 여섯번째 가로줄 사이에는 '강' 이라는 것을 더 잘 나타내기 위해서 세로줄이 표시되어 있지 않다. 卒은 강을 건너면 배가된 힘을 얻는다. 그러나 놀이를 위해 그것들은 존재한다. 宮 진영의 대각선들은, 거의 드물지만 중국 장기판에서는 빠져 있을 수 있다. 그러나 한국의 장기판에선 宮 진영의 대각선들과 '강' 의 세로줄은 빠져선 안 된다. 앞서 말했던 대로, 한국의 말은 자신의 범위 안에서 그 선을 따라 움직일 수 있기 때문이다. 그러므로 서양의 '룩' 과 똑같은 힘을 가진 車는 진영의 한 구석에서 중앙까지, 또는 바란다면 그 대각선 맞은편 구석까지 움직여도 된다. 왜냐하면 그 지점들은 하나의 선으로 연결되어 있기 때문이다. 같은 이유로 包가 그러한 위치에 있을 때, 중앙에 다른 말이 있으면 대각선을 따라 맞은편 구석으로 뛰어넘을 수 있다. 두 개의 士와 宮도 이와 비슷하게 똑같이 움직인다.

　　將 또는 宮은 중앙의 원래 자리에서 자신의 진영 안에 있는 아홉 개의 지점 중 어디로나 움직여도 되지만, 진영을 결코 떠날 수는 없다. 진영 안에서 宮은 한 번에 단 한 칸씩, 오직 표시된 선을 따라서만 움직인다. 따라서 만약 宮이 5a에 있다면 5b(중앙), 6a 또는 4a로 움직일 수 있다.(이하, 도판 126 참조) 그러나 한 번에 4b 또는 6b로는 움직일 수 없다. 왜냐하면 이 두 지점과 5a를 연결하는 선이 없기 때문이다. 중국의 게임에서처럼 만약 宮들이 똑같은 세로줄에 위치하고 사이에 아무 말도 끼어 있지 않을 때, 서로 장군을 부른다. 그러나 한국 장기는 다른 게임에서처럼 지는 편을 배려하는 경향이 있다. 만약 장기 두는 사람 중 한 명이 상대편보다 우세하면 자신의 말로 상대의 宮에 장군을 부르는 기회가 생길 것이다. 그러므로 적색편이 6i에 宮이, 3d와 6d에 卒이 있고, 녹색편은 5a에

宮이, 7a에 車가, 7d에 卒이 있다면(장기의 색깔이 반대로 되어 있다―역자), 적색편은 宮을 6i에서 5i로 놓는다. (장군) 녹색편이 宮을 유일한 대응책인 4a 또는 6a로 옮기면 적색편은 다시 자신의 宮으로 장군을 불러서 게임을 무승부로 만든다. (6a로 옮기면 6d에 적색편의 卒이 있어서 무승부가 안 된다―역자) 그러나 상대의 宮에게 자신의 宮으로 장군을 부르는 행동은 본래 열등감의 표현이며, 그 상대자로부터 게임에서 이기는 기회를 뺏는 것이라고 여겨진다. 그는 자신의 宮으로 장군을 불러도 기껏해야 비길 뿐이다.[73]

지고 있을 때 宮에겐 또 다른 특권이 부여된다. 만약 그 宮이 그 편에 남은 유일한 말이고 그것을 움직여 위태롭게 된다면, 그 宮은 한 보 움직인 것과 같이 쳐서 한 번 뒤집어 원래 자리에 그대로 두어도 된다. 다음은 서울의 영국 영사관 정원에서 행해진 실제 게임의 결말 부분이다.

적색편: 5i에 宮, 4i에 士, 5c에 卒, 3c(4d―역자)에 馬.
녹색편: 4b에 宮.

적색편이 卒을 5c에서 5b에다 놓아 장군을 부르면, 녹색편은 오직 宮을 4b에서 4a로 움직일 수 있을 뿐이다. (4c도 가능하다―역자) 그러므로 녹색편은 장기를 둘 차례가 되면 그냥 宮을 뒤집는다. 그리고 나서 그 게임은 다음과 같이 계속된다.

---

73. 宮이 잡을 수 있는 말이 상대편의 말을 가로막는 말이 있는 세로줄 위에 있다면 상대편에게 장을 부르는 것은 똑같이 잘못이다. 따라서 적색편이 4j에 宮, 3c에 馬, 4b에 卒이 있고, 녹색편이 5a에 宮, 1i에 車, 1j에 象이 있을 때, 적색편이 둘 차례라면 5b에 卒을 두어 장군을 부를 수 있다. 왜냐하면 만약 宮이 6a로 옮겨가도 똑같이 卒로 장군을 부를 수 있는 상황하에 있기 때문이다. 이것은 5b와 6a가 한 줄로 연결되어 있기 때문에 가능하다. 만약 녹색편이 둘 차례라면, 車를 1i에서 5i로 옮긴다. 그러면 장군을 부르는 게 아니라 비기게 된다.
비록 상대에게 장군을 부르는 수밖에 달리 취할 길이 없다 하더라도, 만약 그가 더 큰 힘을 가진 말이 있다면, 자신의 宮으로 상대편에 장군을 불러서 무승부를 강요할 수는 없다. 예를 들면 적색편이 6j에 宮, 5j에 士, 5i에 象, 3c에 馬, 4c에 卒이 있고, 녹색편이 5a에 宮, 1g에 車, 1f에 包, 3g에 馬, 3f에 卒이 있을 때, 적색편 차례라면 卒을 5b로 옮겨 장군을 부를 것이다. 그러나 녹색편의 차례라면, 그는 宮을 5a에서 6a로 움직여서 장군을 부르거나 비기지 못한다. 왜냐하면 그의 말들의 중요도는 적색편의 말들보다 우월하기 때문이다. 즉 車와 包가 士와 象보다 더 가치가 있다.

적색편	녹색편
① 馬를 4d에서 5f로	① 宮을 4b에서 4a로
② 馬를 5b(5f—역자)에서 6d로	② 宮을 4a에서 4b로
③ 卒을 5c에서 5b로(장군)	

녹색편은 적색편의 馬의 움직임에 답하여 宮을 4b에서 4a로 옮기는 대신에, 宮을 다시 무를 수 있다. 왜냐하면 이렇게 하는 것에는 제한이 없기 때문이다.

士는 모든 면에서 宮처럼 움직이며 마찬가지로 진영의 아홉 개 지점에 움직임이 국한되어 있다. 그러나 士는 상대편에 장군을 부를 수 없다. 그 것은 대각선 위의 다섯 개 지점만을 차지할 수 있는 중국의 士보다 더 강력하다.

車는 자신의 진영이나 적의 진영의 대각선을 따라 움직일 수 없다는 사실을 제외한다면, 서양의 캐슬(Castle)이나 중국의 쿠(車)의 힘을 그대로 갖고 있다.

馬는 서양의 나이트(Knight)와 같은 중국의 馬와 똑같이 움직이는데, 한 가지 중요한 제한요소가 있다. 한국과 중국의 馬는 항상 처음에 세로줄이나 가로줄을 따라 한 칸을 움직이고 나서 대각선으로 한 칸을 가는데, 소위 자신이 가는 길에 아군 또는 적의 다른 말이 있으면 움직일 수 없다. 그러므로 위에 주어진 예에서 卒이 4c에 있고 3c에 馬가 있다면, 馬는 5b나 5d로 이동할 수 없다. 卒이 4b나 4d에 있다면 馬는 갈 수 있다. 이 규칙 때문에 한국 장기에서는 馬로 宮을 먹는 것을 막을 수 있다는 것을 알게 된다.

象은 가로줄이나 세로줄을 따라 한 칸 간 다음 대각선으로 두 칸을 움직인다. 그것은 자말(Jamal) 혹은 타메를란(Tamerlane) 체스의 캐멀(Camel)과 다르다. 후자는 처음에 대각선으로 한 칸, 그 다음 직선으로 두 칸 가며, 象이 가지고 있지 않은 뛰어넘을 수 있는 특권을 가지고 있다는 면에서 다르다. 한국의 象은 중국의 象처럼 처음부터 끝까지 확실하게 정해진 진로로만 나아가야 한다. 중국의 象(그것의 이동은 타메를란 체스의 필 또는 서양 장기의 비숍의 이동과 같다. 필은 뛰어넘기를 하지 않는다)

과 달리, 한국의 象은 자신 쪽의 강에 국한되지 않고 장기판 전체를 자유롭게 움직여도 된다.

시작할 때, 한국의 象은 車와 士의 사이 두 지점들 중 하나에 세우고, 馬는 나머지 한 지점에 놓는다. 그러나 두는 위치는 각자의 기분에 따라 달라진다. 즉 말을 움직이기 전에 각자 라인의 한쪽이나 양쪽에 있는 馬나 象을 바꿔 놓을 수 있다. 만약 한 사람이 그렇게 한다면, 다른 사람도 그렇게 하는 것이 바람직하다고 일반적으로 생각한다. 그러나 꼭 이렇게 해야 할 의무는 없다. 게임을 시작할 때 宮을 5a가 아니라 5b에, 5j가 아니라 5i에 포진시키는 것을 제외하고, 양편 중 어느 쪽이든 중국 장기와 같이 말들이 배열되어 있다.

한국의 卒은, 중국의 卒들이 오직 강을 건넌 후에야 취할 수 있는 움직임을 처음부터 보인다는 점에서 중국의 卒과 다르다. 한국의 卒은 옆이나 앞으로 한 칸씩 움직이지만, 결코 뒤로나 대각선으로는 가지 못한다. 卒이 열번째 줄 즉 적의 첫번째 줄에 이르면 더 이상 나가지 못하고, 양 옆으로만 반복해서 움직여야 하는 제한을 받는다. 이러한 이유로 卒은 종종 마지막 선까지 나가지 않으며, 좀처럼 여덟번째 줄 이상으로 이동하지 않는다. 車, 宮, 士와 마찬가지로 卒은 진영 안에서는 대각선을 따라 움직일 수 있다.

包는 다른 말을 잡을 때 움직이며, 또 다른 包를 넘어갈 수 없고, 包가 包를 잡을 수 없다는 점에서 중국의 包와 다르다. 한국의 包는 包가 아닌 다른 말이 사이에 끼었을 때만 수평 또는 수직으로 움직인다. 따라서 위에 주어진 예(주 73번의 두번째 예 참조─역자)에서 1f에 있는 包는 1g에 있는 車를 넘어서 1h, 1i 또는 1j로 움직일 수 있으며, 3f에 있는 卒을 뛰어 넘어 4f, 5f, ⋯ 9f로 이동할 수 있다. 1j로 이동한다면 6j에 있는 적의 宮에게 장군을 부를 수 있다. 왜냐하면 5j에 있는 士가 길을 만들어 주기 때문이다. 그러나 게임을 시작하기 전 말들이 놓여 있을 때, 2c에 있는 包는 2j에 있는 馬를 잡을 수 없다. 왜냐하면 2h에 있는 다른 包가 길이 되어 주지 못하기 때문이다. 이런 경우가 있다 하더라도 사이에 끼어 있는 包가 전적으로 무시되는 것은 아니다. 예를 들면 녹색편이 包를 1f에서 1j로 두어 장군을 불렀을 때 적색편이 4a에 包를 가지고 있었다면, 적색편은 包를 4a에서 4j로 두어 대응할 수 있다. 이때, 1j에 있는 녹색 包는 실제로 1f에서 1a 사이의 빈 지점에만 둘 수 있다. 包의 능력에 대한 이 제한 때문에, 한국의 包는 중국의 包보다 열등해지고 움직임이 더욱 번거로워진다. 모든 다른 면에서, 한국의 장기는 중국의 장기에 비해 뚜렷하게 진보된 형태를 보인다. 이 불리한 점만 고쳐진다면, 한국의 장기는 심지어 킹과 퀸이 장기판을 자유롭게 이동할 수 있는 서양 장기와 대등하게 겨루는 것이 가능할지 모른다.

한국의 장기를 가르치려고 해도, 장기에 대한 나의 지식 기반을 형성했던 『중국 장기 입문』[74]에 상응하는 한국 장기를 주제로 다룬 한국어 책이 하나도 없다. 한국에는 서양 장기나 중국 장기의 문제점들에 관한 수많은 책들의 어떤 사본도 없다. 한국의 장기는 그 이례적인 보급에도 불구하고 보잘것없는 여가선용 정도로 여겨지고 있으며, 젊은이들이나 시골뜨기들한테나 적당한 놀이라고 여겨진다. 중국에 깊게 심취되어 있는 한국의 지식인들은, 비록 그가 실제로 장기를 잘 둘 거라는 의심을 받을지라도 바둑을 더 좋아하는 척한다.

보통 하수(下手)에게 첫 수를 양보한다. 이는 첫 수를 두는 사람에게 이점이 있다고 생각하기 때문이다. 보통 車 앞의 卒을 옆으로 옮기거나, 包가 넘어갈 수 있게 하기 위해 馬를 包 옆에 두는 것으로 게임을 시작한다. 다음의 간단한 게임에서는 象이 3a, 8a와 2j, 7j에 각각 놓여 있다.

적색편	녹색편
① 9g의 卒을 8g로	① 1d의 卒을 2d로
② 3j의 馬를 4h로(包가 넘어갈 수 있게 하기 위해서이다)	② 7a의 馬를 6c로
③ 2j의 象을 5h로	③ 8c의 包를 5c로
④ 8j의 馬를 7h로(5g에 있는	④ 5d의 卒을 4d로

---

74. W. H. Wilkinson, *A Manual of Chinese Chess*, Shanghai: North China Herald Office, 1893.

127. 장기두기.

卒을 보호하기 위해서이다)

⑤ 4h의 馬를 5f로(이제 녹색의 包가 卒을 겨냥하게 된다)

⑥ 3g의 卒을 4g로

⑦ 5i의 馬를 5j로

(현재 馬는 5f와 7h에 있다)

⑧ 9j의 車를 9f로

⑨ 4j의 士를 5i로

(현재 5i에는 宮이 있다)

⑩ 1g의 卒을 2g로

⑪ 9f의 車를 6f로

⑫ 8h의 包를 6h로

⑬ 7j의 象을 9g로

⑭ 1j의 車를 1b로

⑮ 6h의 包를 3h로

⑯ 3h의 包를 3b로(장군)

⑰ 3b의 包를 3i로

⑱ 7g의 卒로 7f의 卒을 잡는다.

⑲ 3i의 包를 3a로(장군)

⑳ 1b의 車를 1a로

㉑ 1a의 車로 2a의 馬를 잡는다.

㉒ 2a의 車로 3a의 象을 잡는다.(장군)

㉓ 5f의 馬로 6d의 象을 잡는다.

㉔ 6f의 車로 6d의 卒을 잡는다.

㉕ 6d의 車로 6c의 馬를 잡는다.

㉖ 6c의 車를 8c로

㉗ 8c의 車를 8a로(장군)

(包가 象을 위협하게 된다)

⑤ 3a의 象을 5d로

(3g에 있는 卒을 노린다)

⑥ 2a의 馬를 4b로

⑦ 8a의 象을 6d로

⑧ 1a의 車를 1e로

⑨ 1e의 車를 4e로

⑩ 9d의 卒을 9e로

⑪ 9e의 卒을 8e로

⑫ 9a의 車를 9j로

⑬ 2c의 包로 2g의 卒을 잡는다

⑭ 5c의 包를 7c로

⑮ 8e의 卒을 7e로

⑯ 5b의 宮을 5a로(멍군)

⑰ 7e의 卒을 7f로

(6e로 이동시키는 것이 더 좋다)

⑱ 2g의 包를 2c로

⑲ 4a의 士를 5b로

⑳ 4b의 馬를 2a로

㉑ 5d의 象으로 3a의 包를 잡는다.

㉒ 5b의 士를 4a로

㉓ 7d의 卒로 6d의 馬를 잡는다.

㉔ 7c의 包로 7h의 馬를 잡는다.

㉕ 6a의 士를 6b로

㉖ 7h의 包를 7b로

㉗ 6b의 士를 6a로

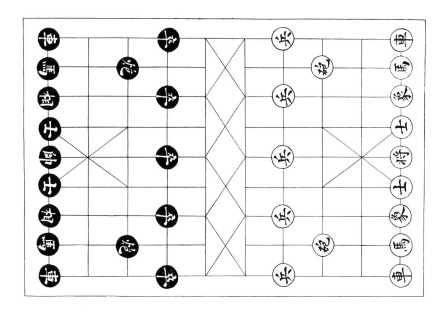

128. 장기판. 중국.

㉘ 9g의 象을 7d로(장군)

㉙ 3a의 車로 4a의 士를 잡는다. (장군)

㉚ 8a의 車로 6a의 士를 잡는다.(외통장)

㉘ 5a의 宮을 5b로 (단지 움직이기만 하는 것이다)

㉙ 5b의 宮으로 4a의 車를 잡는다.

'첵(Check)'은 한국어로 '장(또는 장군)'이라 하고, '메이트(mate)'는 '외통장'이라고 한다.[75] 도판 127은 두 남자가 장기를 두고 있는 모습이다. 오른쪽에 있는 사람은 실내에서 쓰는 것으로 보이는 모자를 쓰고 있다. 그것은 그가 주인임을 나타내며, 따라서 다른 한 사람은 두말할 필요 없이 손님이다. 도판 130에서 장기를 두는 사람 둘은 실내복을 입고 있고, 장기판 오른편에 있는 사람은 그의 모자로 보아 관리임을 알 수 있다.

일본에서는 장기를 '쇼기' 또는 '쇼키(將棋)'라고 하는데(도판 129), 일

---

75. 윌킨슨은 서양 작가들 중에서 한국 장기에 대해 처음으로 출판물을 냈다고 한다. Pall Mall Budget 에 있는 『한국의 장기(*Chess in Korea*)』(1894. 12. 27)를 참고 바람.

76. 한자 계마(桂馬)는 '영예로운 말'로 해석될 수 있겠다.

77. 교사는 가끔 한자로 '향차(香車)' 대신에 '경차(京車)'라고 쓴다.

반적으로는 같을지라도 많은 점에서 중국, 한국의 장기와는 다르다. 보통
바둑[碁]에 사용된 것과 같은 작은 탁자 형태로 된 판에서 게임을 하는데,
한 줄에 아홉 개의 사각형이 있다. 말은 중국 장기에서처럼 교차점이 아
니라, 그 네모 칸 안에 놓는다. 말들은 나무로 만들어졌고 사각형 평저선
(平底船) 모양으로 되어 있으며, 각각 크기가 다르다. 말은 판에 평평하게
얹어 놓는데, 앞으로 약간 기울어져 있어 그 끝의 방향이 그 말이 속해 있
는 사람에게로 향해 있다. 다른 장기와는 달리 말들이 모두 한 가지 색으
로 칠해져 있으며, 두 사람은 똑같은 말을 사용한다. 또 다른 특징은 집어
올린 말은, 어느 것이나 그가 고른 어떤 장소에나 그가 바람직하다고 생
각하는 때 언제든지 옮겨도 되는 점이다. 또 그런 식으로 말이 움직인다.
각 편에 스무 개씩인 말은 다음과 같다.

① 오쇼: '대장군(大將, 장군)', 보통은 '오(王)'라고 부른다.(한 개)
② 킨쇼: '금장군(金將)', 보통은 '킨(金)'이라 부른다.(두 개)
③ 긴쇼: '은장군(銀將)', 보통은 '긴(銀)'이라 부른다.(두 개)
④ 히샤: '비차(飛車)'(한 개)
⑤ 가코: '각(角)', 보통은 '가쿠'라 부른다.(한 개)
⑥ 게이마: '계마(桂馬)'[76](두 개)
⑦ 교샤: '향차(香車)'[77](두 개)
⑧ 호헤이: '보병(步兵)', 보통은 '호우(步)'라 부른다.(아홉 개)

129. 쇼키(將棋). 일본.
보쿠센의 그림.

오쇼(大將)는 첫번째 줄의 맨 중앙
에 선다. 그것은 어느 방향으로나 한
칸씩 움직이며 상대가 장군을 부르면
그 게임은 진다. 킨쇼(金將)들은 왕
(大將)의 양 옆에 서며, 뒤로 대각선
방향으로 두 칸 가는 것을 제외하고,
어느 방향으로나 한 칸씩 움직인다.
긴쇼(銀將)들은 킨쇼 바로 옆에 서

130. 장기두기.

며, 옆 방향과 뒷 방향을 뺀 어느 방향으로나 한 칸씩 움직인다. 게이마(桂馬)는 긴쇼들 바로 옆에 서며 체스의 나이트와 똑같이 움직이나, 단지 앞으로만 간다. 교샤(香車)는 맨 끝에 위치하고 몇 칸이든 수직으로만 움직인다. 히샤(飛車)는 게이마의 오른쪽 앞에 서며, 체스의 룩과 똑같이 움직인다. 가코(角)는 게이마의 왼쪽 앞에 서고 체스의 비숍과 움직임이 같다. 호헤이(步兵), 즉 卒은 세번째 줄에 세우고 앞으로 한 칸씩만 움직인다.

상대방에게 가장 가까운 세 줄이 상대편 진영이다. 왕(장군)과 '금장군'은 게임 내내 줄을 바꾸지 않는다. 그러나 다음에 언급할 말들은 적의 진영으로 즉시 들어가게 한다. 이 말들이 되돌아오면 새로운 이름이 그 말들의 반대면에 씌어진다. 히샤는 용왕(龍王)이 되어, 이전의 힘에 특권이 더해진다. 가코는 용마(龍馬)가 되어 전후좌우로 한 칸씩 가는 힘을 아울러 얻게 된다. 긴쇼, 게이마, 교샤와 호헤이는 모두 킨쇼와 같은 급의 힘을 얻는다. 장기에 대한 자세한 설명은 위의 설명을 발췌한 포크너(Falkener)의 『고대와 동양의 게임(*Games Ancient and Oriental*)』에 실려 있다. 『화한삼재도회』에는, 그 게임의 기원을 알 수 없다고 되어 있다.

73. 바둑
Pebble Game

한국의 바둑은 실제로 중국의 바둑과 동일하며, 일본에서는 '고(碁, 棊)'라는 이름으로 행해지고 있다. 그 게임에 맞춰 특별 제작된 판 위에서 두 사람이 서로 다른 색깔의 흑, 백 바둑돌 두 세트를 가지고 게임을 한다. "판은 장기판처럼 네모 칸으로 나뉘어 있으나 그 수가 훨씬 많으며, 색이 번갈아 나타나는 일 없이 전체 수가 18×18로 총 삼백스물네 칸이다. 그러나 이것으로 그 게임의 규모를 나타내기에 충분하지 않다. 왜냐하면 수

---

78. Z. Volpicelli, *Journal of the China Branch of the Royal Asiatic Society*, Vol.XXVI, Shanghai, 1894, p.80.
79. 이는 정해져 있는 숫자 같지는 않다.

평선과 수직선으로 된 칸에 말을 놓는 것이 아니라, 중국 장기에서처럼 그 교차점에 말을 놓기 때문이다. 그러므로 양 방향으로 선이 열아홉 개씩 있고, 따라서 말을 놓을 수 있는 자리의 전체 수는 19×19로 삼백예순하나이다."

한국의 바둑판은 일본의 것과 다르다. 한국 바둑판은 속이 빈 테이블 형태로 만드는 반면, 일본 것은 속이 꽉 찬 통나무로 만든다. 한국의 바둑판은 소리가 울린다. 안에는 철사를 쭉 반듯하게 배열함으로써 바둑알을 놓을 때 음계 소리가 나게 한다. 펜실베이니아 대학 고고학 박물관에 있는 전시품 견본(도판 131)은 높이 십일 인치, 면적이 약 십육 제곱인치이다.

중국에서는 종이에 바둑판을 찍는데, 여기에 찍는 사람의 이름을 넣는다. 이 종이는 게임을 하거나 점수를 기입하기 위해 준비하는 것이다. 종이의 맨 위에는 관찰한 것을 쓰기 위한 여백이 있어서, 한 색깔의 알이 따내지고 다른 색깔의 알이 뒤이어 놓이는 지점을 기록한다.[78]

한국의 바둑알은 작으며, 검은 조약돌을 문질러 광을 낸 것을 '먹자(흑돌)', 하얀 조개 껍데기를 다듬어 모양이 불규칙한 알들을 '백자(백돌)'라고 한다. 펜실베이니아 대학 고고학 박물관에 있는 바둑돌 세트는 검은 것이 백마흔세 개, 하얀 것이 백마흔 개이며,[79] 바둑통에 들어 있다. 이 바둑통은 색을 칠하지 않은 나무로 된 그릇으로, 나무로 된 뚜껑이 있다.

일본에서는 바둑알을 쿠로이시(黑石, 검은 돌)와 시로이시(白石, 하얀

131. 바둑판. 한국. 펜실베이니아 대학 고고학 박물관.

돌)라고 하며, 지름 0.875인치에 가운데가 약간 볼록한, 납작한 원 모양이다. 같은 박물관에 있는 그 바둑돌 세트는 각각 점판암(석판석)과 조개 껍데기를 다듬어 만들었으며, 뚜껑이 달린 검은 옻칠을 한 통에 들어 있다.

바둑을 다루는 책들을 보면, 중국인들은 바둑판을 '각(角)' 또는 '우(隅)'라고 부르는 네 개의 균등한 부분으로 나누며, 이 부분에는 각각 한 자로 된 이름이 있다.(도판 132)

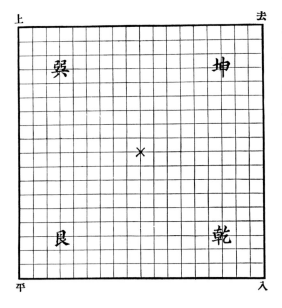

132. 분할 방식을 보여주는 중국 바둑(圍碁)판의 도표. 볼피셀리 제공.

왼쪽 아래 모서리를　平
왼쪽 위 모서리를　　上
오른쪽 위 모서리를　去
오른쪽 아래 모서리를　入

"이 네 부분 각각에는, 외각에서 대각선을 따라 세 칸을 센 거리에 한 지점이 표시되어 있다. 따라서 각 지점은 그 구역을 둘러싼 두 모서리에서 같은 거리에 있다. 이 네 지점들을 각각 간(艮), 손(巽), 곤(坤) 그리고 건(乾)이라 부르며, 바둑을 두는 사람들은 대체로 각각 반대편 화점의 두 지점을 차지하고 그 지점들에 돌을 교대로 둠으로써 게임을 시작한다. 때때로 판 중앙에 표시가 되어 있기도 하다."

한국의 바둑판도 같은 식으로 표시되어 있는데, 도판 134에서 보듯이 (아홉 개의 花點 외에) 여덟 개의 중간 점들도 표시되어 있다. 중국의 바둑판은 네 모서리 각각에 기호를 붙이는 체제를 택하고 있다. 이에 대해서 볼피셀리(Z. Volpicelli)가 자세히 기술해 놓았는데, 상세한 점을 알고 싶다면 독자들에겐 그의 논문이 참조가 될 것이다. 도판 135를 보면, 몇 개의 점들이 그것들의 위치를 가리키는 데 사용된 숫자들로 표시되어 있는 것을 알 수 있을 것이다.

바둑득근

133. 바둑두기.

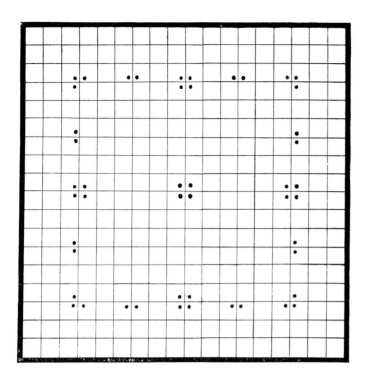

134. 한국 바둑판 표면.

"바둑을 두는 사람들은 돌이 놓여 있지 않은, 수평선과 수직선이 교차된 지점 어디에나 교대로 돌을 놓는다." 이 게임의 목적은 가능한 한 바둑판을 많이 차지하는 것이기 때문에, 승리는 많은 장소를 차지한 사람에게 돌아간다. "공간을 차지하는 방식은 두 가지가 있다. 하나는 돌을 유리한 지점에다 두는 것이고, 다른 하나는 자신의 돌로 울타리를 만드는 것인데, 그렇게 해서 만든 공간은 그 사람의 영역으로 계산하게 된다." 후자 즉 울타리를 만드는 것 때문에 바둑에는, 원래 이 게임의 목적이기도 한 '포위하기' 또는 '둘러싸기'라는 뜻의 '위(圍)'라는 이름이 붙여졌다. 바둑판에 만들 수 있는 가장 간단한 울타리는 네 개의 돌이 한 지점을 둘러싸는 울타리이다. 이것은 중국어로 '간(眼)', 일본어로는 같은 의미의 '메(目)', 한국어로는 '집(家)'이라 불린다. 도판 136의 좌측 아래에서 이를 볼 수 있다. 그 다음으로 간단한 방법은 두 지점을 여섯 개의 돌로 둘러싸는 것이다. 이는 같은 그림인 도판 136의 우측 아래에 그 예가 나와 있다. 같은 방법으로, 많은 수의 돌로 커다란 집을 만들 수도 있는데, 도판 136의 좌측 위에서 이를 볼 수 있다.

바둑판의 모서리나 그 주위에 돌을 놓아 집을 만들 때는 돌의 숫자가 적어도 된다. 왜냐하면 오직 두 면만이 집을 만드는 데 필요하고, 다른 두 면은 바둑판 그 자체의 경계선을 활용할 수 있기 때문이다.(도판 136의 좌측 위 모서리) 모든 집들은 비어 있는 지점 둘레뿐만 아니라 상대편의 보호받지 않는 돌들 주위에도 만들 수 있다. 이때 상대편이 즉시 포기하면 빈 자리는 차지한 사람의 영역이 된다. 그러므로 싸움이라는 요소가 개입하게 되고, 이것이 게임에 흥미를 주게 된다. 그 흥미라는 것은 장기에서처럼 궁(宮) 주위의 한 지점에만 집중되어 있는 것이 아니라, 판 전체에 퍼져 있다. 왜냐하면, 모든 점 하나하나는 결말을 내는 데 있어서 똑같이 중요하며, 싸움이 끝났을 때 계가(計家)에서도 중요하기 때문이다.

상대편의 돌들을 완전히 둘러싸면 잡을 수 있다. 그러나 그 돌들 안에 두 개 이상의 빈 교차점들이 있고 집이 만들어져 있을 때, 그것은 언제든지 공격으로부터 안전하다. 둘 또는 그 이상의 집들이 끊어지지 않은 바둑알 울타리 안에 있기만 하다면, 이 집이 서로 얼마나 떨어져 있는지, 어디에 위치하는지는 문제가 되지 않는다.

도판 137의 좌측 윗부분은 상대방이 점령할 수 없는 영역을 보여준다. 흑돌은 세 개의 완전한 집을 갖고 있고, 이 세 집 중 어느 두 집이든지 혼자서 독립성을 지키는 데 충분하기 때문이다. 만약 백이 이 중 어떤 지점에 돌 하나를 채워 넣는다면, 흑은 자기 차례에 백이 놓은 돌을 집어 간다. 왜냐하면 그 돌이 흑돌로 둘러싸여 있기 때문이다.

이 '집'에 대한 설명은 볼피셀리가 자세히 언급하고 있다. 그는 공격으로부터 집을 보호하기 위해 서로 연결하는 방법에 대해 기술하고 있다. 게임이 끝났을 때 백과 흑이 함께 둘러싸고 있는 빈 공간들이 있지만, 어느 쪽도 그것을 자기 집이라고 주장할 수 없다. 그런 경우에는 점수를 세기 전에 두 사람이 교대로 돌을 놓아 채운다. 두 사람은 각자 자신이 둘러싼 집을 포함해서 따낸 돌의 수를 세는데, 숫자가 높은 사람이 이긴다.

『화한삼재도회』에는 고(碁, 바둑, 도판 138)에 대한 다음

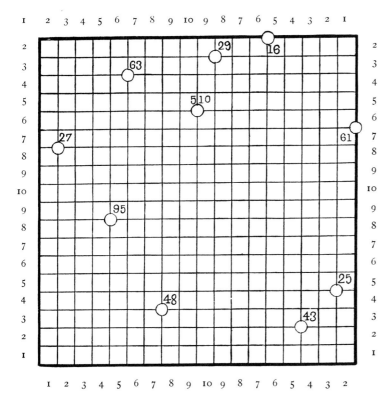

135. 기보법(棋譜法)을 나타내는 중국 바둑판의 도표. 볼피셀리 제공.

과 같은 설명이 있다. 고는 '자인(坐隱)'[80]이라 불리기도 하는데, 이는 진 (秦) 왕조[81] 시대의 왕중랑(王中郞)이 붙인 이름이며, 지공(支公)이 붙인 '수단(手談)'[82]이라는 이름으로도 불린다. 판은 '고반(碁盤)'이라 하고, 알 을 넣는 함은 '고키(碁器)'라 한다.

『광박물지(廣博物志)』[83]에는 오조(烏曹)라는 걸왕(桀王)의 신하가 바둑 과 도박을 발명했다고 적혀 있으며, 또한 요(堯) 임금(B.C. 2356)이 바둑 을 발명해 그의 아들 단주(丹朱)에게 가르쳤다고도 씌어 있다. 또 다른 책 에는 순(舜) 임금(B.C. 2255)이 바둑을 발명해 무지했던 그의 아들 상균 (商均)에게 가르쳤다고 실려 있다.

고반노메(碁盤の目),[84] 글자 그대로 '바둑판의 눈'은 옻칠이 되어 있다. 가로, 세로 각각 열아홉 개의 선이 있다. 바둑알은 흰색과 검은색을 합쳐 서 한 해의 날 수에 상응하는 삼백육십 개이다. 아홉 개의 별들(아홉 개의 화점을 가리킨다―역자)은 하늘의 아홉 개의 빛,[85] 즉 해와 달 그리고 별 자리인 큰곰자리의 일곱 개의 별들에 해당한다.

『오잡조(五雜組)』에는 현대와 고대의 놀이들 가운데서 바둑보다 더 오래 된 것은 없다고 씌어 있다. 그것은 술과 여자 다음으로 남자들을 타락시 킨다. 만약 그것을 어렵게 여기면 마을 소년들과 일반인들도 매우 능숙하

136. 눈과 둘러쌈을 보여주는 중국 바둑판의 도표.
137. 방어와 공격의 방법을 보여주는 중국 바둑판의 도표. 볼피셀리 제공.

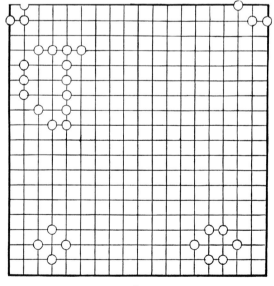

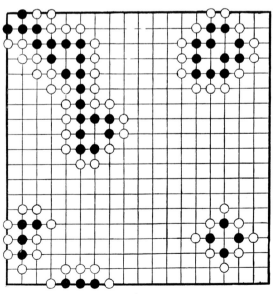

도판136   도판137

138. 고(碁, 바둑) 게임.
일본. 보쿠센의 그림.

게 그것을 할 수 있다. 그러나 매우 쉽게 생각한다면, 가장 현명하고 지식있는 사람조차도 여러 세대를 통해 궁리했을지라도 정확하게 그것을 습득하지 못할 것이다. 한단(邯鄲)의 순(淳, 중국 삼국시대의 위나라 사람)이 쓴『예경(藝經)』에는, 바둑판이 열일곱 개의 수직선과 열일곱 개의 수평선으로 되어 있어 이백여든아홉 개의 교차점을 이루고 있다고 기록되어 있다. 이는 현재 것보다 일흔한 개의 교차점이 부족한 것이다. 그는 "한(漢)과 위(魏) 왕조(B.C. 206-A.D. 265) 이전에는 모두 이와 같았다고 생각한다"고 덧붙이고 있다.

『서경잡기(西京雜記)』[86]에는 두릉(杜陵)의 두보(杜甫)[87]가 바둑을 잘 두어 천하의 일인자가 되었다고 적혀 있다. 보통 전당(錢唐)의 저윤(褚胤)이라 불리는 오(吳)의 엄무(嚴武), 그리고 남송(南宋)의 낭랑(螂螂), 왕희(王曆)가 그 당시의 일인자들이었다.

포박자(抱朴子)[88]가 이르길, 바둑을 가장 잘 두는 사람을 '기성(碁聖)' 즉 '바둑의 달인'이라 불렀다 한다. 따라서 엄자경(嚴子卿)과 마부명(馬綏明)은 지금도 기성이라 불린다. 아주 솜씨있게 조각을 하는 사람을 목성

---

80. '좌은(坐隱)'. 앉아서 은둔한다는 뜻.

81. B.C. 2565-B.C. 322.

82. '수담(手談)'. 서로 상대하여 말이 없이도 의사가 통한다는 뜻.

83. 동사장(董斯張)이 1607년에 집필을 마친 쉰 권으로 된 사전. A. Wylie, *Notes on Chinese Literature*, London, 1867, p.150.

84. 중국 책에는 중국어로 '꽈(罫)'라는 글자로 씌어 있다. 사(四)와 괘(卦)가 합쳐진 글자로, 네 방위를 가리키는 네 개의 괘를 나타내는 것이 분명하다.

85. W. F. Mayers, *The Chinese Reader's Manual*, Pt.II, No.292.

86. 여섯 권의 책으로 되어 있는『서경잡기(西京雜記)』는 한(漢) 왕조 시대 수도인 장안(長安)에서 있었던 사건들을 기록한 것이다. 이것은 반고(班固)가 쓴『한서(漢書)』에 추가되어 있다. 어떤 이들은 이것이 한의 유흠(劉歆)의 작품이라고도 하고, 어떤 이들은 진(晉)의 갈홍(葛洪)의 것이라 여긴다. 그러나 6세기의 작가였던 오균(吳均)이 썼을 가능성이 크다. A. Wylie, *Notes on Chinese Literature*, p.151.

87. A.D. 712-770. 이백(李白)과 동시대 사람으로, 이백에 이어 둘째가는 저명한 시인이다. 그는 두릉(杜陵) 출신인데, 그 때문에 이런 이름으로 불린다. 그는 생전에 시적 재능 못지않게 학식에 대해서도 인정받아 매우 높은 명예를 누렸다. W. F. Mayers, *The Chinese Reader's Manual*, No.680.

88. 서기 4세기 갈홍의 차용된 칭호. 도교(道敎) 학자들과 예술, 연금술의 명인들 중에서 가장 유명한 사람 중 하나이다. W. F. Mayers, *The Chinese Reader's Manual*, No.274.

(木聖) 즉 나무의 달인이라고 하는데, 장형(張衡)[89]과 마충(馬忠)은 목성이라고 알려져 있다.

당(唐)나라 대중(大中) 연간(847-860)에, 일본은 보석으로 만든 바둑알을 중국에 선물로 보냈다. 일본 남부에는 슈켄도(集賢島)가 있는데, 여기에는 수담(手談)이라 불리는 연못이 있다. 거기에서 바둑알이 생산된다. 일본인 설명자는 슈켄도라는 섬을 모른다고 말했다. 그것은 아마 기슈(紀州)에 있는 나치노하마(那智の邊)일지도 모른다.

바둑판은 일본식으로 약 육 인치[90] 두께에 길이 일 피트 사 인치, 폭 일 피트 삼 인치 정도이다. 판의 직사각형들은 0.7×0.8인치이다. 각 방향으로 열아홉 개의 선이 있다. 가장 좋은 목재는 비자(榧子)나무,[91] 그 다음은 회목(檜木),[92] 그리고 그 다음으로 좋은 것은 비계(榧桂)[93]이다. 비자나무로 만든 새로운 바둑판에 금이 갔을 때, 얼마간 상자에 넣어 두면 전과 같이 된다.

구전에 의하면, 중국에서 이십 년간 살았던 길비공(吉備公)이 덴표(天平) 7년(735)에 바둑을 일본에 소개했다고 한다. 어떤 책에는 샤쿠 벤쇼(釋弁正)가 공부하러 중국에 갔다가, 당(唐) 현종(玄宗, 재위 713-756)이 황제가 되기 전에 그와 바둑을 두었다고 되어 있다. 아마도 벤쇼는 그 게임을 이미 알고 있었을 것이라고 그 저자는 언급한다.

덴표 10년(738) 7월에, 오토모노슈크네 고무시(大伴宿禰子虫)가 여가 시간에 나카토미노 미야도코로노 무라기 아드즈마비토(中臣宮處連東人)와 바둑을 두다가 논쟁이 격앙되자, 고무시는 아드즈마비토를 모욕하고 칼로

---

89. A.D. 78-139. 한(漢) 순제(順帝) 때의 위대한 역사가. 그는 박식함으로 유명했으며, 특히 천문학에 정통한 것으로 널리 알려졌다. 그는 천구의(天球儀)를 만들었고, 천문학과 수학을 매우 발전시켰다. *Chinese Reader's Manual*, No.13.

90. 일본식 피트(feet)는 미국보다 천분의 사가 짧지만, 일본식 인치(inch)는 더 길어서 일 피트가 십이 인치가 아닌 십 인치이다.

91. 주목(朱木)의 일종인 토레야 누시페라(Torreya Nucifera). 보통 '악취 나는 주목(Fetid Yew)'이라 불린다. 왜냐하면 어린 잎에 상처를 내면 불쾌한 냄새를 풍기기 때문이다.

92. 서양 삼나무의 일종.

93. 미국 목련과 관련있는 나무. 아이누족은 이 나무로 통나무배와 막자사발을 만든다. 막자사발은 모든 아이누족 집에서 발견되며, 곡식을 분쇄하는 데 사용된다. Charles S. Sargent, *Garden and Forest*, Vol.VI, p.52.

죽였다는 이야기가 일본 연대기에 있다.

여황제 지토(持統) 시대(690-696)에는 쌍륙을 금지하는 법령이 있었다는 기록이 있는데, 아마도 바둑은 이것 이전에 일본에 존재했을 것이나, 언제 시작됐는지는 알려져 있지 않다.

바둑을 잘 두는 사람들 중에는 고츠지미카도(後土御門院) 시대(1465-1500)에 이운 로닌(意雲老人), 고요제이(後陽成院) 시대(1587-1611)에 자코지(寂光寺)의 혼인보(本因坊)와 니카이호인(日海法人)이 있다.

현재 혼인보는 '바둑의 달인'이라 불린다. 그는 평생 동안 연금을 받았다. 현재에는 혼인보 도사쿠(本因坊道作)라는 사람이 전문가이며, 아마도 '바둑의 달인'이라 불릴 것이다.

바둑은 현재 일본에서 매우 인기가 있으며 군인들도 많이 한다. 그들은 그것을 군사전략 연습으로 여기고 있으며, 전술에도 도움이 된다고 생각한다.

'위기(圍碁)', 즉 바둑의 의미는 바둑판의 사각형들을 가리키는 한자 '괘(罫)'의 분석을 통해 그 실마리가 풀린다. 이미 진술했던 바와 같이 괘는 한자 '사(四)'와 점술에 쓰였던 도표인 '괘(卦)'가 합쳐진 것이다. 도판 132에서 보았지만 언급한 네 개의 괘들은 간(艮), 손(巽), 곤(坤), 건(乾)이라 불리며 각각 북동, 남동, 남서, 북서를 가리킨다. 따라서 그것은 윷놀이와 파치시에서처럼 '네 방위 게임'으로 여겨지는 것 같다. 그리고 그 판은 다른 모든 게임의 말판에서 드러나는 것과 똑같은 우주적 의미를 지니고 있다. 그 말판의 방위들과 중국어의 사성(四聲) 사이에도 일치하는 점이 있다. 이 상호관계는, 바둑알을 둘 때 바둑판이 음악적 효과를 내는 것으로 보아, 실제로 한국의 바둑판에서는 음계의 음표로까지 확장된 것 같다. 대학 박물관에 있는 바둑판에서 나오는 소리는 서양 음계의 높은 음자리의 첫 칸인 '파' 음과 일치한다.

74. 우물고누
Well Kono

한국에서는, 미국의 메렐스(Merrells) 게임처럼 도표 위에서 하는 게임들에 '고누'라는 이름을 붙인다. 이 용어에 대해서는 내 정보제공자도 자세히 설명하지 못했다. 비슷한 게임들을 중국에선 '기(碁)'[94]라고 하는데, 이 이름은 판 위에서 하는 게임들, 예를 들면 장기와 바둑과 같은 게임들을 가리킨다. 이 고누에는 흑과 백의 돌이 사용되며 한국, 중국, 일본에서는 바둑에 사용된 것과 똑같은 이름이 부여된다. 바둑에서처럼 모든 고누에서는 흑이 먼저 움직인다.

우물고누는 도판 139와 같은 도표 위에서 한다. 각 사람은 돌 두 개를 가지고 교대로 내려놓거나 도표에 보이는 대로 출발점에 놓거나 한다. 두 사람은, 원이 있어 막힌 부분을 제외하고 사각형의 모서리를 따라, 또는 구석에서 중앙으로 한 번에 한 개씩 교대로 돌을 움직인다. 이 게임의 목표는 상대편의 돌이 움직일 수 없도록 막는 것이다. 우물고누는 중국 광동에서 '풍하우기(鉘口棋)'라고 불리며 도판 140과 같은 판 위에서 한다. 태국에서도 도판 141과 같은 도표로 게임을 하며, 이 게임을 '수아독통'이라 부른다.

75. 네밭고누
Four-Field Kono

네밭고누는 각자 돌 여덟 개를 가지고 도판 142처럼 돌을 놓는다. 선을 따라 교대로 움직이며, 자기편 돌을 뛰어넘은 지점에 상대편 돌이 있으면, 그것을 잡게 된다. 잡지 않을 때는 한 번에 한 칸씩 말을 움직인다. 게임의 목적은 상대방의 돌을 막거나 잡는 것이다.

---

94. 이 이름은 그 게임을 할 때 사용하는 말들과 돌멩이 또는 나무를 가리키는 것이지, 말판이나 도표를 가리키는 것은 아니다.
95. W. F. Mayers, *The Chinese Reader's Manual*, No.47.

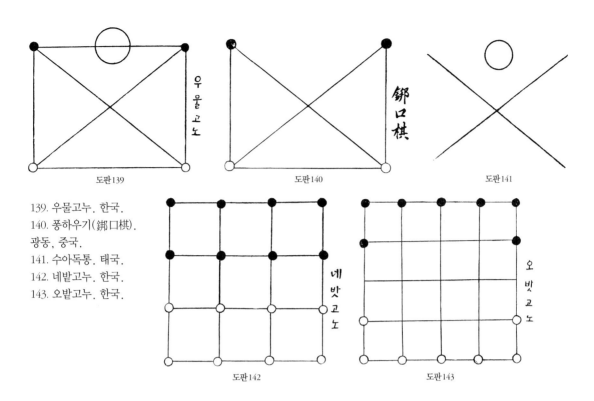

도판139

도판140

도판141

139. 우물고누. 한국.
140. 퐁하우기(銏口棋).
광동, 중국.
141. 수아독통. 태국.
142. 네밭고누. 한국.
143. 오밭고누. 한국.

도판142

도판143

76. 오밭고누
Five-Field Kono

판은 도판143처럼 꾸미는데, 뒤로든 앞으로든 사선 방향으로 사각형들을 지나 한 번에 한 칸을 움직인다. 게임의 목적은 상대편의 말이 있는 쪽으로 말들이 건너가게 하는 것으로, 먼저 건너가는 사람이 이긴다.

77. 육밭고누
Six-Field Kono

내 정보제공자도 이름만 알 뿐, 게임 방법은 잘 모른다.

78. 곤질고누
Merrells

우리에게 친숙한 메렐스 게임은 한국에서 '곤질고누' 라는 이름으로 알려

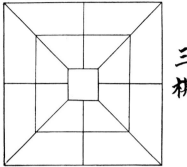

144. 삼기(三棋). 광동, 중국.

져 있다. 중국에서 그것은 삼기(三棋, 도판 144)라 불리며 다음과 같이 한다. 두 사람이 교대로 판 위의 스물네 개 점들 중 하나에 말을 놓는다. 목표는 말 세 개를 연속적으로 세우는 것이다. 한 사람이 세 개의 말을 한 줄로 만들면, 그는 상대편의 말 위에 자신의 말 하나를 얹어 놓음으로써 상대편의 그 말을 죽은 것으로 칠 수 있다. 판 위의 스물네 개의 점 모두가 점령되면, '죽은' 말들을 없애고 두 사람은 차례로 한 번에 한 칸씩 움직인다. 한 사람이 그의 말 세 개를 나란히 세우는 데 성공하면 그는 상대편의 말 하나를 가져간다. 상대편의 말을 잡거나, 움직일 수 없도록 막든가 해서 한 편이 이길 때까지 계속한다. 나는 한 중국인 상인에게서, 이 게임을 송조(宋朝)의 시조인 조광윤(趙匡胤, 917-975)[95]이 발명했다고 들었다.

79. 골패(骨牌)
Dominoes

한국인들은 도미노를 '골패' 또는 '호패(號牌)'라고 부른다. 후자가 더 정확한 이름이라고 하며, 패를 가지고 하는 특별한 게임에 적용되는 이름이기도 하다.

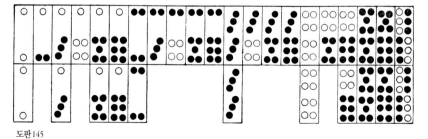

145. 중국 도미노 게임.
146. 유럽 도미노 게임.

도판145

도판146

147. 기생 데리고 골패 하는 모양.

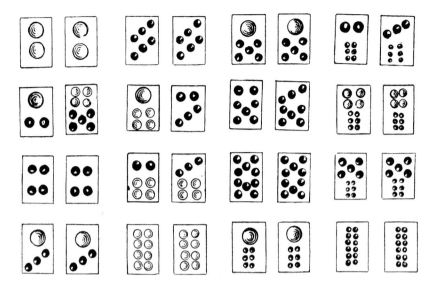

148. 짝짓는 방식을
보여주는 한국 도미노.

　도판 145의 중국 게임에서처럼 한 세트는 스물한 개의 서로 다른 패로
이루어지며, 그 중 열한 개는 두 개씩 만들어져 있어 서른두 개가 완전한
세트이다. 민무늬 패가 없다는 점에서 도판 146의 유럽 도미노들과 다르
다. 워싱턴의 국립박물관에 있는 서울에서 만들어진 한국의 골패 세트는
상아로 만들어져 있으며, 모두 서른두 개이다. 크기가 약 0.75×0.44×
0.19인치이며 점들이 새겨져 있다. 점 하나짜리와 점 네 개짜리는 빨간색
이고, 다른 모든 점들은 검은색이다. 점 하나짜리는 다른 패의 점보다 더
크고, 매우 깊게 파여 있다. 서른두 개의 패들은 도판 148에서 보는 바와
같이 둘씩 짝지어져 있다. 두 개씩 있는 패들은 서로 짝을 맺고 하나밖에
없는 패들은 점의 합(合)과 관련해 짝을 맺지만, 도판 153에 나온 것처럼
중국식으로는 짝을 맺지 않는다. 이 패들에는 쌍륙놀이('71. 쌍륙' 참조)
에서 주사위를 던져 나온 결과를 일컫는 것과 똑같은 이름이 주어지는데,
그 이름들은 다음과 같다.

1·1 소소(小小)	1·2 쥐코(鼻)	1·3 소삼(小三)
1·4 백사(白四)	1·5 백오(白五)	1·6 백륙(白六)
2·2 진아(眞兒)	2·3 아삼(兒三)	2·4 어사(御四)
2·5 관이(冠二)	2·6 아륙(兒六)	3·3 장삼(長三)

3 · 4 삼사(三四)　　3 · 5 삼오(三五)　　3 · 6 삼륙(三六)

4 · 4 직흥(直興)　　4 · 5 사오(四五)　　4 · 6 사륙(四六)

5 · 5 준오(準五)　　5 · 6 오륙(五六)　　6 · 6 주륙(主六)

골패는 한국에서 천한 놀이로 취급된다. 주로 도박에 사용되며, 상류층들은 골패를 사교 게임으로 즐기지 않는다.

80. 호패(號牌)
Foreign Tablets

호패는 셋 또는 넷이서 하는 가장 인기있는 한국의 도미노 게임이다. 넷이 놀 때는 전체 패를 다 사용하나, 셋이 놀 때에는 6·6, 5·5, 4·4, 3·3 패들을 빼내고 한다. 패는 뒤집어서 섞는다. 놀이를 시작할 때 누가 먼저 할 것인가 순서를 정하기 위해 모두 패 하나씩을 뽑는다. 가장 높은 숫자의 점이 있는 패를 뽑은 사람이 '장원(壯元)'[96]이 된다. 패를 다시 섞고 장원이 일곱 장의 패를, 나머지 사람들은 각각 여섯 장씩 뽑는다. 그런 다음 장원은, 패 중 하나가 미끄러져 떨어질 때까지 오른손 손가락으로 일곱 개의 패를 손 안에서 이리저리 굴린다. 떨어진 패를 앞면이 위로 오게 놓는다. 그 패가 5·4, 1·2, 1·4, 2·3 중 하나라면, 그는 그가 뽑은 패들을 그대로 갖고 있는다. 만약 그 패가 6·6, 5·5, 4·4, 3·3, 2·2, 1·1, 6·5, 6·4, 6·1, 5·1, 3·1, 즉 두 개씩 있는 패들 중의 하나라면, 그는 아직 공개 안 한 여섯 장의 패를 그의 오른쪽 사람에게 건넨다. 건네 받은 사람은 차례로 자신의 패를 바로 옆 사람에게 주고, 장원이 네번째 사람의 패를 받을 때까지 차례대로 그렇게 계속한다. 한편 그 패가 6·3, 6·2, 5·4, 5·3, 4·3, 4·2 중 하나라면(5·4는 위에서도 언급되었다—역자), 그는 왼쪽에 있는 사람에게 자신의 패 여섯 장을 건넨다. 건네 받은 사람은 장원이 자신의 오른편 사람으로부터 패를 받을 때까지 옆 사람에게 차례

---

96. 이 직함은 중국 일류 한림학사(翰林學士)들의 명칭이다. 한국 문과(文科, 과거시험)에서 으뜸인 사람에게도 같은 이름을 준다.

로 자신의 패를 건넨다. 윗면이 보이도록 놓은 일곱번째 패를 다시 뒤집어서 나머지 패들과 함께 섞는다. 이 나머지 패들을 한 줄로 나란히 늘어놓고, 특별히 만들어 둔 얇고 긴 종이 조각이나 대나무 조각으로 덮어 놓는다. 만약 장원이 자신의 패를 유지하면 그는 첫번째로 할 사람이 된다. 그러나 만약 그가 패들을 교환하면 그가 패를 준 오른쪽이나 왼쪽에 있는 사람이 첫번째가 된다.

이 게임에서는 어느 것이든 세 패로 된 조합을 한패(一牌)라 부른다. 게임의 목적은 한 사람이 두 개의 그러한 조합을 획득하는 것이다. 그래서 그 게임을 '떼어졌다' 라고 부른다. 사람들은 돈을 따기 위해 이 게임을 하며, 어느 정도의 돈을 걸어 놓고 특별한 패의 조합에 따라서 승자는 한 번, 두 번, 세 번, 네 번 또는 다섯 번, 다른 사람들에게서 그 내기에 건 돈을 받는다. 이 조합들과 조합들에 따르는 점수는 다음과 같다.

① 쌍쇼한패(雙聚一牌)라 하는 1·3, 2·4, 5·6과 같은 일련의 패는, 다른 쌍쇼와 결합해 3점으로 계산하고, 또 다른 한 패와 결합해 1점으로 계산한다. 한국 패들의 체계(도판 148)에 따라 두 장씩 짝지어진 여섯 개의 패로 구성된 쌍쇼는, '퇴사떼(堆四大)' 라고 부르며 4점으로 계산한다. 그 이름은 점수와 관련되어 있다.

② 일련의 패 1·1, 1·2, 1·3, 1·4, 1·5, 1·6과 밑의 예에서 보듯이, 1이 있는 자리에 2, 3, 4, 5, 6이 들어가서 만들어지는 조합의 연속된 패를 '부동(不同)' 이라 하고 다음과 같이 계산한다.

1·1, 1·2, 1·3, 1·4, 1·5, 1·6 — 3점
2·1, 2·2, 2·3, 2·4, 2·5, 2·6 — 5점
3·1, 3·2, 3·3, 3·4, 3·5, 3·6 — 3점
4·1, 4·2, 4·3, 4·4, 4·5, 4·6 — 3점
5·1, 5·2, 5·3, 5·4, 5·5, 5·6 — 4점
6·1, 6·2, 6·3, 6·4, 6·5, 6·6 — 3점

③ '홀쌍쇼(獨雙聚)'라 하는 일련의 패 1·2, 3·6, 4·5, 1·4, 2·6, 3·5는 5점으로 계산한다.

④ 5·5, 5·5, 1·4 또는 4·4, 4·4, 4·2와 같이 두 개의 쌍패와, 점들의 합 또는 아래, 위 점들 중 하나가 두 쌍패에 있는 한 숫자와 같은 한 개의 패를 묶어 '속(束, 內)'이라고 하며, 두 경우 모두 또 다른 속이나 다른 한 패와 짝을 이룰 때 1점으로 계산한다. 점 여섯 개가 찍혀 있는 패들로 이루어진 한패를 '육속(六束)'이라 부른다. 점 다섯 개짜리 패로 이루어진 한패를 '오속(五束)', 점 네 개짜리 패로 이루어진 것을 '홍속(紅束)', 세 개짜리를 '삼속(三束)', 두 개짜리를 '이속(二束)', 그리고 한 개짜리로 이루어진 한패를 '백속(白束)'이라 한다.

⑤ 4·4, 2·4, 2·2 처럼 점들이 균등하게 2로 나누어지는 세 장의 패를 '제삼동(第三同)'이라 하고 1점으로 계산한다.

⑥ '노인(老人)'이라 부르는 6·6, 5·5, 4·1 조합은, 그것끼리 결합되어 있을 때는 3점, 다른 한패와 결합되어 있을 때 1점으로 계산한다.

⑦ '아기(兒子)'라 부르는 조합 3·3, 2·2, 1·1은, 그것 자체끼리 결합되어 있을 때는 3점, 다른 한패와 결합되어 있을 때 1점으로 계산한다.

⑧ '쌍편(雙片)'이라 부르는 조합 6·6, 3·3, 2·2는, 그것 자체끼리 결합되어 있을 때는 3점, 다른 한패와 결합되어 있을 때 1점으로 계산한다.

⑨ '요순(堯舜)'[97]이라 부르는 조합 2·3, 1·3, 1·2와 4·5, 5·6, 4·6은, 서로 결합할 때는 3점, 다른 패의 조합과 결합할 때는 1점으로 계산한다.

'속'은 만들어질 수 있는 조합들 중 가장 쉬운 것이기 때문에 때때로 계산하지 않기도 한다. 만약 첫번째 사람이 승리 패를 뽑지 못하면, 그는 종이로 덮어 놓았던 한 줄로 늘어놓은 패들의 양 끝 중에서 자신에게 가장 가까운 끝에다 자기 패 하나를 뽑아 내려놓는다. 동시에, 그가 내려놓은 패를 숨기기 위해 그 한 줄로 늘어놓은 패들을 미끄러져 내려와 반대편

---

97. 요순(堯舜), 모든 지혜와 군주의 덕의 모델로, 중국 역사의 여명기(黎明期)에 서 있었던 두 황제들의 이름이다. W. F. Mayers, *The Chinese Reader's Manual*, No.900.

끝에서 패 하나를 집어든다. 만약 그가 이때 승리 패를 만들지 못하면, 그 다음 사람이 한다. 만약 승리 패가 없다면 앞에서와 같이 패 하나를 내고 다른 패를 집는다. 누군가 승리 패를 획득해 게임에서 이길 때까지 게임 은 계속되며, 이긴 사람은 다음 게임에서 장원이 된다.

81. 짝맞추기
Pair Mating

짝맞추기는 둘이나 셋 또는 넷이서 한다. 패들은 뒤집어 섞어 종이로 덮어 놓는다. 첫번째 사람이 여섯 개의 패를 뽑고 나머지 사람들은 각각 다섯 개 의 패를 뽑는다. 첫번째 사람이 자기가 뽑은 패들 중에서 한 쌍의 패를 낸 다. 내놓을 한 쌍의 패가 없으면 패 하나를 앞면이 위로 오게 해서 탁자 위 에 내놓는다. 두번째 사람이 자신의 패 중 앞서 내놓은 패와 쌍을 이루는 패가 있으면 그 패를 가져간다. 만약 그렇지 않으면 그는 종이로 덮여 있는 남겨진 패들 중에서 하나를 뽑고 패 하나를 내놓는다. 이 패는 앞면이 위로 오게 해서 내놓는다. 한 사람이 손에 세 쌍의 패를 획득해서 게임에서 이길 때까지 이 과정을 반복한다. 둘 또는 셋이 놀 때에는 6·6으로는 세번째 쌍 을 만들 수 없다. 그러나 네 명이 놀 때는 6·6으로 세번째 쌍을 만들어도 되며, 그에 상응하는 패를 버린 사람만이 승자에게 대가를 지불한다. 만약 종이로 덮여 있는 사용하지 않은 패 더미에서 뽑은 패로 이기게 되면, 나머 지 사람들 모두가 승자에게 대가를 지불해야만 한다. 그러나 버려졌던 패 로 이기게 되면 그 패를 버린 사람 혼자서 승자에게 대가를 지불한다. 때때 로 승리를 안겨다 주는 세번째 쌍패는, 사용하지 않고 종이로 덮어 놓은 패 더미에서 뽑은 패로만 쌍을 이루게 하기로 합의하기도 한다.

82. 꼬리붙이기
Tail Joining

꼬리붙이기는 둘, 셋, 또는 넷이서 하는데, 보통은 세 명이나 네 명이서 한다. 패들을 뒤집어 섞고 각자 패 여덟 개를 뽑는다. 셋이서 놀 때는 패 6·6, 5·5, 4·4, 3·3은 처음부터 제외시킨다. 게임은 누군가가 "누가 관이(冠二)를 가지고 있는가"라고 물으면서 시작된다. 5·2 패를 가지고 있는 사람은, 어떤 것이든 자신의 손에서 고른 패 하나를 앞면이 위로 오게 내려놓는다. 동시에 그 패의 위 아래 점의 숫자들 중 하나를 외친다. 다음 사람은 첫번째 사람이 내놓은 패와 위 아래 중 지정된 곳의 숫자가 일치하게 자신의 패들 중 하나를 짝지어야만 한다. 짝지을 패가 없으면 들고 있는 패 하나를 뽑아 탁자 위에 패를 뒤집어 놓는다. 게임은 모든 사람이 패를 둘씩 짝짓거나, 손에 든 패들을 다 내놓을 때까지 계속한다. 그런 다음 짝지을 패가 없어 내놓은 패들의 점 수를 센다. 그 패들은 본래 손에 들고 있던 패 중 점 수가 가장 적은 패를 뽑은 것들이다. 점 수를 센 후 점 수가 가장 많은 사람이 점 수가 가장 적은 사람에게 대가를 지불한다. 넷이서 할 때는, 점 수가 삼십 이상 나온 사람이 모두 대가를 지불해야 한다.

83. 골예세
Domino ye-se

'골예세' 또는 '예세'라는 카드 게임은 두 사람 이상이 하는데, 열 명을 넘기지는 않는다. 패는 뒤집어 섞고 그 일부는 불규칙하게 일렬로 늘어놓는다. 놀이를 하는 사람들 가운데 한 명이 물주(物主)로 지목된다. 다른 사람들은 각각 그 나열된 패들 중에서 차례대로 패를 하나씩 뽑는다. 그들은 그 패를 확인하고 나서 각각 얼마씩 뽑은 패에 돈을 건다. 물주는 그 액수가 얼마이든 간에 사람들이 건 돈과 같은 액수의 돈을 걸고 다음 카드들을 가져간다. 만약 그 카드들이 똑같은 완전한 한 쌍이면, 그는 즉시 내기에 건 돈 모두를 가질 수 있다. 그렇지 않으면, 다른 사람들은 차례로 나열된 패들의 끝에서 하나나 두 개의 패를 뽑는다. 이것이 끝나면 모두 자신의 패를 앞면이 위로 오게 놓는다. 모두 자신이 갖고 있는 패에 있는 점들의 수를 세는데, 십자리를 뺀 후 남은 숫자를 센다. 만약 물주가 어떤 사람의 숫자보다 높다면, 물주는 그 사람이 건 돈을 모두 가져간다. 그러나 총 점 수에서 십자리 수를 뺐을 때, 어떤 사람이 물주의 수보다 높으면 물주가 건 돈을 가져간다. 이것은 도박장에선 일반적인 게임이다. 도박장에는 물단지를 하나 두어서, 사람들이 결과가 나오기 전에 자발적으로 자기가 건 돈의 일부를 거기에 집어넣는 것이 관례이다. 그것을 잊어버린 사람에게는 그 도박장 관계자가 말을 해서 돈을 넣게 한다.

84. 용패(龍牌)
Dragon Tablets

한국에서는 패를 가지고 혼자서 게임을 하기도 하는데, 이는 사람들이 즐겨 하는 일종의 도미노 게임이다. 그것은 진지한 놀이가 아니라, 하루를 시작할 때 운수가 좋기를 바라며 가끔 하는 놀이이다. '용패'는 이런 유의 놀이에 속한다.

한 벌의 패를 뒤집어 놓고, 도판 149의 왼쪽에 있는 도표에서 보이듯이 꼭대기에는 패 두 개를, 그 밑으로 연속적으로 네 개, 다섯 개, 여섯 개, 일곱 개, 여덟 개의 패를 피라미드 형태로 나열한다. 네번째 줄의 B, C, 다섯번째 줄의 D, E, F, 여섯번째 줄의 G, H, I, K 패들과 함께 안에 또 하나의 작은 피라미드를 형성하는 세번째 줄의 패 A를 빼낸다.

패 A는 앞면이 위로 오게 하여 원래 피라미드의 맨 꼭대기에 가로로 놓고, 다른 패들도 빼내서 앞면이 위로 오게 하여 맨 아래에 한 줄로 늘어놓는데, 이때 도판 149의 오른쪽에 있는 도표에서처럼 G, H와 I, K를 각각 나란히 양 끝에 두고, 그 안쪽에 D, F를, 그 안에 B, C를, 그리고 중앙에 E를 둔다. 그런 다음 앞면을 위로 한 패들을 도판 148의 한국식에 따라 계속하여 짝짓는다. 그 패들로 더 이상 짝을 만들 수 없을 때, 맨 위에서 두번째 열의 오른쪽에 있는 바깥쪽 패를 뒤집는다. 만약 짝이 안 맞으면 거기에 그대로 둔다. 그러나 짝이 맞으면 그 다음 세번째 줄에 있는 바깥쪽 패를 앞으로 뒤집는다. 이런 방식으로 계속 패를 짝짓는다. 오른쪽 패들을 모두 뒤집으면 두번째 줄의 왼쪽에 있는 패를 뒤집고, 앞에서처럼

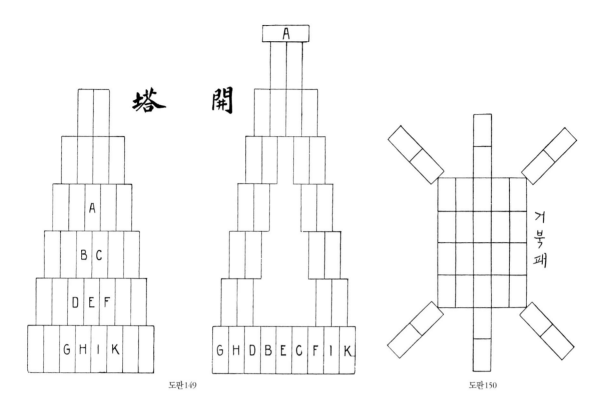

도판149

도판150

149. 용패에서 패들의
배열. 한국.
150. 거북패에서 패들의
배열. 한국.

똑같은 식으로 진행한다. 패 A가 짝지어지면 그 밑에 있는 두 개의 패들을 뒤집어도 되며, 가장 아랫줄 끝에 있는 G, H와 같은 두 개의 패들을 없애면 그것들 바로 위에 있는 패를 뒤집어도 된다. 게임이 막히거나 피라미드를 구성하는 모든 패들을 짝지을 때까지 이 과정이 계속된다. 이 게임은 미국의 광동 출신 노동자들 사이에 '호이탑(開塔)' 이라는 이름으로 알려져 있으며, 점술(占術) 가운데 하나로 여겨지고 있다.

85. 거북패[98]
Tortoise Tablets

이 게임에서는 서른두 개의 패를 뒤집어 도판 150처럼 머리와 꼬리, 그리고 발을 나타내기 위해 네 군데 가장자리에 각각 두 개의 패를 놓아서 거

---

98. 구패(龜牌).

북이의 모습을 만든다. 이 사지에 놓여 있는 패들을 앞면이 위로 오게 뒤집어 놓고, 도판 148의 한국식 체계에 따라 짝을 만든다. 모든 패들을 짝짓지 못하면 실패하는 것이다.

86. 신수점(身數占)
Personally Counting Divination

신수점은 한국에서 패를 가지고 하는 일종의 점술이다. 패를 뒤집어서 섞은 다음 한 줄로 나란히 배열한다. 그런 다음 모든 패들을 앞면이 위로 오게 뒤집어 놓고, 인접한 패들로 '80. 호패' (pp.182-183)에서 언급했던 한 패라 불리는 여러 조합들을 만들 수 있는 만큼 만든다. 조합된 패들에 해당하는 점수의 총합을 적어 놓고, 그 과정을 두 번 더 반복해서 나온 결과들을 다 더한다. 만약 그 총합이 32점이면 점괘는 매우 좋고, 그보다 많거나 적으면 비교적 좋거나 그저 그런 점괘라고 한다.

패를 가지고 하는 이와 다소 비슷한 점술이 중국에서 널리 행해지고 있으며, 미국에 사는 중국인들도 이것을 한다. 그 규칙들은 『아패신수도주정해(牙牌神數圖注精解)』라는 작은 문고판 책에 실려 있다. 이 책은 1865년에 광동에서 인쇄되었으며, 저자의 이름은 정악(?)이라 한다. 서문에서는 각 패들의 특성과 점술학적 중요성을 설명하고 있고, 한 번에 쌍패나 패 세 개를 취해 만들어지는 서로 다른 조합들을 보여주는 일련의 도표가 뒤이어 실려 있다. 그 견본들이 도판 151에 나타나 있다. 그 이름과 점수는 다음과 같다.

① 부동(不同, 다르다): 6점
② 합교(合巧, 합쳐진 재능): 4점
③ 오자(五子, 다섯 개의 점): 5점
④ 분상(分相, 나누어진 모습): 3점
⑤ 마군(馬軍, 기병대): 3점
⑥ 이삼륙(二三六, 2·3·6): 3점

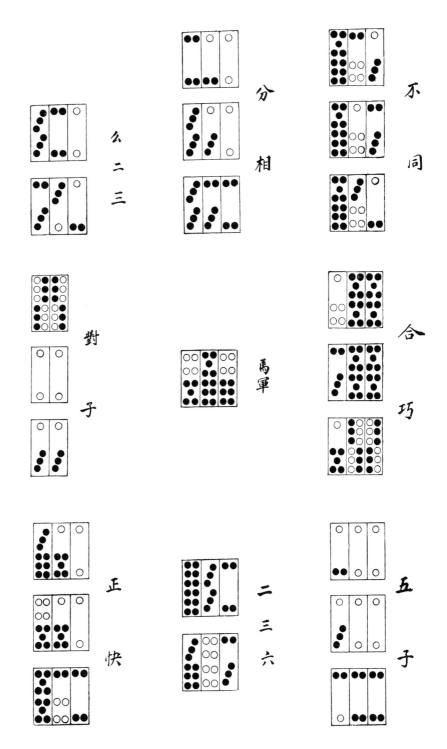

151. 길흉을 암시해 주는
패들의 조합. 중국.

⑦ 일이삼(一二三, 1·2·3): 3점
⑧ 대자(對子, 상응하는 점들): 3점
⑨ 정쾌(正快, 매우 쉽다): 1점

점을 칠 때는 한 세트의 패를 뒤집어 탁자 위에 놓고 잘 섞는다. 그런 다음 패들을 모두 한 줄로 나란히 놓고 뒤집는다. 패를 다루는 사람은 이 줄에서 패들을 뽑아, 도표에 따라 인접한 패들로 만들 수 있는 가능한 한 많은 조합들을 만든다. 그리고 그 조합들에 해당하는 점수들을 모두 더한다. 이 총합에 따른 결과는 다음과 같다.

① 1–4점: 하하(下下)
② 5–7점: 중하(中下)
③ 8–9점: 중평(中平)
④ 10–11점: 상상(上上)

패를 다시 뒤집어 섞은 다음 위의 과정을 두 번 더 반복한다. 그런 다음 이렇게 세 번 해서 나온 총계들의 결과를 가리키는 용어를 찾는다. 책의 본문을 참고한다. 이 책은 백이십오 쪽으로 구성되어 있다. 그리고 한 번에 위에서 주어진 용어에 해당하는 세 쌍으로 되어 있고, '상상(上上), 상상(上上), 상상(上上)'으로 시작하는 모든 서로 다른 종류의 조합들이 순서대로 정리되어 있다. 각 페이지마다 반드시 수수께끼 같은 원전 구절이 있는데, 이는 어떤 잘 알려진 인물 또는 사건들과 관련이 있다. 또한 점술가가 삶의 다양한 사건들을 예측하는 것을 도와주는 짧은 글도 함께 첨부되어 있다.

87. 오관(五關)
Five Gateways

패를 가지고 하는 또 다른 인기있는 점술은 '오관'이다. 한 세트의 패를

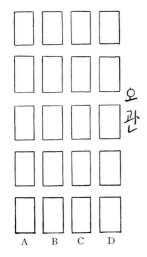

152. 오관(五關)에서
패들의 배열. 한국.

전부 뒤집어서 섞은 다음 도판 152처럼 넉 장씩 다섯 줄로 배열한다. 이 패들을 앞면이 위로 오게 다시 뒤집어 놓고, 맨 밑의 줄에서 시작해 '80. 호패'에서 기술했듯이 패 세 장의 조합, 즉 '한패'를 만들어 나간다. 이미 '호패'에 열거되었던 '한패'(pp.182-183 참조)뿐만 아니라 다음의 패들도 허용된다.

패들의 위 아래 점들 중 어느 세 개가 같은 세 패들과, 그 패들의 나머지 점들의 총합이 오인 석 장의 패를 '삼동단오점(三同短五點)'이라 한다. 또 점들 중 세 개가 같은 세 패들과, 그 패들의 나머지 점들의 총합이 십사이거나 그 이상인 경우에는 '삼동십사점(三同十四點)'이라 한다. 이 조합을 만들 때는 한 줄로 나란히 접해 있는 석 장의 패를 가져가거나, 한 줄의 한쪽 끝에 있는 패 하나 또는 두 장과 다른 쪽 끝에 있는 둘 또는 하나의 패를 함께 짝지을 수 있다. 따라서 도판 152의 패 A는 패 C, D와 짝을 이루어 조합 ACD를 만들거나, 패 A, B가 D와 짝을 이루어 조합 ABD를 만들 수 있다. 만들어진 조합을 맨 위로 옮겨 앞면이 위로 오게 한 채 한 줄로 놓고, 맨 아래쪽에 남아 있는 패 하나를 그 줄 왼쪽에 놓는다. 그리고 그 다음에 만들어진 패들을 연속적으로 그 줄의 오른쪽에 놓는다. 더 이상 조합을 발견할 수 없는 경우, 쓰이지 않는 열두 장이 있는 패 더미에서 다섯 장을 뽑아서 뒤집어 놓아 둔다. 그리고 그 패들 중 하나를 다섯 개의 각 줄 오른쪽에 뒤집어 놓는다. 그런 다음 이 다섯 장의 패들을 앞면이 위로 오게 뒤집어 놓고, 이 패들을 이용해 패 석 장으로 된 조합을 만들려고 시도한다. 만들어진 세 패를 연속적으로 꼭대기 줄 오른쪽에 놓는다. 이 과정을 남은 열두 장의 패가 다 없어질 때까지 계속한다. 이것이 끝나면 맨 윗줄 왼쪽 편부터 패 다섯 장을 뽑아 다섯 개의 줄마다 오른쪽에 차례로 놓는다. 만약 우연하게 네 개나 그 이하의 줄만 남는다면 오직 거기에 상응하는 수의 패들만 뽑는다. 모든 패들을 석 장씩 한 묶음으로 맨 위에 길게 한 줄로 늘어놓을 때까지, 또는 맨 윗줄이 다 없어지고 패가 더 이상 만들어지지 않거나 하여 게임에서 성공이나 실패가 결정될 때까지 이 과정을 계속해서 반복한다.

그 게임의 이름은 중국의 유명한 장군인 관우(關羽)[99]의 생애 중 잘 알려진 한 에피소드에서 따 왔다고 한다. 관우는 현재 전쟁의 신(神)으로 중국에서 널리 추앙받고 있으며, 중국 소설『삼국지(三國志)』의 유명한 주인공이기도 하다.[100]

조조(曹操)[101]로부터 빠져 나올 때, 그는 오관(五關)에서 여섯 명의 장군을 죽였다는 기록이 있다. 이 시기에 그의 삶의 흥망성쇠는, 예기치 않은 시련에 처한 사람이 그것을 극복하고 성공적인 결말을 맞이하는 식으로 이후 여러 점술 게임에서 유형화했다. 이 게임을 하는 사람이 다섯 행의 패들을 맞추려고 애쓰는 것은, 관우가 오관을 정복하려고 한 것과 비슷하다. 한국의 많은 식자(識者)들은 매일 아침 이 게임을 하고, 한가한 학자들은 하루 종일 그 게임의 맞추기 어려운 순열(順列)을 해결하려고 하면서 지적인 여가선용을 즐긴다.

일본에서는, 유럽에서 온 외국 게임으로 소개된 것 이외엔, 도미노 게임이 일반적으로 알려져 있지 않다. 그러나 일본의 중부지방에선 도박꾼들이 비밀리에 '덴쇼(天書)'라고 하는 토박이 게임을 한다고 줄리우스 마쓰모토(松本) 씨는 말했다. 그는 그 도미노들이 채색되어 있고, 은과 금으로 장식되어 있다고 했다. 그것들은 아마도 중국의 여러 지역에서 흔한

---

99. Wylie, *Notes on Chinese Literature*, p.161.

100. 관우(關羽, ?–A.D. 219). 관장묘(關長廟)에서 모셔지고 있으며, 전쟁의 신, 관제(關帝) 또는 우제(羽帝)로 숭배된다. 승지(繩池)에 있는 기주(冀州) 토박이다. 삼국시대의 도래를 알렸던 싸움들에서 유비(劉備)와 장비(張飛)와 동맹해 2세기 마지막에 들어 유명인사가 되었다. 그는 원래 두부장수였으나 후에 학문에 정진하게 되었다. 그러던 중 서기 184년에, 황건적(黃巾賊)의 반란에 대항해 한(漢)을 방어하기 위해 군사를 일으키려 했던 유비를 우연히 만나게 된다. 그는 유비와 그의 동맹자들과 합류하고, 유비가 있는 도원(桃園)에서 장비와 함께 셋이, 앞으로 나란히 서서 싸우고 함께 살고 죽을 것을 엄숙히 맹세한다. 군주(君主)에 대한 관우의 충성심은 많은 시련에도 불구하고 오랫동안 흔들리지 않았고, 마찬가지로 장비에 대한 애정도 그의 생애 내내 계속되었다. 처음에 그는 통치자 조조(曹操)한테 한수정후(漢壽亭侯)라는 칭호를 수여받았다. 그의 훌륭한 무술 솜씨는, 유비의 통치가 확실해지기 전에 유비가 일으킨 많은 싸움에서 빛을 발했다. 그러나 더 우수한 군대와 손권(孫權)의 전략에 끝내 희생물이 되었다. 손권은 그를 잡아 참수형에 처했다. 중국 영웅들 가운데 가장 잘 알려져 있는 한 사람으로서 오랫동안 추앙받아 온 그는, 드디어 12세기초 송조(宋朝)의 군주 휘종(徽宗)에 의해 충의공(忠義公, 현재까지 알려진 바에 의하면 휘종 때는 義勇武安王라는 칭호로, 송나라 철종 때는 顯烈王이라는 칭호로 불렸다—역자)이라는 작위를 받았다. 1128년엔 훨씬 더 명예로운 칭호인 장묘무안왕(長廟武安王)이라 불렸으며, 그 뒤 많은 칭호가 추가되었는데, 1594년엔 명왕(明王) 리에 의해 제(帝)의 위치까지 이르렀다. 특히, 그의 전쟁신으로서의 명예는 청(淸)나라로 이어져서 확고하게 자리잡았다. W. F. Mayers, *The Chinese Reader's Manual*, No.297.

101. 조조(曹操, 155–220). W. F. Mayers, *The Chinese Reader's Manual*, No.768.

도미노와 일치할 것이다.

　도미노는 현재 중국에서 가장 인기있는 게임이다. 그것들은 나무, 상아, 뼈 등을 재료로 해 다양한 형태로 만들어지고, 한국에서처럼 보통 패(牌)로 알려져 있다. 서른두 개의 패가 한 세트를 이루며 한국의 패와 같은 방식으로 표시되어 있으나, 중국의 패들은 도판 153에서 보듯이 짝 맺는 방법이 다르고, 보통 다음과 같이 문(文)과 무(武)라 불리는 두 조로 나뉜다.

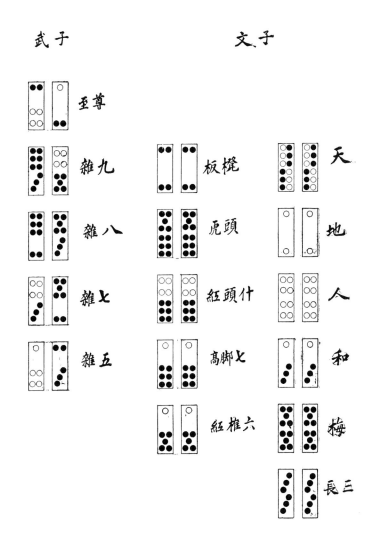

153. 천구(天九) 게임에서 짝짓는 방식을 보여주는 중국 도미노.

문(文)

- ·천(天)이라 부르는   6·6
- ·지(地)라 부르는   1·1
- ·인(人)이라 부르는   4·4
- ·화(和)라 부르는   1·3
- ·매(梅)라 부르는   5·5
- ·장삼(長三)이라 부르는   3·3
- ·판등(板橙, 벤치)이라 부르는   2·2
- ·호두(虎頭)라 부르는   6·5
- ·홍두십(紅頭什)이라 부르는   6·4
- ·고각칠(高脚七)이라 부르는   6·1
- ·홍추육(紅椎六)이라 부르는   5·1

위에 열거된 패는 각각 두 개씩이며, 서로 한 쌍을 이룬다.

무(武)

- ·지존(至尊)이라 부르는   2·4와 1·2
- ·잡구(雜九)라 부르는   6·3과 4·5
- ·잡팔(雜八)이라 부르는   6·2와 5·3
- ·잡칠(雜七)이라 부르는   4·3과 5·2
- ·잡오(雜五)라 부르는   1·4와 2·3

지존이라 부르는 두 패들을 합치면 무에서 가장 높으나, 그것들이 따로 떨어지면 가장 낮은 지위가 된다.

광동(廣東) 지방과 미국에 사는 중국인들이 공통적으로 사용하는 이 도미노들은 중국 흑단(黑檀)으로 만들어진다. 크기는 세로 약 2.6인치에 가로 약 0.9인치, 두께는 약 0.4인치이다. 그리고 빨간색과 하얀색으로 칠한 점이 새겨져 있다. 각 도미노들의 양 끝 측면에는 보통 빨간 점 하나가 새겨져 있다. 때때로 뒷면은 모두 똑같이 세 개의 점이 있는데, 두 개의 흰

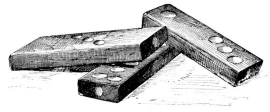

도판154

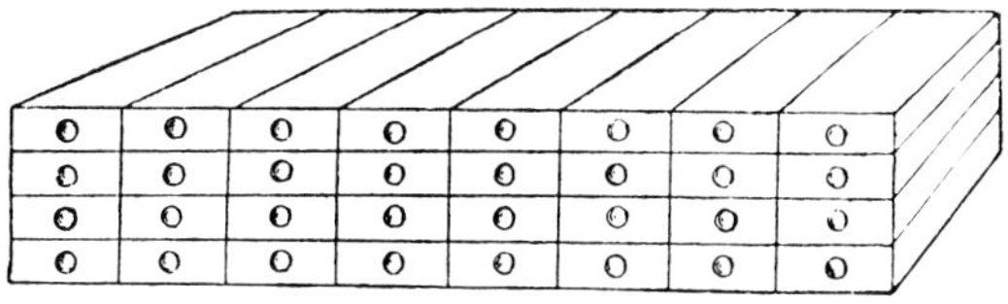

도판155

154. 골패의 패들. 광동, 중국.
155. 게임을 시작할 때 쌓아 놓은 도미노.

점 사이에 빨간 점 하나가 끼어 있다. 그것은 도판 154에서 볼 수 있듯이 대각선으로 배열되어 있다. 뼈, 또는 뼈와 나무를 섞어 만든 작은 도미노들은 한국의 도미노와 크기가 같고, 복주(福州)와 상해(上海) 그리고 중국의 다른 지방에서 사용된다.[102]

미국에 있는 중국인들은 도미노로 여러 가지 게임을 한다. 게임을 시작할 때 도미노들을 보통, 도판 155에 나온 쉥퉁(仙銅)이라는 방식으로 쌓는다.

1. 튜우

튜우(挑過)라 불리는 이 간단한 중국 게임은 둘이나 세 명이 두 벌의 도미노를 갖고 노는 게임이다. 도미노들을 잘 섞은 다음 뒤집어서 나란히 네 개씩 쌓아 쉥퉁을 만든다. 한쪽 끝에서 도미노 네 개씩 쌓은 것 네 더미를 빼 와서 탁자 위에 앞면이 위로 오게 해 둔다. 두 사람이 게임을 할 때는 두 사람 모두 세 더미, 즉 도미노 열두 개를 가져간다. 만약 세 사람이 게임을 한다면 두 더미, 즉 도미노 여덟 개를 쉥퉁의 같은 한쪽 끝에서 떼어내 가져간다. 각자 자신들의 패를 검사한 다음, 첫번째 사람은 탁자 위에 앞면이 위로 오게 놓은 패들 중 하나와 자신의 패 중 점의 숫자가 똑같은 것끼리 짝을 맞추려 한다. 성공하면 그는 짝을 맞춘 두 패를 앞면이 위로 오게 하여 자신의 앞에 놓는다. 짝지을 패가 없는 경우, 그는 쉥퉁에서 마지막 더미를 가져간 쪽 끝에 있는 더미의 맨 아래 패를 뽑아서 탁자 위에 있는 패들 중 하나와 짝을 맞추려고 한다. 만약 성공하면 그는 그 쌍을 가져가지만, 성공하지 못하면 뽑은 패를 탁자 위에 둔다. 그런 다음 두

---

102. 펜실베이니아 대학 고고학 박물관에 진열되어 있는 윌킨슨의 컬렉션 가운데 광동(廣東)의 도미노 세트(No.41)는, 뼈로 만들어져 있으며 뒷면은 대나무로 되어 있다. 같은 컬렉션에 있는 다른 상해의 도미노 세트는 뼈로 만들어져 있고 뒷면은 검은색 나무로 되어 있다. 대학 박물관에 있는 복주의 도미노 세트는 완전히 대나무로 되어 있고, 앞면이 갈대의 자연스런 곡선처럼 약간 휘어져 있다. 점들은 빨간색과 초록색으로 칠해져 있는데, 초록색은 검은 점 자리를 대신한다.

번째 사람이 자신의 패 중 하나와 탁자 위의 패와 짝을 맞추려고 하거나, 그렇지 못하면 쉥퉁에서 패 하나를 뽑는다. 게임은 쉥퉁이 다 없어질 때까지 이런 방식으로 계속된다. 한 사람에게 6·6 패가 두 개 있다면 즉시 펼쳐 놓는다. 만약 한 사람이 탁자 위에 있는 두 개의 패와 점의 수가 같은 패 한 장을 갖고 있고, 점의 수가 같은 그 다음 패가 아직 나오지 않았다면, 자신의 차례에 그는 탁자에 놓여 있는 패들 위에 점의 수가 같은 자신의 패를 내놓는다. 그리고 패를 뽑은 쪽의 반대편 끝에 세 개의 패를 쌓고, 가장 위에 있는 패는 앞면이 보이게 한다. 그리고 점의 수가 같은 네 번째 패를 내놓은 사람이 그 세 패를 모두 가져간다. 지존을 이루는 두 패는 서로 짝을 맺는다. 이것은, 같은 수의 점을 가지고 있는 패들은 그 패의 소속이 문(文)이든 무(武)든 관계없이 서로 짝을 맺는다는 이 게임 규칙의 한 예외이기도 하다. 마지막 도미노까지 다 가져갔을 때 각자 자신들이 갖고 있는 패들을 검사한다. 패 위의 점의 수가 여덟 개 이상인 패들을 '큰 물고기〔大魚〕'라고 부르며 각 점당 2점씩 친다. 점의 수가 여덟 개 아래인 패들은 '작은 물고기〔小魚〕'라고 하며 빨간 점당 1점씩 친다. 만약, 후자의 합이 두 십단위 사이에 있으면 더 높은 숫자를 센다.(뜻이 통하지 않는다—역자) 점수가 가장 높은 사람이 승자가 되며, 나머지 사람들은 그가 초과한 점수당 대가를 지불한다.

2. 존십

존십(尊十)은 한 세트의 도미노를 가지고 두 명이 하는 게임이다. 도미노를 뒤집어서 나란히 네 개씩 쌓아 쉥퉁을 만든다. 그 열여섯 더미(여덟 더미—역자)를 나누어 각자 여덟 더미씩(네 더미씩—역자)을 가져간다. 첫번째 사람이 자신의 전체 더미 중 맨 오른쪽 더미 맨 위의 도미노를 뽑아 앞면이 위로 오게 탁자 위에 놓는다. 차례대로 두번째 사람이 패를 하나 뽑아 앞면이 위로 오게 하여 첫번째 사람이 내놓은 패 옆에 나란히 놓는다. 그 두 사람은 뽑기를 계속하고, 뽑은 그 패들을 이미 만들어진 줄의 오른편이나 왼편에 같은 방식으로 놓는다. 만약 한 사람이 그 줄의 어느 한쪽 끝에 있는 패 중 하나와 똑같은 패(쌍둥이 패)를 내놓는다면, 그는

'대(對)'라고 하는 그 두 패를 모두 가져가고, 게임이 끝날 때 그 패에 새겨져 있는 점들을 각각 10점으로 계산한다. 또는 만약 한 사람이 그 줄의 한쪽 끝에 있는 두 패의 점들 또는 양 끝에 있는 패의 점들과 합하여 점의 총합이 십의 배수가 되는 패를 내놓는다면, 그는 그 세 개의 패를 가져가고 게임이 끝났을 때 그 패의 점들을 각각 1점으로 계산한다. 만약 탁자 위에 두 개의 패밖에 없을 때 한 사람이 그것을 모두 가져가면, 그 사람은 자신이 그것들을 가져갔다는 것을 나타내기 위해 그 패들을 서로 겹쳐 쌓는다. 이것을 '탑티(쓸어 가다)'라 하며, 40점으로 계산한다. 탑티를 한 사람은 또 다른 패를 내놓는다. 만약 그가 승리를 결정짓는 둘 또는 세 개의 패로 된 조합을 만들지 못하면 상대편이 그것을 가져가고, 패 하나를 내놓고 게임을 계속한다. 이 게임은 게임을 하는 두 사람 가운데 한 명이 자신의 패를 다 내놓을 때까지 계속되며, 가장 높은 점수를 획득한 사람이 이긴다.

3. 합대십

'금대십(擒大十)' '지대십(持大十)' 또는 '합대십(合大十)'이라고도 하는 이 게임은 두 명에서 스무 명 또는 그 이상의 사람들로도 할 수 있는 놀이이며, 미국의 중국인 도박장에서 가장 선호되는 도미노 게임이기도 하다. 이런 도박장들 중 많은 곳에서는 커다란 탁자에 소리가 나지 않도록 탁상보(卓上褓)를 깔아 놓는다. 게임을 할 때는 많은 도미노 세트들이 사용되는데, 게임을 하는 사람들은 그것들을 잘 섞은 다음 뒤집어서 탁자 위에 패 다섯 개 높이의 더미들로 기다란 쉥퉁을 만든다. 도박판의 보조 진행자 또는 게임을 하는 사람들 중 한 명이 컵에 담긴 네 개의 주사위를 흔든 다음, 그의 오른쪽에 있는 사람부터 시작해 오른쪽으로 빙 돌아가면서 주사위에 나온 숫자만큼 세어 간다. 숫자가 끝난 곳에 있는 사람이 첫번째 사람이 된다. 이제 쉥퉁의 한쪽 끝에서부터 세번째에 있는 패 더미의 맨 위쪽 패를 떼어서 다른 쪽 끝의 패 더미 위에 놓는다. 게임을 하는 사람들 수보다 하나 적게 될 때까지 꼭대기의 패들을 한 더미 걸러 하나씩 빼서 앞에서 한 것과 같은 방식으로 쌓는다. 첫번째 사람은 그 끝 쪽의 두 더미

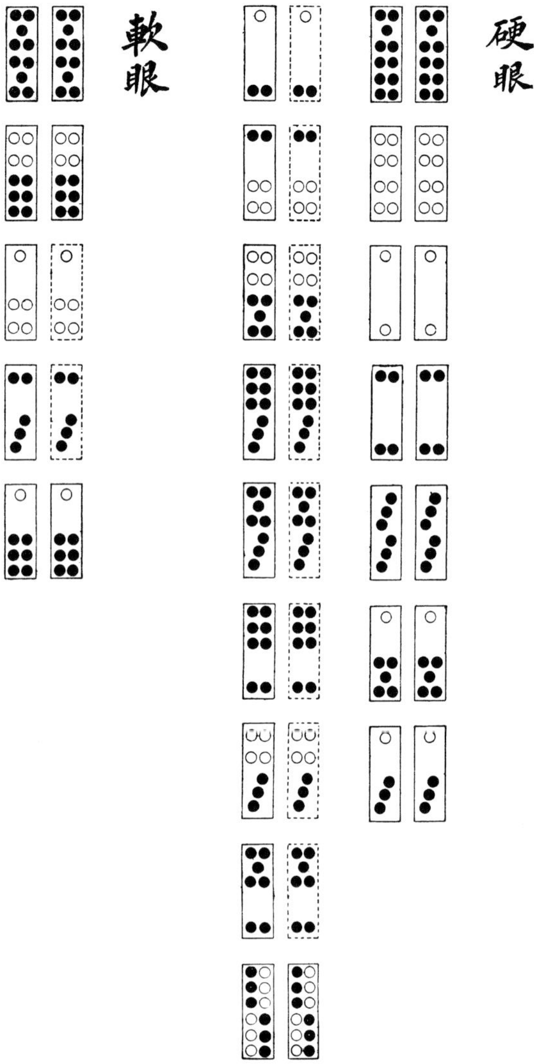

156. 지대십(持大十) 게임에서 중국 도미노의 짝짓는 방식.

를 차지하여 열 개의 패들을 얻는다. 그의 오른쪽에 있는 두번째 사람은 다음 두 더미를 가져가 패 아홉 개를 얻으며, 그런 식으로 계속된다. 첫번째 사람을 제외한 모든 사람들은 아홉 장의 패를 얻는다.

이 게임에서 각 패들은 다른 똑같은 패와 짝을 이루어서 '간(眼)'이라는 한 쌍을 만든다. 도판 156에서 왼쪽에 있는 패들로 이루어진 간을 '운간(軟眼)'이라 하고, 오른쪽에 있는 패들로 이루어진 간을 '강간(硬眼)'이라고 한다. 게임의 목표는 두 패가 운간이나 강간을 이루고, 나머지 다른 패들은 점들의 총합이 십이나 십의 배수—여기에서 이 게임의 이름을 알 수 있다—인 패들로 네 쌍을 이루는 패 열 개를 모으는 것이다. 점이 2 · 4인 패는 십 단위를 만들 때 오직 3점으로만 계산한다.

게임을 하는 사람들은 자신의 패를 점검하고, 첫번째 사람은 이길 수 있는 결정적인 패들을 뽑지 못했다면 패 하나를 앞면이 위로 오게 탁자 위에 내놓는다. 오른쪽에 있는 다음 사람은 이길 수 있는 패들을 완성시키기 위해 이 패를 가져가거나, 자신의 패 하나를 앞면이 위로 오게 탁자 위에 놓고 대신에 그것을 가져가기도 한다. 그는 또한 쉥퉁의 노출된 패 더미 맨 밑에서 패 하나를 뽑는다. 만약 그것으로 승리 패를 완성시키지 못한다면, 앞면이 위로 오게 그 패를 탁자 위에 버리거나, 그것을 그대로 가져가고 다른 패를 버려도 된다. 세번째 사람은 탁자 위에 있는 패 중 하나를 가져가고 노출된 패 더미의 아랫부분에서 하나를 뽑는다. 게임은 이런 방식으로, 사람들 중 한 명이 패 두 개가 간을 이루고, 나머지 패들은 점의 총합이 십이나 십의 배수가 되는 짝을 맞춘 열 개의 패를 모아 게임에 이길 때까지 계속된다.

도박장에서 게임을 시작할 때 내기로 건 돈을 탁자 위에 있는 상자 안에 넣어 두며, 게임에 참여한 사람은 모두 같은 액수를 넣는다. 그런 다음 즉시 도박장 배당금으로 상자 속에 있는 돈의 오 퍼센트를 꺼내고, 나머지는 승리한 사람에게 돌아간다.

4. 합십

합십(合十), 금십(擒十), 소십(小十), 이 중에서 합십은 앞서 나온 게임과 같으며, 두 사람이 그 놀이를 할 때 붙여진 이름이다. 한 벌의 도미노를 사용하고, 패를 네 개씩 쌓아 쉥퉁을 만든다. 첫번째 사람은 패 여덟 개를 가져가고 두번째 사람은 일곱 개를 가져간다. 게임의 목표는 간(眼) 즉 쌍을 이루는 두 장의 패와, 점의 합이 십 또는 십의 배수인 여덟 장의 다른 패를 획득하는 것이다. 이 놀이에서는 합대십(合大十)에서처럼 이기기 위해서는 간을 가지고 있어야만 한다. 여기에 기술된 방법에서 좀 변형된 방법들도 쓰인다. 첫번째 할 사람은, 주사위를 던지는 대신 패 하나를 뽑아서 나온 점의 수대로 세서 그 숫자에 걸린 사람으로 결정한다.

5. 요천구

요천구(繞天九)는 글자 그대로 '천구를 도는 것'이다. 두 조(文 또는 武 ─역자)의 패들 가운데 각각 가장 높은 패의 이름을 따 온 것으로, 두 사람이 하는 놀이이다. 한 벌의 패를 사용하며 뒤집어서 네 개씩 쌓아 쉥퉁을 만든다. 첫번째 사람이 자신의 오른쪽에 있는 쉥퉁 끝 맨 위의 패를 뽑고, 두번째 사람은 그 밑의 것을 가져간다. 두번째 사람은 문(文)이든 무(武)든 첫번째 사람과 같은 조에 있는 더 높은 패를 뽑아야만 한다. 그렇지 못하면 첫번째 사람이 두 패들을 모두 가져가서 따먹은 패의 앞면을 위로 오게 해 자신의 앞에 있는 탁자 위에 놓는다. 승자는, 상대편이 더 높은 패를 뽑아서 양쪽이 뽑은 패를 가져가 이길 때까지, 계속 먼저 패를 뽑는다. 쉥퉁이 다 없어질 때까지 이런 식으로 계속한다. 게임이 끝나면 각자 자신의 앞에 놓인 패 중, 앞면이 위로 온 패들에 있는 빨간 점들의 수를 센다. 가장 높은 총합이 나온 사람이 승자가 되고, 패자는 승자의 총합에서 자신의 총합을 빼고 남은 수만큼에 해당하는 돈을 승자에게 지불한다.

6. 타천구

앞서 나온 게임과 마찬가지로 두 조의 패들 가운데 가장 높은 패의 이름에서 따 온 타천구(打天九)는, 가장 훌륭하고 재미있는 중국의 도미노 게임이다. 네 명이 한 벌의 패를 가지고 한다. 서른두 개의 패를 뒤집어서 네 개씩 여덟 더미를 쌓아 쉥퉁을 만든다. 첫번째로 할 사람을 정하기 위해 네 명 중 한 명이 두 개의 주사위를 던져서 나온 숫자대로 사람 수를 세서 걸린 사람이 첫번째가 된다. 첫번째로 하게 될 사람은 '초장(初莊)' 또는 '장가(莊家)'라 불리며, 보통 자신의 지위를 나타내기 위해 탁자 앞에 어떤 물건을 놓는다. 이를 위해 '莊'이라는 글자가 새겨진 둥글고 평평한 나무 조각이 종종 패 세트에 포함되어 있다. 첫번째 사람은 두 개의 패 더미를 가져간다. 만약 수사위가 패 더미의 한쪽 끝 가까이에 떨어신나번 그는 그 끝에서 두 더미를 가져가고, 그의 오른쪽에 있는 사람이 다음 두 더미를, 그 오른쪽에 있는 세번째 사람이 그 다음 둘을, 네번째 사람이 나머지를 가져간다. 그러나 만약 주사위가 쉥퉁의 중간쯤에 떨어지면 첫번째 사람은 중간의 두 더미를 가져가고, 그의 오른쪽에 있는 사람은 첫번째 사람이 가져간 것의 오른쪽과 왼쪽에 있는 더미를 가져가고, 세번째 사람은 마찬가지 방식으로 두 더미를, 네번째 사람은 양 끝에 있는 더미들을 가져간다. 첫번째 사람이 탁자 위에 하나, 둘, 셋 또는 네 개의 패를 앞면이 위로 오게 놓음으로써 게임을 시작한다. 어느 조의 패든 패 하나를 내면 같은 조의 더 높은 패로 그것을 따 먹는다. 어떤 조의 패든 한 쌍을 내면 같은 조에 있는 더 높은 쌍으로만 그것을 딸 수 있다. 또는 한 조(도판 153 참고)의 첫번째, 두번째, 세번째, 네번째 쌍의 하나 또는 두 패 모두가 다른 조의 상응하는 쌍의 하나 또는 두 패와 같이 나오면, 그것들을 가져가기 위해선 상응하는 더 높은 쌍들의 두 개, 세 개, 또는 네 개의 패가 필요하다. 즉, 6·6 하나 또는 두 개를 6·3, 4·5 쌍 중 하나 또는 두 패 모두와 같이 낼 수 있다. 1·1 쌍패는 6·2, 5·3 쌍패의 한 패 또는 두 패 모두와 함께 낼 수 있고 그 반대도 가능하다.

다른 사람들은 오른쪽부터 왼쪽으로 첫번째 사람을 따라 게임을 한다. 이미 내놓은 만큼의 패들을 내는데, 그 패들이 더 높은 것이면 탁자에 있는 패들 위에 놓고, 낮은 것이면 패들 밑에 둔다. 같은 조에 있는 패는 내지 않아도 된다. 승자는 다시 게임을 하기 시작하고 놀이는 패가 다 나올 때까지 계속된다. 마지막 판을 딴 사람이 게임에 이기는 것이다. 그는 다음 게임에서 초장이 된다. 그러나 적어도 패 두 개를 따야 승자가 된다. 따라서 마지막 판에서 누군가가 오직 패 하나만을 냈다면 패를 하나도 따지 못한 사람은 그 패를 따지 못하게 되어 있고, 그 다음 게임은 더 이길 가능성이 있는 사람에게로 간다. 타천구는 다른 게임과 마찬가지로 돈을 걸고 한다. 패 하나는 1점으로 계산하고 1점당 걸 돈을 정한다. 게임이 끝나면 각자가 딴 패의 수에 따라 승자에게 대가를 지불한다. 패 네 개 또는 그 이상을 딴 사람은 아무것도 지불하지 않는다. 패 두 개를 딴 사람은 2점을 주고, 하나를 딴 사람은 3점을, 하나도 따지 못한 사람은 5점을 준다. 그러나 첫번째 사람 즉 초장은, 지면 항상 자신이 내야 할 값의 두 배를 지불하고, 이기면 두 배를 받는다. 또한 그 게임 내내 모든 경우에 주고받는 것은 다른 사람들의 두 배이다. 마지막 판을 이김으로써 초장이 자신의 지위를 유지하면서 다음 게임으로 넘어가면, 그의 획득액과 손실액은 다른 사람들의 획득액과 손실액의 세 배가 된다. 세번째 게임에서는 네 배, 그런 식으로 나간다.

첫번째 사람을 제외한 다른 사람들 가운데 한 명이 지존이라 불리는 2·4, 1·2의 쌍을 가지고 한 판을 이기면, 첫번째 사람은 그에게 네 배를 내야만 하고, 다른 사람들은 1점당 합의된 값의 두 배를 내야만 한다. 그러나 첫번째 사람이 지존으로 한 판을 따면 다른 사람들은 한 점 값의 네 배를 그에게 내야만 한다.

만약 첫번째 사람을 제외한 어떤 다른 사람이 상응하는 두 쌍의 짝패 넉장으로 한 판을 따면, 첫번째 사람은 그에게 여덟 배를 지불하고, 다른 사람들은 한 점 값의 네 배를 지불한다. 그러나 첫번째 사람이 그 판을 따면 다른 사람들은 그에게 한 점 값의 여덟 배를 지불한다.

한 사람이 두 번의 연속된 게임에서 지존으로 두 판을 따거나 상응하는 두 쌍의 패로 두 판을 딴다면, 다른 사람들이 그에게 지불해야만 하는 총액은 두 배가 된다. 그리고 만약 그가 연속으로 그렇게 세 판을 따면 그 액수는 세 배가 된다. 도박장에서는, 지존으로 판을 딴 승자는 한 점 값을, 그리고 상응하는 두 쌍의 패로 이긴 사람은 두 점 값을 도박장을 위한 돈궤에 넣어야만 한다. 이것은 도박장이 게임에서 얻는 유일한 수입이다.

승자가 적어도 두 패를 따야 하는 관습은 지난 수백 년간의 산물이다. 이전에는 비록 게임에서 딴 유일한 패라 하더라도, 마지막 패를 딴 사람이 승자가 되었다.

한국의 도미노 게임들과 중국의 그것들을 비교해 보면 실제로 같은 것임이 드러난다. 호패라 불리는 대중적인 한국 놀이는 도미노로 하는 중국의 점술과 많이 일치한다. 작자에 따르면 도미노는 두 개의 주사위를 사용하는 점술체제에서 기원되었다고 한다. 도미노가 발명된 시기는 알려져 있지 않다.

현재의 모양은 송(宋)나라 고종(高宗, 1127-1163) 시대에 황제의 명령에 의해 정착되었다고 기록되어 있다. 도미노의 기원에 관한 논의는 미얀마와 태국의 게임에 대한 설명과 함께 「주사위와 도미노로 하는 중국 게임(Chinese Games with Dice and Dominoes)」[103]이라는 나의 논문에서 발견할 수 있다.

88. 투전(鬪牋)
Playing Cards

한국의 놀이 카드는 길고 폭이 좁은 기름종이 조각이며, 앞면에는 카드의 가치를 나타내는 고도로 양식화한 문자로 표기되어 있다. 워싱턴의 국립박물관에 있는 한국의 카드 한 벌은, 표기된 카드 여든 장과 아무것도 씌어

---

103. 1893년 미국 국립박물관 보고서.

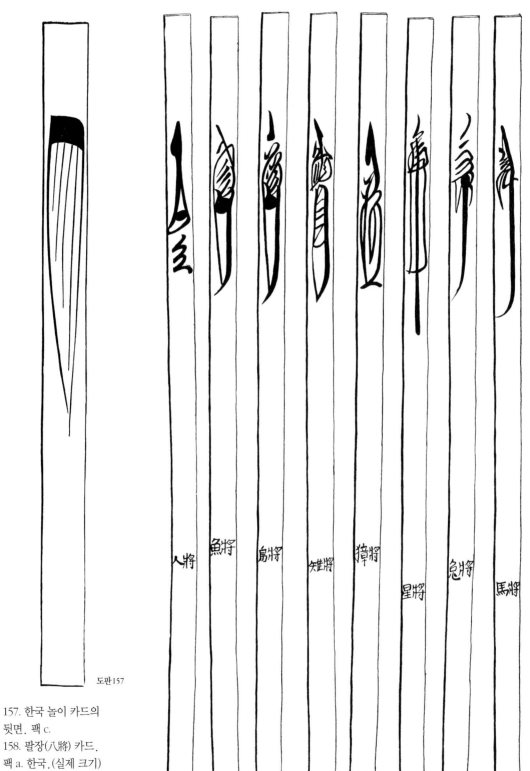

157. 한국 놀이 카드의
뒷면. 팩 c.
158. 팔장(八將) 카드.
팩 a. 한국.(실제 크기)

人將　魚將　鳥將　雉將　獐將　星將　兔將　馬將

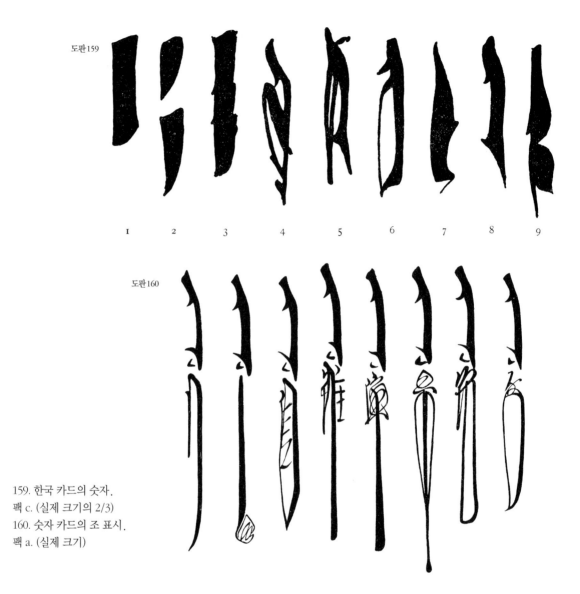

도판159

1 2 3 4 5 6 7 8 9

도판160

159. 한국 카드의 숫자.
팩 c. (실제 크기의 2/3)
160. 숫자 카드의 조 표시.
팩 a. (실제 크기)

있지 않은 카드 한 장으로 구성되어 있는데, 후자는 아마도 잃어버린 카드
를 보충하기 위해 사용된 것 같다. 뒷면은 도판 157에 나타난 디자인으로
모두 동일하게 되어 있다. 카드는 다음과 같은 '여덟 조' 가 열 장씩 있다.

사람[人], 물고기[魚], 까마귀[烏], 꿩[雉], 노루[獐], 별[星], 토끼[兔],
말[馬]

카드들은 각 조당 일에서 구까지 숫자가 씌어 있고 열번째 카드는 '장(將)'이라 표시되어 있다.(도판 158) 그 숫자들(도판 159)은 조 표시(도판 160) 위에 표시되어 있다. 카드의 이름은 '장' 카드들 아래쪽에 한자로 씌어 있다. 크기는 0.25×8인치이다.

펜실베이니아 대학 고고학 박물관에 있는 또 다른 한 벌의 한국 카드는, 여덟 조가 아닌 여섯 조, 예순 장의 카드로 구성되고 이 외에는 앞서 말한 것과 비슷하다. 그 여섯 개의 조는 사람, 물고기, 꿩, 노루, 토끼, 말이다. 아무것도 표시되어 있지 않은 카드가 두 장 있다. '장' 카드들의 표시는 앞서 말한 카드들에 있는 표시와 같다. 그러나 숫자 카드들의 조 표시는 훨씬 더 양식화해 있고, '장' 카드들 아래에는 아무런 표시도 없다. 크기는 약 0.5×7.6인치이다. 뒷면은 앞서 나온 카드들처럼 장식이 되어 있다.

미국 국립박물관에 있는 또 다른 한국 카드 한 벌은, 모든 숫자 카드의 조 표시가 앞서 나온 카드의 '사람' 조에 있는 한자와 똑같게 표시되어 있어 조를 구별할 수 없다. 이 점을 제외하곤 앞서 나온 카드와 똑같다.

한국 카드의 여덟 개의 조 표시―사람, 물고기, 까마귀, 꿩, 노루, 별, 토끼, 말―는 '팔괘(八卦)'에 해당하는 팔물(八物), 즉 말, 소, 용, 돼지, 꿩, 개, 양과 유사하다.(팔물 중 하나가 빠져 있다―역자)

『한불사전』에는 다음과 같은 카드 게임 용어가 실려 있다.

- 가기(假碁): 사기 장기, 가짜 장기
- 갑오: 투전과 동의어
- 목지(目紙): 눈금종이
- 넉장거리: 넉 장
- 사시랑이: 소전(小錢)

내 정보제공자는 위 이름들 중 어느 것도 알지 못했다. 한국에서 카드놀이는 최하층민의 게임이다. 상류계층 사람들이 도박을 위해 그 놀이를 했다 하더라도, 식자(識者)들에게서 그것에 대한 정보를 얻기란 어렵다.

카드 놀이는 그 수가 매우 많다고 한다. 주로 하는 것들 중 하나가 투전이라 불리는 것이다. 그것은 네 명이 한 벌의 카드를 각각 스무 장씩 나누어 가지고 하는 놀이이다. (도판 161)

89. 엿방망이[104]
Yet-pang-mang-i

이것은 일반적인 한국의 카드 놀이이며, 이 게임에서 기원되었다고 하는 '골예세('83. 골예세' 참조)'라는 한국 놀이와 일치한다. 관습대로 물주는 카드를 섞어서 두 묶음으로 나눈다. 그는 양손에 있는 두 묶음의 카드를 쥐고 각각 아래쪽에서 한 장씩 뽑아 함께 나란히 놓는다. 또는 맨 아래쪽에서 카드들을 빼내서 맨 위에 둔다.

이 게임에서는 한 벌의 카드를 쓰며 몇 명이서든 할 수 있다. 물주(物主, pp.185-186 참조)는 항상 아래쪽에서 카드를 뽑아, 자신을 포함해서 다른 사람들에게 카드 한 장을 뒤집어서 돌린다. 놀이를 하는 사람들은 그들이 내기로 건 돈을 모두 내놓고, 물주도 그에 상응하는 돈을 내놓는다. 돈을 다 내놓으면 각자 카드 한 벌의 맨 밑에서부터 한 장 또는 두 장의 카드를 뽑는다. 게임의 목적은 숫자의 총합이 '갑오'[105]라고 하는 9 또는 19가 되는, 둘 또는 세 장의 카드를 얻는 것이다. 오직 이 단위만이 중요하며, 10, 20 등 십 단위는 세지 않는다. 총합이 9가 되지 못하면 더 낮은 단위의 수로 점수를 계산하는데, 여기에는 8이 적당하다.

만약 물주가 자신의 둘 또는 세 장의 카드 숫자의 총합이 10이나 20보다 아래지만 총합이 갑오나 19가 되는 카드들을 얻으면, 물주는 그 사람이 건 돈을 가진다. 그러나 총합이 갑오나 19가 되는 카드들을 얻은 사람들이 있으면, 각각 물주로부터 그들이 건 돈과 똑같은 액수를 받는다. 양

---

104. 엿방망이는 가장 인기있는 게임이다. 때때로 똑같은 사람이 세 판 또는 다섯 판을 위한 패를 가진다. 이 게임은 한국의 전문 도박꾼들이 좋아한다. 그들이 만약 물주라면 장(10)과 구(9)를 자기에게 오도록 패를 돌릴 것이다. (윌킨슨)
105. 『한불사전』은 갑오(9, 십자리를 뺀 나머지가 구인 경우—역자)를 '기회의 게임'이라 정의한다.

161. 투전하는 모양.

쪽이 똑같이 총합이 갑오나 19가 되는 카드를 지닌다면 양쪽 다 받지 못한다. 숫자가 같은 석 장의 카드들은 9보다 높게 친다. 이 게임에서 조 표시는 별로 고려되지 않는 것 같은데, '88. 투전'에서 언급한 카드들 가운데 세번째 카드는 특히 이 게임을 위해 만들어진 것 같다.

월킨슨은 『한국의 보고(寶庫)(Korean Repository)』라는 이름으로 출판된, 한국 카드들에 관한 그의 논문 필사본을 나에게 주었고, 나는 거기서 다음과 같은 세부 항목들을 더 얻을 수 있었다. 내가 이 논문에서 얻은 정보에 의하면, 한국에선 단지 한 종류의 투전만이 사용되었거나 사용되고 있다. 현재까지 발견된 유일한 차이는 뒷면의 색깔에서 드러나는 것과 같은 아주 작고 세밀한 부분뿐이다. 평안 지방에서는 그 뒷면을, 다른 곳에서처럼 하프 모양의 갈겨 쓴 글자로 표시하지 않고 완전히 검게 칠한다. 넷, 여섯 그리고 최근까지 여덟 조가 카드 한 질(帙)[106]을 이룬다. 한국인들은 카드의 각 조에 각각 이름을 붙인다. 그가 준 목록은 내 한국인 정보 제공자가 제공한 것과 일치한다.

"초기의 '장(將)' 카드에는 대체로 신경 써서 그린 다양한 상징물들의 그림이 있었다고 한다. 그리고 현재 휘갈겨 쓴 듯한 글자들은 이 그림들의 붕괴를 나타낸다. 한국인들은 이 상징물들의 이름에 대한 전통은 유지하는 반면에, 그 중요성에 대해서는 제대로 받아들이지 못했다. 여든 장으로 하던 옛 게임에서는 장을 분명히 다른 것과 구분했던 반면, 지금의 게임에서는 십 단위 카드와 완전히 똑같이 여긴다."

90. 동당
Tong-tang

"또 다른 일반적인 게임은 동당(銅堂)이다. 세 명이나 네 명이 할 때는 마흔 장짜리 한 벌을 사용하고, 다섯 명이나 여섯 명이 할 때는 더 오래 된 예순 장짜리 한 벌을 사용한다. 누가 먼저 할지를 결정하기 위해서 각자

---

106. 한자 '질(帙)'은, 중국에선 중국 책들을 싸는 천이나 종이 케이스를 의미하고, 한국에선 '같은 작품의 전집'을 의미한다.

카드 한 장씩을 뽑는데, 가장 큰 수의 카드를 뽑은 사람이 첫번째가 된다. 그는 한 번에 한 장씩 카드를 돌려서 자신은 카드 여섯 장을 갖고, 다른 사람들에게는 다섯 장씩을 나눠준다. 나머지 카드는 놀이 참가자들 중 한 명이 갖고 있거나, 탁자 위에 얹어 놓는다. 다음 카드를 얹어 놓을 카드 하나만을 제외하고, 카드를 바퀴살처럼 사방으로 펼쳐 놓는다. 이 게임은 대다수의 중국 카드 놀이처럼 진행된다. 최근에 영국에 소개된 '칸후(Khanhoo)'가 그 중국 놀이의 한 전형일 수 있다."

『한불사전』에 따르면 투전이라는 한국 이름은 중국어로 '타우진(鬪牋)'인데, '투(鬪)'는 '싸우다'라는 의미이고 '전(牋)'은 '필기하는 데 쓰이는 서책 또는 전표'를 의미한다. 그러면 이 이름은 '싸우는 전표'라고 번역될 수 있겠다. 카드 뒷면에 있는 하트 모양의 소용돌이 무늬(도판 157)는 정말 중요하다. 이 표시는 카드들이 유래된 화살 깃털들 중 하나의 잔존물이다. 쿠싱(F. H. Cushing)은 숫자들(도판 159) 또한 깃털에서 유래된 것이며, 원래 화살에 있는 닭깃털의 잔존물이라고 주장한다. 조 표시들은 여덟 방위를 나타내는 토템 신앙의 동물들을 나타내고, 분명히 더 초기 것이긴 하나 전에 언급한 대로 팔괘에 상응하는 여덟 가지 생물들과 다소 밀접하게 일치될지 모른다. 카드들의 형태는 중국에서 현재 점술용 제비로 사용되는 것과 같은, 가늘고 긴 대나무 조각과 아주 똑같다. 실제로 이 카드들과 연속적으로 팔십 개의 숫자가 매겨져 있는 '첨(籤)'이라는 제비들이 거의 동일하다는 것을 발견할 수 있다. 이 제비들은 중국의 도박꾼들이 백합표(白合標)[107]라 불리는 제비뽑기에서 행운의 숫자를 점치는 데 사용하는 것이다. 카드들이 화살 깃털의 형태를 지니고 있는 반면 이 제비들은 화살과 같이 촉을 갖고 있으며, 둘 다 이름이 화살을 뜻하는 '전(箭)'과 거의 똑같다.

앞서 나온 내용에서 투전은 '싸우는 화살들' 게임이라는 것을 알 수 있다. 투전과 다른 놀이 카드들의 관계는 다음에 나오는 일본과 중국의 놀이 카드들에 대한 설명이 끝날 때 논의하겠다.

---

107. 일본 신사(神社)에서 쓰이는, 번호가 매겨진 미쿠지(神籤)라는 제비는 중국의 첨우(簽于)에 상응하며, 크기 및 형태 면에서 한국의 카드와 정확히 일치한다.

일본에서 놀이 카드는 포르투갈어 '카르타(carta)'에서 따 온 단어인 '가루타(歌留多)'라고 불린다. 또한 '후다(札)' 또는 '바쿠지노후다(博奕の札)', 즉 '도박용 카드들'이라는 이름도 있다.[108] 일반적으로 사용하는 것에는 몇 가지 종류가 있다. 도박에 사용되는 가장 일반석인 것[109]으로 하나가루타(花骨牌, 꽃 카드)가 있고, 그것을 가지고 하는 게임을 하나아와세(花合わせ, 화투놀이)라 한다. 하나가루타는 마분지로 만들며 보통 약 1.1×1.8인치 정도이다. 뒷면은 까맣고, 앞면은 색색으로 그림이 그려져 있다. 한 벌은 넉 장씩 열두 조로 된 마흔여덟 장으로 되어 있다. 조 표시는 일 년 열두 달에 어울리는 꽃과 상징물로 되어 있다. 각 조의 카드들은 1점에서 20점까지 값이 다양하며, 포인트를 '텐(點)'이라고 한다. 각 조의 한 장 또는 두 장의 카드는 그 조만의 상징을 지니고 있고, 1점으로 계산한다. 두 가지 예외가 있다. 각 조의 카드 한 장에는 시(詩)를 쓰는 데 사용되는 종이나 얇은 나무에 그린 단사쿠(短冊, 短歌나 俳句 등을 쓰는 조붓하고 두꺼운 종이─역자) 그림이 덧붙여 있는데, 이 카드는 5점으로 친다. 또한 카드가 그 조의 상징과 함께 다른 상징도 지니고 있다면, 그 카드들은 10점과 20점으로 계산한다. 조 표시와 카드들은 다음과 같다.

① 소나무[松]는 1월에 해당한다. 단순한 소나무 그림이 그려진 패 두 장은 1점씩, 단책 소나무 패는 5점, 소나무와 학이 그려진 패는 20점으로 계산한다.

② 매화[梅]는 2월에 해당한다. 단순한 매화 그림이 그려진 패 두 장은 1점씩, 단책 매화 패는 5점, 매화와 노래하는 새[110]가 그려진 패는 10점으로 계산한다.

③ 벚꽃[櫻]은 3월에 해당한다. 단순한 벚꽃 그림의 패 두 장은 1점씩, 단책 벚꽃 패는 5점, 벚꽃과 장막[幕]이 그려진 패는 20점으로 계산한다.

---

108. 헵번(Hepburn)의 사전에는 가루타(歌留多)에 대한 중국의 상응물로 골패(骨牌)를 들고 있다.
109. 일본의 도박꾼들은 보통 하나가루타(花骨牌) 또는 주사위로 게임을 한다. 이 도박은 결국 정부에 의해 금지당했기 때문에 그들은 비밀스런 조직을 형성했다. 도박꾼들은, 어느 유명한 도박꾼의 묘비에서 나온 돌 조각이 행운을 가져온다고 여겨서, 그것을 부적으로 가지고 다녔다.
110. 세트리아 칸탄스(Cettria cantans), 헵번의 사전.

④ 등나무〔藤〕는 4월에 해당한다. 단순한 등나무 그림이 그려진 패 두 장은 1점씩, 단책 등나무 패는 5점, 등나무와 뻐꾸기가 그려진 패는 10점으로 계산한다.

⑤ 창포(菖蒲)는 5월에 해당한다. 단순한 창포 그림이 그려진 패 두 장은 1점씩, 단책 창포 패는 5점, 창포와 반딧불이 그려진 패는 10점으로 계산한다.

⑥ 모란〔牡丹〕은 6월에 해당한다. 단순한 모란 그림이 그려진 패 두 장은 1점씩, 단책 모란 패는 5점으로 계산한다. 이 카드는 단책이 파랗기 때문에 '아오사쿠(靑冊)'라고 한다. 예외적으로 있는 다른 두 장의 단책은 빨간색이다. 모란과 나비가 그려진 패는 10점으로 계산한다.

⑦ 싸리〔萩〕는 7월에 해당한다. 단순한 싸리 그림이 그려진 패 두 장은 1점씩, 단책 싸리 패는 5점, 싸리와 멧돼지가 그려진 패는 10점으로 계산한다.

⑧ 억새〔芒〕는 8월에 해당한다. 단순한 억새 그림이 그려진 패 두 장은 1점씩, 억새와 기러기가 그려진 패는 10점, 억새와 달이 그려진 패는 20점으로 계산한다.

⑨ 국화〔菊〕는 9월에 해당한다. 단순한 국화 그림이 그려진 패 두 장은 1점씩, 파란색 단책 국화 패는 5점, 국화와 술잔이 그려진 패는 10점으로 계산한다.

⑩ 단풍(丹楓)은 10월에 해당한다. 단순한 단풍 그림이 그려진 패 두 장은 1점씩, 파란색 단책 단풍 패는 5점, 단풍과 사슴이 그려진 패는 10점으로 계산한다.

⑪ 비〔雨〕는 11월에 해당한다. 단순한 비 그림이 그려진 패 한 장은 1점, 단책 비 패는 5점, 비와 제비가 그려진 패는 10점, 비와 버드나무가 그려진 패는 20점으로 계산한다.(이 패에는 어떤 이야기에 나오는 남자와 개구리의 그림이 있다)

⑫ 오동나무〔桐〕는 12월에 해당한다. 단순한 오동나무 그림이 그려진 패 세 장은 1점씩, 오동나무와 봉황 그림이 그려진 패는 20점으로 계산한다.

88점을 따면 이긴 것도 진 것도 아니다. 이 숫자보다 더 높은지 낮은지로 득과 실을 계산한다.

이 게임은 실제로 세 사람이 하지만 여섯 명까지 할 수 있다. 그러나 보통 적어도 세 명이 놀이를 한다. 물주는 '오야(親, 선)', 그 오른쪽에 있는 사람은 '츠기(次, 다음)'[111] 그리고 세번째 사람은 '비키('마지막'을 의미하는 구어체 표현)'라고 한다. 처음에 모두에게 패를 두 장씩 돌려서 가장 높은 점수를 얻은 사람이 선(오야)이 된다. 연속되는 게임에서는 각 판에서 이긴 사람이 다음 게임의 선이 되고, 두번째로 점수를 낸 사람이 패를 뗀다. 화투 패 한 벌의 맨 위에서 네 장을 떼어 그의 오른쪽 사람에게 주고, 그런 식으로 자신을 포함해서 각각에게 네 장씩 준다. 그런 다음, 선은 석 장의 패를 앞면이 위로 오게 판 위에 놓는다. 그런 뒤 같은 방식으로 각각에게 석 장씩 주고, 다시 판 위에 석 장을 앞면이 위로 오게 놓는다. 게임은 선부터 시작한다. 그는 화투 패 한 장을 내놓고 판 위에서 같은 짝의 패 한 장을 가져간다. 만약 그가 내놓은 패와 짝이 맞는 패가 있다면, 그는 ㄱ 패를 둘 다 가져가 한쪽에 두고 게임이 끝났을 때 점수를 매긴다. 만약 짝이 맞는 패가 없다면, 그가 낸 패는 판 위에 그대로 놔둔다. 이 경우에 그는 패 더미에서 다른 패를 뽑아 내려놓고, 그것과 짝이 맞는 것이 있으면 둘 다 가져간다. 게임은 들고 있는 패를 다 낼 때까지 돌아가며 계속된다.

화투놀이를 할 때 가져간 패의 점수와 함께, 다음의 패 조합들은 '약(約)' 또는 '상(賞)'으로 계산한다. 아래 상술한 대로 이 패 조합은 처음에 받은 패들로 이루어지거나, 집어간 패와 손에 들고 있는 패들의 조합으로 이루어진다. 화투놀이를 하는 사람들은 그것들을 얻자마자 다른 사람에게 말하지만, 패는 보여주지 않는다. '약'은 관(貫)으로 계산하는데, 이는 '한 줄로 꿰어진 현금 천 냥'을 의미하는 단어이다. 그러나 이 게임에서는 12점을 나타낸다. 이들 '약'은 다음과 같다.

---

111. 보통 '도니(度尼, 득도한 중)'라고 불린다.
112. 이 화투 패는 중의 반짝반짝하게 깎은 머리와 닮았다 하여, 통속적으로 '보즈'라고 부른다.

① 소나무와 학, 벚꽃과 장막, 억새와 달[112], 오동나무와 봉황. '시코(四個, 네 장의 빛나는 카드들)'라 하고, '8관=96점'으로 계산한다.

② 소나무, 매화, 벚꽃의 단책 석 장. '우라스'라 하고, '5관=60점'으로 계산한다.

③ 석 장의 청단책.(모란, 국화, 단풍) '아오탄'이라 하고, '5관=60점'으로 계산한다.

앞의 세 약은 '데키야쿠(でき約)' 즉 '완성된 약'이라 한다. 그것은 처음에 나눠 받은 패들과 뽑은 패들을 조합시켜서 이루어지거나, 완전히 뽑은 패들로만 만들어져야 한다. 다음의 ④번에서 ⑮번까지의 나머지 '약'은 완전히 본래 나눠 받은 패만으로 이루어져야 하고, 이는 테야쿠(手約), 즉 '손약'이라고 부른다.

④ 같은 조의 석 장의 카드들과 홍단책. '산본(三本)'이라 하고, '1관=12점'으로 계산한다.

⑤ 홍단이나 청단 두 개 이상과 1점짜리 모든 다른 패들. '아카(赤)'라 하고, '1관=12점'으로 계산한다.

⑥ 단책 한 장과 1점짜리 다른 모든 카드들. '단이치(短一)'라 하고, '2관=24점'으로 계산한다. 이 약을 만들 때 비조(雨組)의 패들은 모두 1점으로 계산한다.

⑦ 소나무와 학, 벚꽃과 장막, 억새와 달, 오동나무와 봉황, 이 네 패들 중 하나와, 1점짜리 다른 모든 패들. '히카리이치(光一)'라고 하고, '2관=24점'으로 계산한다.

⑧ 10점짜리 패 한 장과 1점짜리 다른 모든 패들. '도이치(十一)'라 하고, '2관=24점'으로 계산한다.

⑨ 세 조의 두 장씩의 패들. '구쓰키(결합되다)'라 하고, '3관=36점'으로 계산한다.

⑩ 1점짜리 패 일곱 장. '가라스(비우다)'라 하고, '3관=36점'으로 계산한다.

⑪ 어떤 같은 조에 있는 네 장의 패들. '데시(手四, 손 넷)'라 하고, '4관=48점'으로 계산한다.

⑫ 두 조의 각 석 장씩의 패들. '로쿠산본(六三本)'이라 하고, '4관=48점'으로 계산한다.

⑬ 한 조의 패 석 장과 다른 두 조의 패 두 장씩. '하나 켄'[113]이라 하고, '5관=60점'으로 계산한다.

⑭ 한 조의 패 두 장과 다른 조의 패 네 장. '이치니시(1, 2, 4)'라 하고, '6관=60점'으로 계산한다.

⑮ 한 조의 패 네 장과 다른 조의 패 세 장. '시소(4와 3)'라 하고, '7관=84점'으로 계산한다.

카사네 약이라는 다음과 같은 두 배의 약들도 또한 있다. 한 사람이 '히카리(光)'라 불리는 넉 장의 패 중 하나와 히카리이치(⑦ 번 참조), 1점짜리 패 여섯 장을 얻을 때 2관으로 계산한다. 만약 패에 또한 구쓰키(⑨ 번 참조), 즉 세 조의 카드 두 장씩이 있으면 그는 부가적으로 3관이 더해진다. 만약 한 사람이 아카, 도이치, 단이치나 가라스(皆素)를 획득하고 또한 카드를 계산하여 88점 이상을 얻는다면, 그것을 누케(拔け)라 하고 부가적으로 12점을 받을 자격이 주어진다.

만약 두 명이 누케를 만들어야 하는 카드들을 갖고 있고 한 명은 그렇지 못할 때, 그 두 사람이 88점을 얻는 데 실패한 반면 후자가 88점 이상을 획득한다면 후자는 2관을 받는다.

만약 게임이 끝난 후 각각 모두 88점 이상을 얻으면 선, 즉 오야가 8관인 96점을 받는다. 만약 한 사람이 146점 또는 그 이상을 따면, 그것을 '바이쇼(培賞, 두 배의 상)'라 하고 그는 8관을 받는다. 그리고 한 사람이 1점짜리 카드 열여섯 장을 따면, '스주로쿠(빈 열여섯)'라 하고 그는 8관을 받는다. 이 경우에 비와 버드나무가 그려진 패는 1점짜리 카드로 계산될 수 있다.

---

113. 내 정보제공자는 이 용어를 알지 못한다.

패를 받았을 때 한 사람은 물러나도 되지만 벌금을 물어야 한다. 이것을 '니게(にげ, 도망가기)'라고 한다. 만약 그가 '오야'라면 그는 2점을 물어야만 한다. 그가 '츠기'라면 4점, '비키'라면 6점을 물어야만 한다. 그러나 테이블 위에 20점짜리 카드가 한 장 또는 그 이상이 있다면 벌금은 두 배가 된다. 세 명 이상이 놀이를 한다면 선은 그들에게 놀이를 할지 안 할지 차례대로 물을 것이다. 이것을 '오이코미(おいこみ, 몰아넣기)'라고 한다. 한 사람이 물러날 때 그의 카드 중에 청단책이 있다면, 그는 '반관=6점'을 받는다.

여기에 설명되어 있는 게임 규칙은 1889년 오사카에서 출판된 다몬 마에다(多聞前田)의 『화투사용법(花鬪使用法)』이라는 제목의 작은 그림책에서 발췌한 것이다.

위에 기술된 게임은 '하치주하치(88)'라고 하는 새로운 게임이며, 약 사십 년 전에 생겨났다고 한다. 야쿠바나(花)와 토와시라는 다른 보통 게임들도 있다.

메쿠리후다(捲り札)라고 하는 또 다른 종류의 일본 놀이 카드가 있다. 이것은 메쿠리[114]라는 게임을 하는 데 사용된다. 한 벌은 마흔여덟 장으로 되어 있고, 많이 수정되기는 했으나 여전히 16세기 일본에 소개된 스페인 또는 포르투갈 카드들을 본뜬 것임을 알 수 있다. 이 카드는 그것이 나왔던 시기인 1712년에 일본에서 사용되었던 카드 종류라고 『화한삼재도회(和漢三才圖會)』에 기술돼 있다. 그것들은 이미 본래의 형태에서 벗어났던 것 같다. 이 책에 의하면 열번째 카드(Sota)에는 승려 그림이 있고, 열한번째(Caballo)에는 기수, 열두번째(El Rey)에는 장군 그림이 있다고 한다.

다른 일본 카드들 중에는 어린이들이 사용하는 '이로하가루타(伊呂波歌留多)', 즉 '음절문자 카드'가 있다. 이것 또한 마흔여덟 장의 카드로 구성되어 있다. 그런데 그 중 반은 그림이 그려져 있고 일본 음절문자인 '이로하(伊呂波)' 문자 가운데 한 글자가 씌어 있다. 다른 카드들에는 속담이 씌어 있는데, 첫번째 단어는 그 음절문자들 중 하나로 시작한다. 놀이방

---

114. 햅번은 메쿠리(捲り)에 해당하는 중국어로 타마(打馬)를 든다.

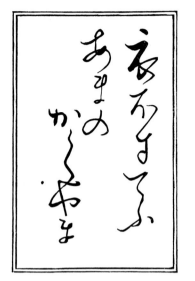

162. 우타가루타(歌骨牌).
일본.(실제 크기)

법에는 몇 가지가 있는데, 가장 일반적인 것은 모든 그림 카드를 앞면이 위로 오게 늘어놓는 방법이다. 제삼자가 다른 사람들에게 속담을 읽어 주면 그들은 테이블에서 일치하는 머리글자가 있는 카드를 고른다.

'우타가루타(歌骨牌, 시 카드, 도판 162)'[115]는 앞서 기술한 바대로 하며, 헵번(Hepburn)에 의하면 이 게임은 '우타아와세(歌合わせ, 시 맞추기)'라고도 한다. 칼 힘리(Karl Himly)에 의하면 그 카드들에는 『유명한 백 편의 시들(百人一首)』[116]이나 『고금집(古今集)』의 시들이 씌어 있다. 그림 카드에는 그 시들의 첫 두 행이 있고 시인의 그림이 그려져 있다. 시의 나머지 행들은 다른 카드들에 있다. 한 벌은 이백 장의 카드로 되어 있고, 그림이 있는 것과 그림이 없는 것이 각각 백 장씩이다. 메이지 유신(明治維新, 1868) 이전에 일본 어린이들은 중국 시가 있는 '시가루타(詩骨牌)'라는 카드를 가지고 놀았다.

중국에는 아주 다양하고 많은 놀이 카드가 통용되고 있다. 그 카드들은 다양한 상징들에 따라 구분되고 그 모양이 독특한데, 보통 길이에 비해 폭이 매우 좁다. 종이 카드들은 크기, 질, 색깔 면에서 다양하다. 폭은 0.4인치에서 1.5인치까지이고, 길이는 약 2.4인치에서 4.8인치까지이다. 카드들은 모서리가 각이 졌거나 둥글다. 뒷면은 무늬가 없는 흰색, 검은색, 빨간색, 오렌지색 또는 파란색이고, 마름모꼴이나 다른 모양으로 된 무늬들이 인쇄되어 있다. 어떤 카드는 인쇄된 카드 앞면의 가장자리에 있

---

115. 몇 명이든 해도 되지만 보통 둘 또는 네 사람이 한다. 두 사람이 할 경우에는 각자 아무렇게나 선장씩 카드를 가지고 자신의 앞에다 앞면이 위로 오게 배열한다. 속담을 들으면서 각각 해당하는 상대방의 카드를 먼저 가지려고 한다. 한 사람이 먼저 상대편 쪽에 있는 카드를 손대면, 그 사람은 상대방에게 자신의 카드 석 장을 준다. 먼저 자신의 카드를 모두 없애는 사람이 이긴다.

116. *Japanese Lyrical Odes*, trans. F. V. Dickens, London, 1866. 이 책에 실린 백 개의 시는 모두 다른 시인들에 의해 씌어졌다.

는 특징으로 그 카드를 구별하는데, 게임을 할 때 카드를 손에 쥐어 보면 식별할 수 있다.

현재 펜실베이니아 대학 고고학 박물관에는 윌킨슨이 수집한 매우 완전한 중국 카드 컬렉션이 있다. 그는 시카고에서 열린 세계 미국 박람회의 게임 컬렉션에 이 수집품을 전시했다. 그는 이 카드들을 카드에 있는 상징과 표시에 따라 '돈 또는 돈 대용품에서 유래된 카드들' '주사위와 도미노에서 파생된 카드들' '장기(중국 체스)에서 유래된 카드들' '갖가지 카드들' 이렇게 네 종류로 분류했다.[117]

1. 돈 또는 돈 대용품에서 유래된 카드들

윌킨슨의 수집품에서는 곤패(棍牌) 또는 마작(麻雀), 열지(劣紙), 중발(中發)로 분류된다.

1) 곤패[118]

가장 간단한 형태의 곤패(棍牌)는 서른 장이 한 벌이다. 즉, 석 장의 그림 카드와 함께 세 조당 에이스(1), 2, 3, 4, 5, 6, 7, 8, 9 카드가 있다. 그 세 조는 '전(餞) 또는 병(餠)' '삭(索) 또는 권(綣)' '만(萬)'이다. 그림 카드는 보통 홍화(紅花), 백화(白花), 천만(千萬)이며, 이 가운데 마지막 것은 보통 노천(老千)이라고 한다.

그러나 이런 간단한 형태를 취하는 곤패는 매우 드물다. 보통 서른 장으로 된 카드 묶음 네 개에 둘, 다섯 또는 여섯, 보통은 다섯 장의 특별한 카드들이 종종 추가된다. 이 특별한 카드들은 중국어로 '감(金)'이라고 불린다. 이들 '감'은 카드 게임의 일종인 유커(Euchre)의 올드 미스티그리스(the old Mistigris)나 조커와 같은 역할을 한다. 즉 그것들은 어떤 카

---

117. 윌킨슨(Wilkinson)이 마련한 이 목록은 *Descriptive Catalogue, World's Columbian Exhibition, Department M*, rev. ed., Chicago, 1893, p.84로 출판되었다. 원래의 중국어 음역은 지금 이 책에 사용된 광동어에 맞춰 수정되었다.

118. 곤패(棍牌)의 놀이방법에 대한 설명을 원한다면 다음 책을 참고할 것. *The Game of Khanhoo*, London: Chas. Goodall & Son, 1891.

드와도 대체될 수 있다.

남경(南京, No.1) 서른 장씩 네 묶음과 조커 다섯 장. 조(組)와 점 표시, 백화, 노천, 그리고 각 조커들을 나타내는 표시가 있음. 그 조커들은 다섯 개의 미덕―인(仁), 의(義), 예(禮), 지(智), 신(信)―을 가리킨다. 모두 백스물다섯 장.

북경(北京, No.2) 서른 장씩 네 묶음과 조커 여섯 장. '와이패', 즉 천진(天津)에 있는 군대 막사에서 시작된 카드들이라고 한다. 조와 점 표시, 백화, 홍화, 그리고 여섯 장의 조커들 중 두 장을 나타내는 표시가 있음. 그 여섯 장의 조커들은 시천(施千), 왕작(王綽), 조개(趙丐), 청사(靑蛇), 백사(白蛇), 허선(許仙)이라고 한다. 이것들은 어떤 이야기의 남녀 주인공들이다. 첫번째는 로빈후드풍의 소설 『수호전(水滸傳)』[119]에 나오는 등장인물이다. 만조(萬組)에는 『수호전』에 나오는 인물들의 이름으로 가득하다. 마지막 세 개의 이름, '청사(靑蛇)' '백사(白蛇)' '허선(許仙)'은 '백사(白蛇) 이야기'에서 따 온 것이다. 모두 백스물여섯 장.

한구(漢口, No.3) 서른 장씩 네 묶음과 조커 다섯 장. 조와 점 표시, 그리고 그림 카드를 나타내는 표시. 조커들에는 다섯 가지 축복어들이 씌어 있다. 그 축복어는 복(福), 녹(祿), 수(壽), 희(禧), 재(財)이다. 원래의 종이 상자에 이 카드들이 기술되어(또는 그려져) 있다. 카드는 이 상자에 담겨 금곤(金棍) 카드라는 이름으로 팔렸다. 단지 석 장의 노천과 석 장의 람충(백화) 견본 카드만이 있다. 서부 중국 카드들에선 이런 명백한 결점이 나타나는 것이 보통이다. 모두 백스물석 장.

홍콩(No.4) 서른 장씩 네 묶음과 조커 다섯 장. 조커 다섯 장에는 축복어가 있고, 조 표시가 없다. 케이스에는 '다섯 개의 별들(즉 다섯 장의 조

---

119. Wylie, *Notes on Chinese Literature*, p.162. *Le Siècle des Youên*, Paris, 1850, p.108.(M. Bazin의 부분 번역)

120. No.126만 제외하고, 중국 놀이 카드의 그림은 1895년 1월에 출판된 *The American Anthropologist*에 실려 있는, 윌킨슨 씨의 「놀이 카드들의 중국 기원(Chinese Origin of Playing-cards)」이라는 논문에서 편집자의 허락을 얻어 모사했다. 그 카드들은 일종의 상징적인 문장(紋章)들이 있는데, 점, 수직선, 사선, 수평선이 그것이며, 그 중 점은 노란색 또는 금색으로, 사선은 초록색으로, 수평선은 파란색으로 칠해져 있다.

163. 만구(萬九), 홍화,
백화, 중경(重慶).
(실제 크기)

커들)'과 "'목(牧)'이라는 서명이 있는, '이(李)'라는 사람이 만든 진짜 물
품을 주목해 주십시오"라는 글이 찍혀 있다. 모두 백스물다섯 장.

중경(重慶, No.5) 서른 장씩 네 묶음과 조커 다섯 장. 조커에는 다섯 개
의 축복어가 세밀하게 채색되어 있다. No.3에서와 같은 조 표시인데, '빨
간 꽃'에 약간의 수정을 했다. 모두 백스물다섯 장.(도판 163)[120]

구강(九江, No.6) 서른 장씩 네 묶음과 조커 다섯 장. 조커에는 다섯 개
의 축복어가 있다. 케이스 위에 '전(錢)' '권(綣)' '삭(索)'이라고 씌어 있
다. 검은색 뒷면과 짧게 깎은 모서리를 지니고 있고, 조 표시와 점 표시가
있다. 모든 카드에 '증(曾)'이라는 제작자의 이름이 있으며, 병조(餠組)의
1번 패에는 그의 가게 서명이 있다. 1번 패들과 석 장의 그림 카드, 다섯
장의 조커에는 금박 표시가 있다. 9번 패들에는 빨간 반점이 있다. 모두
백스물다섯 장.(도판 164)

복주(福州, No.7) 서른 장씩 네 묶음. 조커 없음. 조와 점 표시가 있음.
1번 카드들과 그림 카드들에 '태리(太利)'라는 제작자의 서명이 있다. 뒷
면에는 마름모꼴 무늬가 있다. 모두 백스무 장.

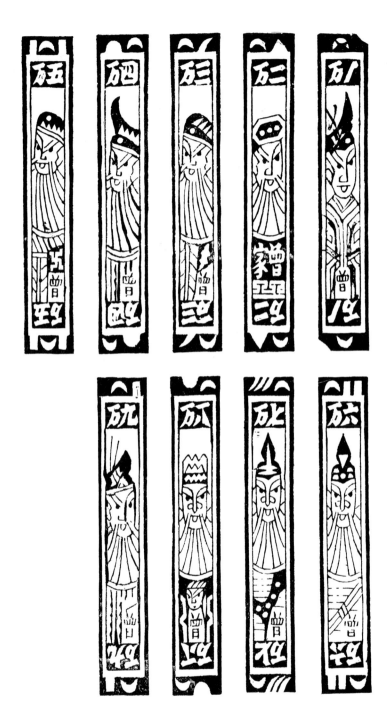

164. 만조(萬組).
구강(九江). 조 표시를
보여준다. (실제 크기)

165. 만조(萬組).
홍콩. (실제 크기)

북경(No.8) 서른 장씩 네 묶음. 조커 없음. 조와 점을 나타내는 표시가 매우 다양하다. 검은 바탕 위에 하얀색으로 칠해진 예술적인 카드. 모두 백스무 장.

산서(山西)의 태원(太原, No.9) 서른 장씩 네 묶음. 조커 없음. 점 표시만 있으며, 디자인은 매우 상투적이다. 모두 백스무 장.

온주(溫州, No.10) 서른 장씩 두 묶음. 조커 없음. 조와 점 표시가 조악하게 제작되어 있다. 모두 예순 장.

호남(湖南, No.11) 서른 장씩 네 묶음. 조커 없음. 조와 점 표시가 있음. 만조(萬組)에는 각 인물들의 이름들이 씌어 있음. 모두 백스무 장.

홍콩(No.12) 서른 장씩 네 묶음. 조커 없음. 아무런 표시가 없음. 모두 백스무 장.

광동(廣東, No.13) 원래 서른 장씩 열 묶음이 한 세트. 조커 없음. No.14와 비슷함. 수집된 것은 모두 예순 장.

홍콩(No.14) 서른 장씩 네 묶음. 조커 없음. 아무런 표시가 없음. 뒷면은 오렌지색. 모두 백스무 장. (도판 165)

안휘(安徽, No.15) 서른 장씩 다섯 묶음과 다섯 장의 조커. 조커에는 다섯 개의 축복어가 씌어 있다. 다음 경우 다섯 장 중 두 장에는 색이 있고, 나머지 석 장에는 아무 색이 없다. 각 조의 1·2·5·8·9나, 노천(老千)·왕영(王英)·백화(白花)와 조커들인 희(喜)·재(財). 그리고 완전히 다른 카드들 열 장. 점, 조, 그림 카드, 조커 들을 위한 표시가 있다. 색칠이 되어 있는 카드일 때는 만조와 병조 표시는 금색으로 되어 있고, 삭조(索組)와 조커 표시는 금색과 빨간색으로 되어 있다. 색이 없는 카드일 때 이 표시들은 모두 하얀색으로 되어 있지만, 예외적으로 병조의 9번 카드와 그림 카드들은 빨간색과 흰색으로 표시되어 있다. 뒷면에는 마름모꼴 무늬가 있다. 모두 백쉰다섯 장. (도판 166)

166. 오복(五福).
안휘 지방.

한구(漢口, No.16) 스물일곱 장씩 네 묶음. 그림 카드나 조커 없음. 조와 점 표시가 있음. 모두 백여덟 장.

유츠. 산서의 태원 근처(No.17) 서른 장씩 네 묶음. 조커 없음. 점 표시만 있음. 디자인은 매우 상투적이다. 모두 백스무 장.

2) 열지

열지(劣紙)는 카드들이 서로를 따 먹지 않는 게임에 사용되고, 세 개가 아닌 네 개 조로 되어 있다는 점에서 곤패와 구별된다. 이 조들은 '전(錢)' '삭(索)' '권(綣)' '십만(十萬)'이다. 게다가 놀이를 할 때 특정한 다른 카드들이 있는데, 그것들은 전조와 십만조에 각각 속한다고 여겨진다.

산두(汕頭, No.22) 삭과 권의 1에서 9번 카드까지, 전과 십만의 2에서 9번 카드까지와 일전(一錢, 전조의 1번 카드), 그리고 녹화, 무공, 백자. 빨간색 날인은 열두 개의 글자들로 되어 있고, 다음과 같이 읽는다. 용읍(龍邑), 유가(柳家), 보풍(寶豊), 건기(乾記), 가장(假長), 대장(大張). 건(乾)이라는 표시. 길고 커다란 여분의 카드들. 그 날인은 백자, 무공, 전조의 1번 패, 각 조의 9번 패 넉 장, 그리고 십만조의 8번 패에 있다. 모두 서른여덟 장.

광동(No.23) No.22와 비슷하나 '천자(千子)'와 '만자(萬子)'를 부가적으로 갖고 있다. 빨간색 날인, 가가영풍채(家家榮豊寨), 인기(仁其), 전, 권, 삭이 있다. 삭조의 9와 십만조의 8, 9, 권조의 9, 무공, 백자, 천자, 만자에 그것이 날인되어 있다. 모두 마흔 장.

3) 중발

열지가 중국 남쪽의 하카 지방에 국한되듯이 중발(中發)은 중경(重慶)과 강소(江蘇) 지방에 국한된다. 카드는 불규칙하지만 보통 판지 형태보다 작고 납작한 형태로 만들어진다. 놀이방법은 '칸후(Khanhoo)'와 같다.

영파(寧波, No.43) 전, 삭, 만, 각 조당 1에서 9까지의 카드들이 넉 장

씩 있다. 각 조당 넉 장의 카드에는 동서남북과 중(中), 그리고 발(發) 표
시가 있다. 아무것도 없는 빈 카드 여덟 장이 있다. 빨강, 초록 또는 파랑
으로 된 채색은 순전히 장식적인 것이며, 게임과는 아무 상관이 없다.

2. 주사위와 도미노에서 파생된 카드들

중국인들은 주사위, 도미노, 도미노 카드를 확실히 구분하지 않고 모두
'패(牌)'라고 일컫는다. 중국의 주사위는 세 개짜리 한 세트도 있긴 하나,
보통 여섯 개로 구성되어 있다. 점이 네 개 있는 면은 빨간색으로 칠해져
있고, 보통 점이 하나 있는 면도 그렇다. 그리고 이 특이사항은 중국의 모
든 도미노 카드들에서도 똑같이 나타난다. 도미노 카드들에서 가장 좋은
것인 쌍륙은 아주 종종 빨간색과 검은색이 부분적으로 칠해져 있다. 이
부류의 패들은 모두 똑같이 판지로 만든 작고 납작한 형태로 되어 있다.
이 컬렉션의 견본들은 천구(天九), 화화(花和), 화화의 변종, 팔천구(八天
九), 십이천구(十二天九), 음패(陰牌), 당구(當九) 또는 화당구(花當九),
이렇게 일곱 가지로 분류될 수 있다.

1) 천구
두 개의 패로 가능한 한 가장 많이 만들 수 있는 배합은 스물한 개이다.
이 스물한 개에는 각각 중국어 이름이 있으며, 스물한 개 중 열한 개는 '문
(文)'이라 하는 반면, 나머지 열 개는 '무(武)'라 한다. 열한 개의 문을 두
배로 늘리고 무 한 세트를 더하면, 천구(天九) 게임의 카드 또는 도미노
서른두 장이 된다. 이 게임은 확실히 1120년에 현재의 놀이 형태를 유지
했고, 현재는 중국 전역에서 인기가 있다. 비록 작고 납작한 조각 형태이
긴 하나, 이 게임에서도 '카드들'로써 변함 없이 서로를 따 먹는 점은 주
목할 만하다.

상해(上海, No.40) 뒷면이 검은색 나무로 된 뼈.
광동(No.41) 뒷면이 대나무로 된 뼈.

만약 천구에서 다음과 같은 패들, 다시 말해 4·5, 3·5, 2·4, 3·4, 2·5, 2·3, 1·4, 1·2를 제외시킨, 나머지 스물녁 장으로 하는 게임은 보통의 유럽 도미노 게임과 매우 비슷하게 될 것이다. 온주에서는 그 게임을 '지룡(紙龍)'이라 한다.

2) 화화

이 게임은 '아무 무늬가 없는 것' '채색된 것' '두 배로 계산되는 것(상대방이 부른 내기로 건 돈의 갑절을 얻거나 잃는 카드—역자)', 이 세 종류의 천구 카드 스물한 장으로 구성된다. 첫번째가 스물한 장씩 세 묶음, 두번째가 두 묶음, 세번째가 한 묶음으로 이뤄진다. 따라서 예순석 장의 아무 무늬가 없는 카드와 마흔두 장의 채색된 카드, 스물한 장의 두 배로 계산되는 카드, 즉 모두 합해 백스물여섯 장이다. 조커의 역할을 하는 여러 개의 아무것도 없는 텅 빈 카드도 포함되어 있다. 게임은 '칸후' 원칙에 따라 하지만, 조금 차이가 있다.

상해(No.26) '배우 카드'라고 알려져 있다. 채색된 카드들에는 여러 연극에 등장하는 주인공들의 초상이 그려져 있고, 두 배로 계산되는 카드들은 아무 무늬가 없는 카드와 똑같다. 석 장의 조커는 도미노 점들이 없는 채색된 카드들이다. 모두 백스물아홉 장.(도판 167)

상해(No.45) 납작한 조각 형태의 카드 세트. 채색된 카드들에는 흩날리는 꽃 그림이 있다. 두 배로 계산되는 카드들에는 꽃과 상징적인 장식들이 있다. 여섯 장의 조커에는 아무것도 없다.

한구(No.24) 화왕(花王)이라 알려짐.(No.38 참고) 스물한 장이 기본 묶음이며, 무늬 없는 평범한 카드가 스물한 장씩 세 묶음, 꽃이나 장식물이 있는 것이 스물한 장씩 두 묶음, 연극의 주인공 그림이 있는 것이 한 묶음. 조커 없음. 모두 백스물여섯 장.

한구(No.38) 또 하나의 화왕. No.24와 같이 모두 백스물여섯 장의 카드. 채색된 카드들의 뒷면에는 검은색으로 된 태극(양과 음으로 나뉘는 原質) 무늬가 있고, 검은색 경계선이 있다. 두 배로 계산되는 카드들에는

167. 배우 카드. 상해.
(실제 크기)

빨간색으로 한자 '王' 이 씌어 있고, 검은색 경계선이 있다.

3) 화화의 변종

중경(No.30) 화패(花牌)라고 한다. 무늬 없는 도미노가 스물한 장씩 세 묶음, 채색된 도미노가 스물한 장씩 네 묶음. 채색된 카드는 꽃을 흩뿌려 놓은 무늬로 모두가 똑같다. 모두 백마흔일곱 장. 모든 중경 도미노 세트는 보통 그 도미노들의 순서대로 정리한다. 말하자면 6·6, 1·1, 4·4, 1·3, 3·3, 5·5, 2·2, 5·6, 4·6, 1·6, 1·5 그리고 3·6, 4·5, 2·6, 3·5, 2·5, 3·4, 2·3, 1·4, 2·4, 1·2 순이다.

4) 팔천구 [121]

한구(No.27) 스물한 장의 기본 도미노가 다섯 묶음.

마카오(No.28) 겉포장에 점패(點牌)라고 씌어 있다. 스물한 장의 무늬 없는 도미노가 다섯 묶음.

---

121. 이 게임은 광동에서 기원했다고 한다. 비록 카드들은 중경(重慶)만큼 먼 서쪽에서 발견되었다 하더라도, 그 카드들은 '광동 카드들'을 묘사하고 있고, 광동 거주자들에게 팔기 위해 보관돼 있다.

중경(No.31) 칠홍패(七紅牌)라고 한다. 스물한 장의 무늬 없는 도미노가 다섯 묶음. 각 묶음당 한 장은 채색되어 있다. 모두 백스물일곱 장. 이 게임은 중경 여인들이 하며, 형태상 유일한 화화의 변종(變種)이다.

5) 십이천구

한구(No.25) 스물한 장의 아무 무늬 없는 카드가 다섯 묶음, 그리고 다음 카드들. 즉 1·3, 2·3, 1·2와 1·5, 3·6, 2·4와 3·5, 1·4, 2·6과 3·4, 1·6, 2·5와 4·5, 5·6, 4·6. 이것들을 '심(心)'이라고 한다.

6) 음패

천구(pp.223-224)에서 지롱 게임은 다음 여덟 장의 카드 즉 4·5, 3·5, 2·4, 3·4, 2·5, 2·3, 1·4, 1·2를 버린 천구 세트로 한다고 기술했다. 남은 스물넉 장의 카드들은 '지롱'이라고 한다.

산서(No.34) 카드 1·4는 1·3을 대신하며, 이것은 두 벌의 '지롱' 카드로 구성되어 있다. 모두 마흔여덟 장.

중경(No.37) 카드 1·2와 3·4가 두 장의 1·3을 대신한다는 것을 빼고 No.34와 다소 비슷하다. 열네 종류의 카드들 중 각 한 장씩은 채색되어 있다. 모두 마흔여덟 장.

7) 당구

온주(No.44) 스물한 장의 무늬 없는 도미노가 다섯 묶음, 그리고 다음 열일곱 종류의 특별 카드가 있다. 첫째 6·6, 6·3, 둘째 1·1, 1·3, 셋째 4·4, 1·3, 넷째 2·4, 4·4, 다섯째 3·3, 5·6, 여섯째 1·2, 2·2, 일곱째 1·2, 2·4, 여덟째 4·5, 5·5, 아홉째, 열째, 열한째, 연속된 동종패 1·6. 또 문(文), 무(武), 중(衆), 태(台), 백합, 표(飄). 아무것도 없는 텅 빈 카드들은 잃어버린 카드를 대신할 때만 사용한다. 카드의 채색은 중요치 않다. 모두 백스물두 장.

이 카드는 화당구(花當九)라고 알려져 있다. 더 간단한 형태인 순수 당구(當九)에는 오직 다섯 종류의 특별 카드가 있는데, 6·6, 6·3과 1·1, 1·3과 4·4, 1·3과 6·6, 3·3과 1·2, 2·4가 그것이다. 대개 텅 빈 카드 두 장을 지니고 있다.

3. 장기(중국 체스)에서 유래된 카드들

이것들은 남쪽 지방과 동남쪽 지방, 특히 복건(福建)과 광동 고유의 카드인 것 같다.

산두(No.18) 일곱 개의 검은 마(馬)와 하얀 졸(卒)이 각각 여덟 장씩 있는 것을 제외하면, 각 색깔당 열 장씩이다. 장군(왕)들은 정교하게 장식되어 있다. 길고 폭이 좁은 회색 카드들은 둥글게 말리기 쉽게 되어 있다. 모두 백열여섯 장. 이 종류의 모든 다른 카드들과 마찬가지로 차마포(車馬砲)라고 알려져 있다.

복주(No.19) 빨간색과 검은색 카드가 넉 장씩. 표시가 있는 것이 주목할 만하다. 뒷면에 정교한 무늬가 있다. 모두 쉰여섯 장.[122]

산두(No.20) 빨간색 장사(將四), 장구(將九), 마패(馬牌)가 넉 장씩, 같은 것으로 검은색이 넉 장씩. 빨간색과 검은색 졸들이 열 장씩, 그리고 검은색 금(또는 조커)과 빨간색 금이 한 장씩. 모두 일흔 장. 이 카드는 산두에서 약 팔십여 킬로미터 떨어진 혜주(惠州) 근처 용주(龍州)에서 쓰인다.

산두(No.21) 빨간색, 노란색, 하얀색, 초록색, 이렇게 네 가지 색으로 된 일곱 종류의 카드가 종류별로 넉 장씩. 상회(商會) 이름 '리싱'이 빨간색과 노란색으로 된 왕의 패들에 씌어 있고, '리'는 다른 모든 노란색 패와 빨간색 패들에 씌어 있으며, '싱'은 모든 초록색 및 하얀색 패에 씌어 있다. 모두 백열두 장.

광동(No.29) 빨간색, 노란색, 하얀색, 초록색의 네 가지 색깔로 된 일

---

122. 표시가 있는 뒷면에서 무언가를 알아내지 못하도록 하기 위해 고안된, 백랍(白蠟)으로 만든 카드 용기가 이 카드 묶음에 수반된다. 둘, 셋 또는 네 명에게 각각 카드를 열 장씩 돌린 후, 나머지 카드들을 그 용기 안에 놓는다. 그런 다음 맨 밑의 카드부터 뽑는다.

곱 사람이 그려진 패가 넉 장씩. 조커 다섯 장에는 다섯 개의 축복어가 있다. 조커들은 하얀색 패에 인쇄되어 있으나, 때로는 빨간색에도 있다. 모두 백열일곱 장.

4. 갖가지 카드들

모두 중국 서부산인 현재의 컬렉션에서 뽑은 이런 부류의 카드들에는 유럽과 미국의 '속담들'과 '행복한 가족들'(일종의 카드 게임 이름으로 보인다―역자)과 좀 닮은 점이 있다. 그러나 이런 중국 카드들은 고고패(呱呱牌), 즉 어린이 카드를 제외하곤 어른들이 사용하며, 당연히 중국 카드 컬렉션에 포함될 수 있다.

1) 숫자들에 입각한 카드들

중경(No.33) 큰 글씨체(로마자로 표시)와 작은 글씨체(아라비아 숫자로 표시)로 쓴 1에서 10까지의 카드 넉 장씩 마흔 장. 각 숫자 카드들 중 카드 한 장에만 연극의 한 장면이 묘사되어 있고, 나머지 석 장의 카드에는 빨간색으로 된 꽃 가지가 하나, 때로는 두 개가 있다. II, VII, X, 2, 7, 10에는 빨간색으로 모란꽃 가지가 하나 인쇄되어 있고, 나머지 I, III, IV, V에는 검은색 모란꽃 다발이, VI, VIII, IX에는 꽃 가지가 두 개, 1, 3, 4, 5, 6, 8, 9에는 모두 두 개의 꽃다발이 인쇄되어 있다. 모두 여든 장.

한구(No.39) 큰 글씨체와 작은 글씨체로 쓴 1에서 10까지의 카드 네 묶음과 여덟 종류의 특별 카드. 그 특별 카드들은 다음과 같다. 첫째 빨간색 2, 7, 10, 둘째 빨간색 II, VII, X, 셋째 검은색 3, 6, 9, 넷째 검은색 III, VI, IX, 다섯째 검은색 게, 여섯째 빨간색 나비 또는 박쥐, 일곱째 검은색 홍(descend), 여덟째 빨간색 싱(ascend). 카드들은 모두 손으로 직접 그렸다. 게와 나비 카드는 조커 역할을 한다. 모두 마흔여덟 장.

2) 작문 수업에 기반을 둔 카드

중국에서 아이들을 위한 최초의 또는 초기 작문 수업들 중 하나는 '옛

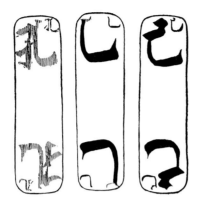

168. 작문수업 카드.
한구(漢口), 중국.

날에 있었던 위대한 인물(尙大人)'로 시작한다. 그 수업에는 다양한 형태가 있는데, 그것들은 호남지방과 중국 서부의 다른 지방에서 가장 인기있는 카드들의 기반이 된다.

한구(No.35) 이야기는 다음과 같다. "한번은 공자가 삼천 명을 개종(改宗)시켰다. 그 가운데 일흔 명은 제자들이었다. '그대 소장(少壯) 학자들인 여덟 또는 아홉 명의 젊은이들이여, 예(禮)를 배우기를 바라노라.' 2, 4, 5, 6.(尙大人 丘日結髮三千 七十士 你小生 八九子 可知禮 二四五六)" 단지 넉 장만 있는 '可'를 제외하고, 각각의 이 스물한 개의 상형문자들은 모두 다섯 장씩 있다. 모두 백스물넉 장.

한구(No.36) No.35처럼 실제로는 호남지방산. No.35와 비슷하다. 그러나 다른 점이 있는데, 첫째는 공자의 성(姓)인 공(孔)이 구(丘) 대신 쓰이고, 호(可)·지(知)·례(禮), 2·4·5·6 대신 가(佳)·작(作)·인(人), 복(福)·녹(祿)·수(壽)가 쓰인다. 둘째, 각 종류당 다섯 장이 아니라 넉 장씩만 있다. 부드러운 기름종이에 모두 손으로 씌어 있다. 같은 조인 석 장 가운데 첫번째 카드는 빨간색으로 씌어 있고, 다른 두 장은 검은색으로 씌어 있다. 두번째 카드는 맨 위와 아래에 빨간색 표시가 있다. 이 카드들엔 표시가 있고, 각 카드 오른편 구석에 작은 한자가 있다. 총 아흔여섯 장.(도판 168)

3) 행운의 공식에 근거한 카드들

중경(No.32) 고고패 즉 어린이 카드. 복(福)·여(如)·동(東)·해(海), 수(壽)·비(比)·남(南)·산(山)이라는 한자가 각각 여덟 장에 씌어 있다. 여덟 개의 복(福)과 여덟 개의 수(壽)는 빨간색으로 씌어 있고, 나머지는 검은색으로 씌어 있다. 복 하나에는 그 위에 꽃 가지 그림이 있다. 모두 예순넉 장.(도판 169)

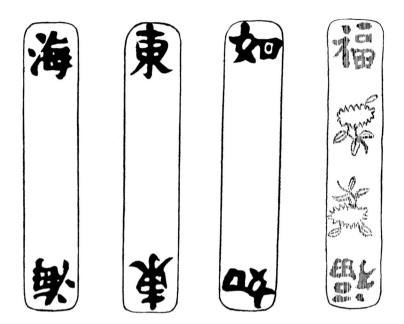

169. 어린이 카드. 중경.

　미국의 중국인 가게에서 팔리는 놀이 카드는 윌킨슨 컬렉션의 No.13, No.14와 비슷하다. 카드는 보통 판지로 된 상자에 정리되어 있고, 서른 장씩 네 묶음으로 되어 있다. 이 카드들의 뒷면은 보통 빨간색이나 검은색이고, 때로는 하얀색이다. 보통 '총관지패(總管紙牌)'라고 알려져 있다.

　일반적으로 가게에서 팔리고 있으나, 미국에 사는 중국인들은 이 카드들이 설령 있다 해도 좀처럼 놀이를 목적으로 사용하지 않아 이민자들 중에도 비교적 아는 이가 없으며, 도판 154에 그려져 있는 긴 나무 도미노가 카드들 대신 사용된다. 그러나 놀이 카드들은, 무늬가 없고 뒷면이 하얀 카드가 사용되는 '반탄(反彈)'[123] 게임에서 점수나 돈을 세기 위한 모조 화폐나 칩으로 사용된다. 뒷면이 빨간색인 폭이 좁은 카드들 또한 같은 게임에서 돈을 걸 때 사용된다. 장식 없이 앞면이 빨간 두 장의 특별 카드는 '카우리(狗舌)'라 불리고 마찬가지 목적으로 팔린다. 총관지패는

---

123. *The Gambling Games of the Chinese in America* 참고.
124. 윌킨슨 씨는 이 카드들을 '막대' 카드라고 부른다. 그 막대라는 글자 '곤(棍)'은 '장군(將軍)'의 '군(軍)'과 발음이 비슷하다.

악령을 쫓는 강력한 부적으로 여겨지며, 시체가 한 곳에서 다른 곳으로 옮겨질 때 관 위에 놓인다.

총관지패는 때때로 '서른여섯 명의 천상의 장군들과 일흔두 명의 지상의 반역자들(三十六天將七十二地煞)'이라고 한다. 백팔(百八)이라고도 불린다. 이 이름들은 다 『수호전』의 백여덟 명의 영웅들을 가리키는 것이다. 그 인물 그림에는 종종 이름이 붙어 있는데, 이는 소설 『수호전』의 그림을 베낀 것이 분명하다. 이 그림들은 만조(萬組) 카드에 그려져 있다.

이 카드들의 기원은 곧바로 한국의 투전(鬪牋)으로 거슬러올라간다. 구강(九江)의 카드(도판 164)에서 볼 수 있으며, 중국의 여러 지방에서 모은 윌킨슨의 광범위한 컬렉션의 모든 카드에 있는 것과 실제로 동일한 표시는, 한국 카드들에 있는 다듬은 화살 깃털 숫자들의 잔존물들로 여겨질 수 있다. 그 조들은 1에서 9까지의 연속된 숫자로 구성되어 있고, 그 중국 카드들 중 남는 카드들은 한국의 '장' 카드에 해당한다.[124] 광동 사람들이 이 카드들에 붙인 '장(將)'이라는 이름이 정말로 한국 카드에서 나왔을 수 있다. 사람 수에 따라 여덟에서 여섯까지, 심지어는 넷까지 조의 숫자를 줄인 것은 투전에서 볼 수 있는 것이다.

중국과 한국 카드의 또 다른 상응점은, 한국 카드를 나타내는 '전(牋)'이라는 이름과 중국의 화폐를 나타내는 전(錢)이 일치한다는 점이다. 카드를 나타내는 '전'을 써서 투전이라 한 것은 대나무로 된 서판(書板) 전(牋)과 중국의 현행 화폐 전(錢)을 생각하면 가장 자연스럽게 그 이름이 연상된다. 총관지패의 현재 형태는, 원조(元朝, 1280–1368)에 시내암(施耐庵)이 쓴 소설보다 더 후에 나온 것이라는 데 의심의 여지가 없다. 왜냐하면 훨씬 높은 수준의 카드들에 그의 그림이 인용되었기 때문이다. 결과적으로 현존하는 중국 카드는 한국의 투전이 그 직계 조상이 아니라 하더라도 고대 카드 유형의 잔존물로 생각할 수 있고, 앞서 언급한 대로 화살에서 그 기원을 찾을 수 있을 것이다.

91. 산통(算筒)
Lottery

이것은 돈을 빌려 주는 모임인 '계(契)'와 매우 흡사하다. 이 모임의 회원 수는 열, 스물, 쉰, 백, 천 명 등이 되나, 보통 쉰 또는 백 명 정도이다. 그 회원들 각자는 일정한 시기마다 같은 액수의 돈을 내고 동시에 제비를 뽑는다. 계원(契員)들이 낸 돈은 모두 그들 중 한 사람이 가져간다. 이것은 각자 자신의 돈을 돌려 받을 때까지 계속된다. 뽑기는 구슬 크기의 나무공으로 하는데, 그것을 만드는 데는 견과류의 일종인 헤이즐 넛이 자주 사용된다. 나무공에는 한자로 계원들의 이름과 숫자를 써서, 타원형의 나무상자에 넣어 둔다. 그 나무상자는 두 부분으로 되어 중간에서 열게끔 되어 있고, 병 주둥이와 같은 입을 가지고 있는데, 이는 공이 흔들어져서 나오는 부분이다. 제비를 넣는 통을 뜻하는 '산통'이라는 이 상자 이름 자체가 제비뽑기를 가리킨다. 제비뽑기는 보통 매달 행해지지만 어느 특별한 날이 정해진 것은 아니다. 모임이 운영되는 방법에는 두 가지가 있다. 하나는 한 사람이 제비뽑기에 성공한 후에도 뽑기가 끝날 때까지 돈을 계속해서 내는 방법이고, 다른 하나는 성공한 사람이 실제로 딴 액수보다 적게 받기로 합의하고, 앞으로의 지불액에 대해 타협하고 물러나는 방법이다. 모임의 업무를 돌볼 사람을 고르는 것이 관례이며, 그 사람은 약간의 수수료를 받는다. 모임은 종종 이자에 투자할 돈이 약간 있다. 합의된 백이나 어떤 숫자가 때때로 완전히 채워질 수 없으면, 모임은 그것을 채우기 위해 계원들에게서 충분한 액수의 배당금을 가져간다. 만약 어떤 사람이 지불할 능력이 없을 때 그는 모임에 그의 배당금을 팔 수 있다. 가난한 상인들은 자주 이런 방식으로 서로를 돕는다.

미국에 사는 중국인 노동자들은 한국의 산통과 같은 것에서 직접 유래되었다고 보이는 제비뽑기를 만들어냈다. '자화(字花)'라 하는 이 제비뽑기에서는 서른여섯 명의 남자와 여자의 이름이 제비로 사용된다. 자신이 고른 이름의 제비는 어떤 것이든지 살 수 있고, 뽑은 제비의 이름을 맞히면 자신이 건 돈의 서른 배를 받는다. 이 제비뽑기는 도판 170에 나온 서

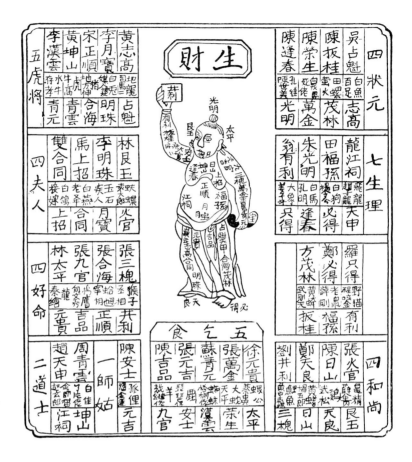

170. 자화도(字花圖).
제비뽑기를 위한 차트.
펜실베이니아 대학 고고학
박물관의 원본.

른여섯 개의 이름이 씌어진 '자화도(字花圖)'라는 도표를 사용하면서 게임
이 복잡해진다. 그 이름들은 다음과 같이 분류한다.

- 네 명의 장원[125](四壯元)

- 일곱 명의 성공한 상인(七生理)

- 네 명의 승려(四和尙)

- 다섯 명의 거지(五乞食)

- 다섯 명의 장군(五虎將)

- 네 명의 여인(四夫人)

- 행운의 사(四好命)

---

125. 한림(翰林)에 들어가기 위한 과거시험에 합격한 사람들 중에서 가장 높은 급.

· 한 명의 수녀(一師姑)

· 두 명의 도교승(二道士)

이 이름들은 도표 위에 선으로 나누어진 네모 칸 안에 있는데, 그 부분은 가로선에 의해 세 부분으로 다시 나누어진다. 가운데 줄에는 이름이 각각 두 개씩 있다. 대부분의 경우 그 이름 중 하나는 동물 이름이고, 다른 하나는 어떤 역사적 인물의 이름이다. 반면에 밑의 칸에는 맨 위칸에 나타난 이름들 중 하나의 이명(異名)을 나타내는 두 개의 글자가 있다.

도표의 가운데에는 '통합(統合)'이라고 알려진 남자의 그림이 있다. 그 그림에는 앞서 언급했던 서른여섯 개의 이명을 나타내는 두 글자들이 씌어 있다. 미국에서 팔리는 꿈 해몽 책들과 동일한 이 도표는, 중국 노동자들 가운데 매우 무지한 도박꾼들이 사용한다고 한다. 놀이꾼들은 자신이 꿈꿨던 신체 부위에 씌어진 이름에 돈을 건다. 또는 그가 동물이나 역사 소설에 나오는 어떤 인물의 꿈을 꾸었다면, 그 동물이나 인물과 연관이 있는 이름에 내기를 건다. 이것이 그 도표의 본래 용도였던 것 같으나, 이것은 미신을 믿지 않는 이에겐 별로 중요하지 않다. 제비뽑기의 작가는 제비뽑기가 열리는 날마다 송시(頌詩)를 짓는다. 그 시에는 네모 칸 가운데 줄에 있는 사물이나 사람들 중 하나에 대해 증명할 수 있는 언급이나, 이름이 있는 신체 부위에 관한 약간의 언급이 직접적이거나 간접적으로 포함되어 있어야 한다. 그 작가는 상층부에 있는 이름이나 그것을 대신할 하층부의 서른여섯 개의 칸에 있는 이름을 승리의 이름, 즉 게임에서 이기는 이름으로 고를 수 있다. 따라서 제비뽑기의 승산은 그 작가에 의해 결정된다. 제비뽑기를 관장하는 사람은 그날의 일이 끝나면 다음 날의 뽑기에 관한 송시의 복사본을 모든 놀이 참가자들에게 나눠준다.

송시들은 보통 운율을 맞춘 두 개의 대구(對句)로 되어 있고, 그 대구는 세 자와 다섯 자의 한 행으로 되어 있으며, 하얀 종이 위에 녹색이나 파란색 잉크로 인쇄되어 있다. 첫번째 대구는 오후의 제비뽑기에 관한 언급이 있어야만 하며, 다른 대구는 저녁에 열리는 제비뽑기에 관한 내용을 담고 있어야 한다. 도판 171의 견본의 내용은 다음과 같다.

國有道 萬民沾雨露 　나라에 법도가 있으면, 만민이 그 혜택을 입고,
官原容 百姓暢和風 　관원이 너그러우면, 백성은 화풍을 노래하네.

171. 제비뽑기를 위한
수수께끼.

자신의 시를 이용해 놀이 참가자들을 가능한 한 잘못 인도하는 것이 제비뽑기 작가의 관행이나, 그는 항상 그가 내놓은 이름과 그 시의 관계에 대해 만족스런 설명을 할 수 있어야만 한다. 승리의 이름의 마지막 두 글자가 명확하게 씌어 있는 하얀 종이 조각을 검은색 천에 넣어 둘둘 말아서 제비뽑기를 준비한다. 이 천은 제비뽑기를 하는 방 안에 걸어 놓는다. 모두 돈을 걸면, 감독관은 천천히 그 천을 풀고 승리의 이름을 보여준다. 이 게임에 자화라는 특별한 이름이 붙은 것은 아마도 이 절차 때문일 것이다.[126]

미국에 사는 중국인들 사이에는 앞서 말한 것보다 훨씬 더 인기있는 또 다른 형태의 제비뽑기가 있다. 그것은 ‘백합표(白合票)’ 라는 이름으로 널리 알려져 있다. 자화처럼, 그것은 매일 한 번 또는 두 번 제비뽑기를 하는 조직들에 의해 운영된다. 중국에서 인쇄되고 수입되는 그 표들은 언제나 똑같이 가로 세로 오 인치의 사각형 종이 조각이며, 거기에는 『천자문(千字文)』의 첫 여든 자가 검정, 파랑, 녹색으로 인쇄되어 있다. 같은 글자는 하나도 없이 정확히 천 자의 글자를 포함하고 있는 이 책은, 중국에서는 그 글자들이 종종 일에서 천까지의 숫자들 대신에 사용된다고 알려져 있다. 그 글자들은 표에서 숫자 역할을 한다. 이 표들 위의 표시들은 도판 172에 그대로 모사해 놓았다. 매일 밤 여든 개의 숫자 중 스무 개를 뽑는다. 그 조직은 놀이꾼들에게 열 개 이상의 숫자들을 팔고, 뽑힌 글자들을 맞힌 사람들에게 상금을 지불한다. 놀이꾼은 자신이 뽑은 글자에 검은 먹물로 점을 찍어서 자신의 것임을 표시한 후, 내기로 건 돈과 함께 관리자에게 표를 건넨다. 제비뽑기에는 하얀 종이 여든 장이 사용되는데,

---

126. 부주교 그레이(J. H. Gray)는 이 제비뽑기가 ‘구얏(孤拮)’이라는 이름하에 중국에서 행해지는 것이라고 기술하고 있으며, 또한 ‘화자(花字)’ 라고도 알려져 있다고 말한다. 그 이름 및 성들에서 연상되는 동물들의 이름은 예전에 존재했던 여러 역사적 인물들의 이름이라고 그는 설명한다. 그는 이 게임이 침주(郴州) 지역에서 기원되었고, 도광(道光) 28년(A.D. 1848)에 광동에 소개되었다고 한다.

172. 백합표를 위한 표.
중국 광동, 그리고
미국의 중국인.

표에 씌어 있는 여든 개의 한자가 한 장에 한 글자씩 그 종이에도 씌어 있
다. 대부분의 제비뽑기에서 장비로 사용되는 손도장 상자도 제공된다. 관
리자는 서로 구별되지 않도록 그 여든 장의 종이들을 둥글게 말아서 많은
알약 모양으로 만들어서 커다란 양철 그릇에 넣는다. 그는 그것들을 철저
하게 섞은 다음, 그것들을 하나씩 세어, 스무 개를 '1'이라고 쓴 종이 꼬
리표를 붙인 흰 사기 그릇에 넣는다. 그런 다음 그는 스무 개를 더 세어서
'2'라고 표시한 다른 그릇으로 옮긴다. 차례로 나머지를 세어서 '3'과 '4'
로 표시된 다른 그릇 두 개로 옮긴다. 이제 놀이꾼들 가운데 한 명에게 수
고비를 조금 주고 그릇들 중 하나를 고르게 해, 그가 고른 그릇에 승리 숫
자들이 포함되어 있다고 모두에게 알린다. 관리자는 이것들을 조심조심
풀어서 즉시 한 번에 하나씩 사무실의 뒤편에 있는 판 위에 풀로 붙인다.

숫자를 열 개 산 사람들은 그 중에 적어도 다섯 개가 나오지 않으면 건
돈을 모두 잃는다. 다섯 개 또는 그 이상의 승리 숫자를 맞힌 사람들은 다
음과 같이 돈을 받는다.

① 다섯 개의 승리 숫자　이 달러

② 여섯 개의 승리 숫자　이십 달러

③ 일곱 개의 승리 숫자　이백 달러

④ 여덟 개의 승리 숫자　천 달러

⑤ 아홉 개의 승리 숫자　천오백 달러

⑥ 열 개의 승리 숫자　　삼천 달러

그러나 제비뽑기 조직들은 항상 이 액수에서 오 퍼센트를 공제한다. 또한 표가 중개인 또는 대행점을 통해서 팔렸을 경우에는 십오 퍼센트를 제하고 그 중 십 퍼센트를 중개인에게 준다. 내기로 건 돈의 총액이 일 달러보다 적을 때는 비율에 따라 돈을 지불한다.

대부분의 조직들은 놀이꾼들의 승산이 증가함에 비례하여 가격이 오를 때 열에서 스무 개까지 열 개 이상의 숫자들을 판다. 미국 도시들의 도박꾼들 사이에서 여러 인쇄본들이 통용 중인 『백합표도(白合票圖)』라고 알려진 책에는, 지불되는 상의 내역과 함께 열 개 이상의 숫자들에 대한 가격과 그 조직의 승산을 계산하는 방법, 이익이 얼마나 될 것인가 하는 내용 들이 들어 있다. 일반적으로 사용되는『부자가 되는 빠른 길(生財捷徑)』이란 제목의 책은 중국인 상점에서 살 수 있다.[127]

백합표(白合票)라는 게임 이름은 개인적인 생각으로는 백합표(百合表)가 와전된 형태로 보인다. 만약 이것이 사실이라면 한국의 산통과 그것은 훨씬 유사해진다.

미국에 있는 중국인들은 보통 이 게임을 하기 전에 그들이 일반적으로 숭배하는 신인, 전쟁의 신 관우(關羽)의 사원에 간다. 제비뽑기 표의 여든 개의 숫자가 표기된, 첨(籤, 算筒)이라는 대나무 제비 세트가 여기에 보관되어 있다. 관습적인 의식을 행한 후 게임 계획이 있는 사람은, 게임에서 행운이 있을 제비들을 점치기 위해 무릎을 꿇고 첨통(籤筒)이라고 하는 길이 약 십팔 인치의 대나무 상자나 통 모양의 용기에 있는 이 제비들을 흔

127. Stewart Culin, *The Gambling Games of the Chinese in America*, Philadelphia, 1891.

立月卜己三　龍

173. 파자(破字) 수수께끼와
답. 한국

든다. 이 의례적인 절차는 현재 한국의 실제 도박에서 행해지는 것과 비슷하며, 사용되는 도구의 이름인 첨통(산통) 또한 동일하다.

92. 수수께끼
Enigmas

한국에서 이 게임은 보통 어린이들에게 금지되었으나, 종경도('69. 종경도' 참조)와 같은 학문적인 성격의 어떤 게임들은 허용되고 심지어 장려되었다. 수수께끼는 그러한 게임 중 가장 일반적인 오락이다. 예를 들면 "글자 '立' '月' '卜' '己' '三' 들을 결합하면 무슨 글자가 될까?" 답은 '용(龍)'이다. (도판 173)

93. 자(字)맞힘
Word Tallying

이것은 어린이들에게 항상 장려되는 학문적인 게임이며, 때로는 학교 활동 가운데 하나이기도 하다. 둘, 셋, 또는 네 명이 한다. 두 명이 할 때 한 사람은 하늘〔天〕을 선택하고, 다른 사람은 땅〔地〕을 고른다. 그런 다음 한자(漢字) 책을 펴고 '하늘'을 고른 사람은 펼친 책의 오른쪽 면을 살펴보고, 반면에 땅을 고른 다른 한 사람은 펼친 책의 왼쪽 아랫부분을 살펴본다. 그들은 다음과 같이 배열된 두 개 또는 세 개의 동일한 글자들을 찾기 위해서 책의 오른쪽과 왼쪽의 상응하는 페이지들을 계속 조사한다.

· 가로자 맞힘(단어가 가로로 배열되었을 때)
· 맷돌자 맞힘(단어가 상하로 배열되었을 때)
· 어깨자 맞힘
· 경사진 자 맞힘(단어가 사선으로 배열되었을 때)
· 삼자 맞힘(단어 세 개가 일렬로 배열되었을 때)
· 눈깔자 맞힘(단어 하나를 두고 대칭이 될 때)

모든 글자 조합들은 달리 일치되는 것이 없다면 1점으로 계산한다. 아이들은 페이지마다 책을 면밀히 조사하고, 가장 높은 점수를 얻은 사람이 이긴다. 셋 이상의 사람들이 놀이를 할 때는 책을 나누지 않는다. 각 아이들은 찾아내는 대로 '맞힘'을 빨리 말하고, 그것은 그의 점수가 된다. 만약 어떤 아이가 계속 찾아내지 못하면, 그는 그가 얻은 모든 것을 다 잃거나 합의에 따라 어떤 점수를 잃는다.

94. 골모덤하기
District Picking

이것은 또 다른 문학적인 게임이다. 앞서 나온 게임에서처럼 한자 책을 펴 놓고, 이 놀이에 참여한 모든 사람들은 펼쳐진 페이지에 있는 글자들 중에서 한국의 도시와 마을 이름들을 가능한 한 많이 찾아내려고 한다. 그러한 이름들을 만드는 데 필요하면 한국인들이 산(山), 천(川), 성(城)이라고 부르는, 한자로 된 지리적 접미사 중 하나를 단어에 더하기도 한다. 오직 한국의 지리를 나타내는 이름들만을 찾아내고, 때때로 지리적 이름이 책에 많이 나올 때는 접미사가 허용되지 않는다. 같은 글자를 한 번 이상 사용해도 되지만, 같은 이름을 만들어선 안 된다. 가장 많이 찾은 사람이 이기며, 점수가 가장 낮은 사람이 한턱내야만 한다.

일본 어린이들은 '지즈나기(字繫ぎ)'라는 비슷한 게임을 한다. 두 사람 이상이 한다. 간단한 글자 하나를 정해 놓고, 각자 차례로 하나의 조합어가 되도록 주어진 기본적인 몇 가지 글자를 조합하려 한다. 이것을 해내지 못하는 사람은 지고, 게임은 승자 한 사람이 남을 때까지 계속된다.

95. 초중종(初中終)놀이
Tcho-tjyoung-tjyang

이것 또한 학문적인 게임이다. 그 이름은 글자 그대로 '첫번째, 중간, 끝'을 의미한다. 한자 책을 아무 곳이나 펼쳐 놓고 아이들은 중국의 고전 송시(頌詩)들 중 하나의 첫 글자를 집어내려고 한다. 그들은 시집에 있는, 특별한 시에 있는 시행들의 첫번째 글자로 선택을 제한하기도 한다. 그런 글자를 찾은 사람은 그 행을 반복해 읽고, 이 글자는 다시 선택될 수 없다. 가장 많이 찾은 사람이 이긴다. 그 시행들을 기록하는 것이 관례며, 이 게임의 형태는 여러 가지가 있다.

역자 후기

『한국의 놀이』를 처음 접하게 된 것은, 내가 현재 재직 중인 히로시마 대학으로 옮길 무렵인 오 년 전에, 우리 고유의 놀이에 관한 좋은 책이 있는데 꼭 번역해서 소개해 보라는 고재석(高宰錫) 선생의 권유에서였다.

평소 민속학에 관심이 많던 나로서는, 우선 놀이라는 말에 솔깃해 고 선생을 만나 그 책을 대하게 되었다. 1895년 펜실베이니아 대학에서 오백 부 한정본으로 출간되었다는 이 책은, 무엇보다도 낡은 표지 위에 컬러로 그려진 태극기가 인상적이었다. 그리고 목차를 보려고 했는데 먼저 보이는 것이 기산(箕山)의 풍속도였다. 기산의 풍속도에 익숙해 있는 나로서는 묘한 감정이 일었다. 설레는 마음으로 한 장 한 장 넘기니 수많은 삽화와 함께 한국의 놀이는 물론 일본, 중국의 놀이까지 소개되어 있었다. 이렇듯 귀중한 자료가 왜 지금까지 소개가 안 되었는지 알 수 없었다. 어쨌든 빨리 읽고 여러 사람들에게 소개하는 것이 급무일 것 같아 그 책을 모두 복사해 일본으로 가져갔다. 그러나 까다롭기 이를 데 없는 일본의 국립대학으로 옮기다 보니 마음의 여유가 생기질 않았다. 책상 한 구석에 그대로 팽개쳐진 채로 이 년이란 시간이 흐르고 난 뒤에야 비로소 마음의 여유가 조금 생기는 것 같아 번역을 시작했는데, 막상 착수하려니 만만치 않았다. 한자(漢字)나 가나(かな)로 설명되어야 할 한국, 중국, 일본의 놀이들이 소리나는 대로 모두 영어로 표기되어 있어 적잖이 당황스러웠다. 이 책의 번역은 영어 잘한다고 해결되는 것이 아니었다. 우선 19세기 광둥어와 일본어, 한국어를 제대로 알지 못하면 해결되지 않는 부분이 너무 많았다. 마침 일본에 오신 인디애나 대학 로저 자넬리(Roger L. Janelli) 선생에게 사정을 얘기하고, 19세기 중엽에 나온 중영사전인 윌리엄스(S. W. Williams)의 『토닉 사전』(광둥, 1856)과 헵번(J. C. Hepburn)의 『일영사전』(도쿄, 1888)을 부탁드렸다. 그런데 미국으로 귀국하시고 얼마 후 그 두꺼운 사전을 다 복사해 보내 주시는 것이었다.

이것이야말로 천군만마의 도움이 아닐 수 없었다. 그럼에도 불구하고 '수벽치기' '몇개' '숫자세기'에 나오는 노래들은 해당 한자나 가나, 그리고 그에 따른 해석이 어려워 끝내 저자의 원문만을 실어 줄 수밖에 없었다. 더욱이, 19세기의 '도박과 같은 놀이'에 대한 문헌자료가 전무(全無)하다시피 한 현 상황에서 '골패' 이후 부분은 차라리 포기하고 싶은 마음까지 들 정도로 어려운 부분이었다. 번역 외에 근 일 년간의 교정작업을 거친 지금에도 미흡한 부분이 많음을 인정하지 않을 수 없다. 한편, 이 책에 소개되는 놀이 이름은 원서를 그대로 따랐으나, 현재 일반적으로 불리는 놀이 이름이 따로 있는 경우 함께 표기해 주어 독자들의 이해를 돕고자 했고, '40. 반지찾기놀이'의 경우 원서에는 '고누두기'로 되어 있으나, 놀이의 내용설명에 맞게 '반지찾기놀이'로 바로잡은 것이다. 어쨌든 이 책이 우리의 옛 놀이를 재현하는 데 조그만 보탬이 된다면 다행이겠다. 여러 독자들과 관련 연구자들의 질정을 바란다.

끝으로 번역 동기를 마련해 준 동국대학교 고재석 교수, 소중한 원본을 기꺼이 보내 주신 인사동 예랑방의 홍정희 선생, 그 두꺼운 사전을 마다하지 않고 멀리서 복사해 보내 주신 자넬리 교수, 서론 번역을 검토해 주신 비교민속학회의 엄용희(嚴鎔姬) 선생, 원고를 처음부터 끝까지 읽어 보시고 잘못된 부분을 지적해 주신 지춘상(池春相) 선생, 그리고 어려운 사정에도 우리 기층문화에 대한 애정으로 출판을 허락해 주신 이기웅 사장 및 편집부 여러 분들께 깊이 감사드린다. 특히 이 책을 위해 아빠를 열심히 도와준 사랑하는 딸 숭렬이에게 이 자리를 빌려 다시 한번 고맙다는 말을 전하고 싶다.

참고문헌

Champlin, John D., Jr. and Bostwick, Arthur E., *The Young Folks' Cyclopedia of Games and Sports*, New York, 1890.

Eitel, E. J., *Handbook for the Student of Chinese Buddhism*, London, 1870.

Falkener, Edward, *Games Ancient and Oriental, and how to play them*, London, 1892.

Forbes, Duncan, *The History of Chess*, London, 1860.

Gomme, Alice Bertha, *The Traditional Games of England, Scotland, and Ireland*, Vol.I, London, 1894.

Gray, John Henry, *China*, London, 1878.

Guigues, M. de, *Dictionnaire Chinois, Français et Latin*, Paris, 1813.

Huber, Anton, *Über das Meisir genannte Spiel der heidnischen Araber*, Leipzig, 1883.

Hyde, Thomas, *De Ludus Orientalibus*, Oxford, 1694.

"Very Complete Collection of Pictures to teach the unenlightened," *Kun mō dzu e tai sei*, Kiyoto, 1789.

Legge, James, *The Sacred Books of China, The Texts of Confucianism*, Part II, The Yî King, Part III, The Lî Kî, Oxford, 1882, 1885.

Mayers, William Frederick, *The Chinese Reader's Manual*, Shanghai, 1874.

Medhurst, W. H., *English and Chinese Dictionary*, Shanghai, 1847.

Mitford, A. B., *Tales of Old Japan*, London, 1871.

Morrison, Robert, *A Dictionary of the Chinese Language*, Macao, 1815−1823.

Norman, Albert, *Ungdomens Bôk*, Stockholm, 1878.

Purcell, T. A., *Our Neighborhood*, Yokohama, 1874.

Savigny, M. l'Abbe de, *Le Livre des Écoliers*, Paris.

The Japanese Months, Printed by the Kokubunsha, Tokyo.

Volpicelli, Z., Wei-Ch'i, *Journal of the China Branch of the Royal Asiatic Society*(1891−1892), Vol.XXVI, Shanghai, 1894.

"Japanese, Chinese, Three Powers(Heaven, Earth, Man), picture collection," *Wah Kan san sai dzu e*, Osaka, 1714.

Wilkinson, W. H., *A Manual of Chinese Chess*, Shanghai, 1893.

──, *Chess in Korea*, Pall Mall Budget, December 27, 1894.

──, "Chinese Origin of Playing-Cards," *American Anthropologist*, January 1895.

Wylie, A., *Notes on Chinese Literature*, Shanghai, 1867.

스튜어트 컬린의 논저 목록

Games of the North American Indians, Washington, D.C.: U.S. Government Printing Office, 1907.

"Chinese Games with Dice," Philadelphia: Orient Club, 1889.

"Street Games of Boys in Brooklyn," *Journal of American Folklore*, 4, 1891, pp.221–237.

"The Gambling Games of the Chinese in America," *University of Pennsylvania Series in Philology, Literature and Archaeology*, Philadelphia: University of Pennsylvania Press, vol.1, no.4, 1891.

"Chinese Games with Dice and Dominoes," *Annual Report of the U.S. National Museum*, Washington, D.C.: U.S. Government Printing Office, pp.491–537, 1893.

"Exhibition of Games at the Columbian Exposition," *Journal of American Folklore*, 6, 1893, pp.205–227.

"Tsz' Fa(Word Blossoming), A Lottery among the Chinese in America," *Overland Monthly*, September 1894.

"Mancala, the National Game of Africa," *Annual Report of the U.S. National Museum*, Washington, D.C.: U.S. Government Printing Office, 1894, pp.597–606.

"Chess and Playing-Cards," *Annual Report of the U.S. National Museum*, Washington, D.C.: U.S. Government Printing Office, 1896, pp.665–942.

"American Indian Games," *Journal of American Folklore*, October–December 1898, pp.245–252.

"Hawaiian Games," *American Anthropologist*, New Series, 1, (2), 1899, pp.201–247.

"Philippine Games," *American Anthropologist*, New Series, 2, 1900, pp.643–656.

"American Indian Games," *American Anthropologist*, New Series, 5, 1903, pp.58–64.

"Japanese Game of Sugoroku," *Brooklyn Museum Quarterly*, 7, October 1920, pp.213–233.

"Game of Ma-Jong," *Brooklyn Museum Quarterly*, 11, October 1924, pp.153–168.

"Japanese Game of Battledore and Shuttlecock," *Brooklyn Museum Quarterly*, 12, July 1925, pp.133–150.

찾아보기

저자 스튜어트 컬린(Stewart Culin, 1858–1929)은
필라델피아에서 태어나고 펜실베이니아에서 성장해
미국 인류학회 편집위원, 미국 민속학회 창립회원으로 활동했다.
1892년에는 펜실베이니아 대학 고고학 박물관 관장이 되었고,
1903년부터 1929년까지는 브루클린 박물관 민족학과의
큐레이터로 활동했다. 컬린은 다른 문화에서 파생된 놀이들이
얼마나 유사하고 그 이유는 무엇인지에 대한 연구에 주력했으며,
주사위놀이, 거리놀이, 이탈리아 마리오네트, 중국 도박 게임
그리고 아프리카 만칼라 게임 들을 주제로 한 많은 논문들을
썼다. 저서로『북아메리카 인디언의 놀이(*Games of the North
American Indians*)』(1907)가 있다.

역자 윤광봉(尹光鳳)은 1947년 서울 출생으로 동국대
국문학과를 졸업하고 같은 대학에서 석사와 박사학위를
받았다. 제주대, 대전대 교수를 거쳐 일본 히로시마대학에서
정년을 하고, (사)한국공연예술원 원장을 역임했다. 현재
히로시마대학 명예교수로 있다. 저서로『한국연희시연구』(1985),
『한국의 연희』(1992),『유랑예인과 꼭두각시놀음』(1994),
『조선 후기의 연희』(1997),『일본 신도와 카구라』(2009),
『한국연희예술사』(2016) 등이, 공저로『한국민속학 새로
읽기』(2001),『궁중의례』(2018) 등이 있다.

韓國基層文化의 探究 — 9

한국의 놀이

스튜어트 컬린 / 윤광봉

초판1쇄 발행 ── 2003년 1월 20일
초판2쇄 발행 ── 2019년 8월 1일
발행인 ──────── 李起雄
발행처 ──────── 悅話堂
　　　　　　　경기도 파주시 광인사길 25 파주출판도시
　　　　　　　전화 031-955-7000 팩스 031-955-7010
　　　　　　　http://www.youlhwadang.co.kr
　　　　　　　yhdp@youlhwadang.co.kr
등록번호 ──────── 제10-74호
등록일자 ──────── 1971년 7월 2일
편집 ──────── 공미경 조윤형 노윤례
인쇄 제책 ──────── (주)상지사피앤비

ISBN 978-89-301-0043-4　　03380

Published by Youlhwadang Publishers
ⓒ 2003 by Yoon Kwang-bong
Printed in Korea